U0909736

内蒙古基本
公共服务研究报告
(1978~2020)

THE RESEARCH REPORT OF
INNER MONGOLIA'S BASIC PUBLIC SERVICE
(1978-2020)

主　编 / 刘少坤
副主编 / 包思勤　张敏　双宝

SSAP 社会科学文献出版社
SOCIAL SCIENCES ACADEMIC PRESS (CHINA)

《内蒙古基本公共服务研究报告（1978～2020）》编委会

主编简介

刘少坤 男，汉族，1963年4月出生于内蒙古自治区牙克石市，公共管理硕士、研究员。1986年7月参加工作，先后在内蒙古财经大学、内蒙古自治区对外贸易经济合作厅、内蒙古贸促会、内蒙古自治区党委办公厅等单位工作，现任内蒙古自治区社会科学院党委书记。在经济管理岗位工作多年，长期从事经济领域研究工作，多次参与内蒙古自治区党委政府重大政策文件的讨论与起草，为内蒙古自治区经济建设与发展特别是同俄罗斯、蒙古国的对外开放、对外经贸合作方面提出许多工作建议，主编《蒙古国发展研究报告》等书籍，并在《经济日报》《中国社会科学报》《实践》《领导参阅》等报纸杂志上发表多篇理论文章和研究报告。

摘　要

改进开放 40 年是内蒙古经济高速发展的重要时期，内蒙古基本公共服务实现增量、扩面，在城乡均等化等方面取得明显进展，各级各类基本公共服务设施不断改善，一大批惠民举措得到全面落实，老百姓获得感显著增强。特别是十八大后，内蒙古紧密结合边疆民族地区工作实际，秉承新发展理念，围绕高质量发展，依托精准扶贫工程，持续推进基本公共服务均等化，为维护社会和谐稳定、巩固和发展民族团结做出重大贡献。本书以“改革开放 40 年内蒙古基本公共服务成就与愿景”为主题，总报告整体阐述了内蒙古改革开放 40 年基本公共服务领域的发展成就；专题篇从公共安全、公共住房、医疗卫生、社会保障、公共就业、基础教育、交通运输、公共文化、行政服务九个方面，对内蒙古自治区 40 年来基本公共服务建设经验进行总结和分析；案例篇精选了党的十八大以来，自治区在不断探索创新公共服务供给方式过程中推出的有效的且走在全国前列的实践举措进行分析；调研篇突出地方特色，由城市基本公共服务满意度调查报告和农村牧区基本公共服务调查报告构成，分别从城市和农村牧区的公共服务对象和供给特征入手进行分析和探讨。尽可能全面地呈现出改革开放 40 年来内蒙古基本公共服务建设过程中的成效、经验、问题和对未来的展望，从公共服务视角反映出中国特色社会主义道路、制度、理论、文化在民族地区发展中的成功实践和经验。

Abstract

40 years of reform and opening-up is an important period of rapid economic development in Inner Mongolia. The basic public services in Inner Mongolia have been increased and expanded, and marked progress has been made in the equalization of urban and rural areas, basic public services and facilities at all levels have been improved, The initiative to serve the people has been fully implemented, and the people's "sense of gain" has been significantly enhanced. In particular, since the 18th National Congress, Inner Mongolia has closely integrated its work in the border areas inhabited by ethnic minorities, adhered to the new concept of development, continued to promote the equalization of basic public services on the basis of high-quality development and relying on targeted poverty alleviation projects, to maintain social harmony and stability, consolidation and development of national unity to make significant contributions. The theme of this paper is "the achievements and vision of public service in Inner Mongolia in the past 40 years of reform and opening-up" . General Report elaborated achievements of Inner mongolia basic public service system construction in 40 years of reform and opening-up The Special subject covers nine aspects: transportation, housing, education, employment, medical care, social security, culture, security and administrative services, the Inner Mongolia's 40 years of experience in the construction of basic public services are recorded and summarized; the case studies selected from the 18th National Congress of the CPC, in the process of constantly exploring and innovating the ways of providing public services, the autonomous region has launched effective and leading practice measures in the whole country, based on the survey of satisfaction degree of urban basic public service and the survey of basic public service in rural and pastoral areas, this paper analyzes and discusses the public service objects and supply characteristics of urban and rural pastoral areas respectively. Presenting as comprehensively as possible the

achievements, experiences, problems and future prospects in the construction of basic public services in Inner Mongolia in the past 40 years of reform and opening up, from the perspective of Public Service, it reflects the successful practice and experience of the socialist road, system, theory and culture with Chinese characteristics in the development of ethnic areas.

目　录

Ⅰ　总报告

Ⅱ　专题篇

Ⅲ　案例篇

Ⅳ　调研篇

CONTENTS 

I General Report

Ⅱ Special Reports

Ⅲ Case Studies

Ⅳ Research Reports

总 报 告

General Report

改革开放40年内蒙古公共服务成就与愿景

张 敏 苏 文*

改革开放40年是内蒙古经济高速发展的重要时期，内蒙古基本公共服务实现增量、扩面，在城乡均等化等方面取得明显进展，各级各类基本公共服务设施不断改善，一大批惠民举措得到全面落实，老百姓获得感显著增强。特别是党的十八大以后，内蒙古紧密结合边疆民族地区工作实际，秉承新发展理念，围绕高质量发展，依托精准扶贫工程，基本公共服务均等化持续推进，为维护社会和谐稳定、巩固和发展民族团结做出重大贡献，这是中国特色社会主义道路、制度、理论、文化在民族地区发展中的成功实践和经验。

* 张敏，内蒙古自治区社会科学院公共管理研究所副研究员；苏文，内蒙古自治区社会科学院公共管理研究所副研究员。

一　改革开放40年内蒙古基本公共服务体系建设成效

进入21世纪，内蒙古自治区抓住西部大开发的机遇，在国家财政支持下，基本公共服务增量、扩面、实现城乡均等化等方面均取得明显进展，逐步形成覆盖城乡居民的基本公共服务体系。

（一）基本公共服务投入稳定增长

历经40年，全区教育、医疗、社保、就业、交通、文化、住房、安全等与民生息息相关的基本公共服务领域都实现了从数量到质量、从低质量到高质量的历史性跨越，各项指标持续向上向好，各项事业全面发展，真正实现了“幼有所育、学有所教、劳有所得、病有所医、老有所养、住有所居、弱有所扶”[①]。部分公共服务项目的人均投入超过全国平均水平。特别是实施西部大开发战略后，随着自治区各级财政投入的增加，基本公共服务的总量持续加大，基本公共服务预算支出占财政支出比重逐步提高，全区教科文卫与社会保障和就业领域的财政投入由2000年的61.29亿元增加到2018年的1734.46亿元，年均增长约27%，超出了国家同期平均水平。据统计，“十二五”期间各级财政累计投入民生资金1.18万亿元，是“十一五”时期的2.6倍[②]，全区教育、医疗卫生、社会保障和就业投入的年均增长率分别达到53.21%、37.06%和39.73%，远远高出一般公共预算支出年均增长率（13.9%），且每年财政用于三个项目的人均预算经费均超过全国平均水平。截至2018年底，全区基本民生支出占一般公共预算支出的69.8%[③]，群众关心的热点难点问题得以解决，基本进入“制度整合、全面覆盖时期”[④]。

① 《权威发布：十九大报告全文》，人民网，http：//sh. people. com. cn/n2/2018/0313/c134768 - 31338145. html。

② 《内蒙古“十二五”发展成就和基本经验》，《内蒙古日报》2016年4月18日。

③ 《2018年内蒙古自治区政府工作报告》，内蒙古自治区人民政府网站。

④ 曾红颖：《基本公共服务均等化标准与阶段性目标研究》，中国计划出版社，2013。

（二）全区基本公共服务供给有效扩大

伴随财政投入的不断增加，自治区各项社会事业全面进步，到“十二五”期末，部分指标已达到或超过全国平均水平。尤其是教育事业，改革开放后实现了跨越式发展，2007 年全区顺利通过“两基”国家检测，在西部省份率先实现“两基”达标；[①] 到“十二五”期末，自治区建立起从学前教育到高等教育的助学体系，在全国率先实现高中阶段免费教育。[②] 截至 2018 年底，全区学前教育三年毛入园率高于全国平均水平 14.5 个百分点；[③] 全区建立了基本医保、大病保险、商业健康补充保险、医疗救助、大病保障基金的“五重”保障机制，贫困人口参加基本医保的参保率达到 100%。如表 1 所示，40 年里，全区针对重点人群，加大公共资源向农村、贫困地区和社会弱势群体倾斜力度，把更多的财力、物力投向基层，不断提高基本公共服务设施标准化，服务规范化、专业化和信息化水平，使基本公共服务供给的有效性持续增强。

表 1　全区基本公共服务惠及人群与实施效果汇总

领域	重点任务	惠及人群与实施效果
教育	◆普惠性学前教育 ◆义务教育“两免一补” ◆高中阶段免费教育	学前教育三年毛入园率高于全国平均水平 14.5 个百分点 在全国率先实现高中阶段免费教育；所有中等职业学校学生和普通高中民族语言授课学生以及家庭经济困难学生实行“两免”政策；从 2014 年起，自治区本级财政对录取到普通高等学校城乡低保家庭的子女，本科类的新生一次性资助 4 万元，专科或高职高专类的新生一次性资助 3 万元
医疗卫生	◆公共卫生服务 ◆医疗服务 ◆药品供应和安全保障	各项医疗保障制度基本实现全覆盖，2017 年全区新农合人均筹资标准达到 690 元；分级诊疗制度得到落实，三级医院全部参加医共体建设 城镇职工、城乡居民医保政策内住院费用报销比例分别达到了 85% 和 75%；“互联网 + 医疗健康”服务体系不断完善；政府补助标准提高到人均 520 元；新农合参合率达到 98%；全区城乡居民规范化电子健康档案建档率 84.09%；国家免疫规划疫苗预防接种率始终保持在 95% 以上

① 《内蒙古教育事业发展：从“立柱架梁”到“内部精装”》，《内蒙古日报》2018 年 12 月 23 日。

② 《内蒙古“十二五”发展成就和基本经验》，《内蒙古日报》2016 年 4 月 18 日。

③ 《2018 年内蒙古自治区政府工作报告》，内蒙古自治区人民政府网站。

续表

领域	重点任务	惠及人群与实施效果
社会保障	◆基本养老保险 ◆基本医疗保险 ◆工伤、失业和生育保险	贫困人口参加基本医保个人缴费部分由财政补助，参保率达到100%；建立了基本医保、大病保险、商业健康补充保险、医疗救助、大病保障基金的"五重"保障机制 城镇职工、城乡居民医保政策内住院费用平均报销比例分别达到85%和75%，实现大病保险全覆盖
就业	◆就业服务和管理 ◆职业技能培训 ◆劳动关系和劳动权益保护	组织实施特色产业链三年滚动计划；大力发展电子商务促进创业就业，推进电子商务产业创业园建设 就业服务对象从安置城镇待业人员、下岗失业人员，拓展到高校毕业生、农村牧区剩余劳动力、就业困难人员、退役士兵等重点群体，工作内容拓展到政策咨询、就业失业登记、职业培训、就业援助、创业服务等多方面 通过对职业介绍补贴、职业培训补贴、职业技能鉴定补贴、社会保险补贴、公益性岗位补贴、就业见习补贴、特定就业政策补助、小额贷款担保基金和小额担保贷款贴息等持续的财政投入营造了良好的创业就业环境
住房保障	◆棚户区改造 ◆保障性住房 ◆农村危房改造	先后启动了城市棚户区、国有工矿棚户区、中央下放煤矿棚户区、国有林区（场、站）棚户区（危旧房）、国有垦区危房改造工程共五类城镇棚户区改造工作，到2018年末，全区将实施各类棚户区改造191万套，完成投资超过4000亿元，受益居民将达到388万人。全区共有41.62万户住房困难家庭享受到公租房保障*。按照国家相关要求着力推进"4类重点对象"农村牧区危房改造工程
文化	◆公益性文化 ◆广播影视 ◆新闻出版 ◆群众体育	基本实现县县有文化馆图书馆、乡乡有综合文化站，广播电视全面覆盖；公共博物馆、纪念馆、美术馆、公共图书馆、文化馆、科技馆等公共文化设施逐步向社会免费开放。全区建成数字文化中心自治区分中心1个、盟市支中心3个、旗县支中心96个，苏木乡镇服务点927个，嘎查村文化资源共享工程与党员现代远程教育基层点11200多个，服务地域面积达40余万平方公里，累计服务农牧民200余万人

*截至2018年第三季度的统计数据。

资料来源：2000～2018年内蒙古自治区政府工作报告。

（三）城乡各级各类基本公共服务设施不断改善

随着撤盟设市和城镇化的推进，内蒙古自治区在推进新型城镇化建设上取得明显成效。2018年全区城镇化率达到62%，分别比1978年、2012年提高40.2个、4.3个百分点[①]，城市公共服务能力不断完善，居民生活水平明显改善。据统计，全区城镇居民人均可支配收入由1978年的301元增加到2018年的38305元，农牧民收入由131元增加到13803元[②]。全区公路通车总里程达到19.9万千米，是1978年的11倍，高速公路和一级公路里程均居全国前列，全区99%的旗县通高速和一级公路；铁路运营总里程超过1.4万千米，是1978年的8.8倍，居全国首位；民用机场达到27个，实现盟市运输机场全覆盖[③]。2017年全区城镇市政基础设施建设共完成投资约1300亿元，截至2017年底，基本淘汰10蒸吨/小时及以下燃煤供热锅炉，城镇污水处理率达94.3%，城市生活垃圾无害化处理率达98.4%，各级各类公共服务基础设施得到不断改善[④]。特别是1998年的住房市场化改革后，伴随着城镇房地产行业的快速发展，城镇各项与居住配套的基础设施得到极大改善。城镇人均居住面积由1981年的7.2平方米增加到2000年的15.54平方米，2018年城镇人均居住面积达34.67平方米；城镇用水普及率由2000年的89.1%增加到2018年的98.6%；人均绿地面积由2000年的6.04平方米增加到2018年的19.4平方米，超过同期城市建成区面积增长比；2000~2018年，平均每万人拥有道路长度增加近1倍，城镇居民获得感显著增强。另外，随着城乡融合发展步伐的加快，农牧民切实共享到了改革发展成果。自2014年起，内蒙古自治区启动了针对9388个行政村的农村牧区危旧房改造、农村牧区安全饮水、嘎查村街道硬化、村村通电、村村通广播电视、嘎查村配备标准化卫生室、嘎查村建文化室、建设便民连锁超市、农村牧区常住人口养老医疗低保、校舍建设和安全改造十项基本公共服务项目的全覆盖工程。截至2017年底，全区苏木乡镇沥青水泥路通达率和综合文化站、健身活动场所、卫生院覆盖率均达到100%，嘎查村分别达到100%和

① 《改革开放40年：内蒙古经济社会发展取得辉煌成就》，https://www.sohu.com/a/279496617_667741。

② 《内蒙古统计年鉴（2019）》，中国统计出版社，2019。

③ 《改革开放40年：内蒙古经济社会发展取得辉煌成就》，https://www.sohu.com/a/279496617_667741。

④ 《2018年内蒙古自治区政府工作报告》，内蒙古自治区人民政府网站。

96%、86%、100%[①]，形成了城市基础设施向农村牧区延伸、城市公共服务向农村牧区拓展的趋势，逐步形成城乡一体化的基本公共服务体系，加快了城乡融合步伐。

二　党的十八大以来内蒙古基本公共服务体系建设成效

党的十八大以来，内蒙古自治区贯彻新发展理念，坚持改革创新，优化和改进政府职能，不断提升服务效能，通过突出重点、完善制度，坚持共享发展，增进人民福祉，在“加快形成政府主导、覆盖城乡、可持续的基本公共服务体系”[②] 方面成效显著。

（一）依托精准扶贫项目，基本公共服务均等化持续推进

党的十八大以来，内蒙古自治区把脱贫攻坚作为重大政治任务和头号民生工程，通过落实产业扶贫、易地扶贫搬迁、生态扶贫、教育扶贫、健康扶贫、政策兜底扶贫等措施，使全区国家标准下农村牧区贫困人口由2013年底的157万人减少到2018年底的15.24万人，累计减贫141.76万人，贫困发生率由11.7%降到1.06%，已有11个国家级贫困旗县、26个区级贫困旗县摘帽退出。[③] 对建档立卡贫困人口，自治区将其全部纳入重特大疾病医疗救助范围，设立贫困人口大病保障基金，在集中救治儿童白血病、先天性心脏病等9种大病贫困患者的基础上，又将14种大病纳入救治范围，大病救治率达到97.3%；基本医保、大病保险报销起付线分别降低50%，报销比例提高5个百分点，在全区建立了基本医保、大病保险、商业健康补充保险、医疗救助、大病保障基金的“五重”保障机制；实施了贫困人口县域

① 杨臣华、刘军：《内蒙古改革开放40年：探索与实践》，《中国发展观察》2019年1月16日。

② 胡锦涛：《坚定不移沿着中国特色社会主义道路前进　为全面建成小康社会而奋斗——在中国共产党第十八次全国代表大会上的报告》。

③ 《内蒙古自治区“10·17”扶贫日新闻发布会报告》。

内定点医疗机构住院先诊疗后付费和“一站式”结算政策。对教育致贫家庭，自治区建立起“普惠、助困、奖优、引导”的复合型资助模式，覆盖从学前教育至研究生教育的各个教育阶段，将建档立卡贫困家庭子女、城乡低保家庭子女和孤儿升入普通高校新生入学资助政策由原一次性发放调整为分年度发放。2018 年全区累计资助各级各类学生 516.8 万人次，资助金额 56.56 亿元；全年资助建档立卡贫困家庭学生 8.47 万人，落实资助资金 3.08 亿元。自治区按照“劳动者自主就业、市场调节就业、政府促进就业和鼓励创业”的新时代就业方针，针对大学生、农牧民务工人员、就业困难人员等重点就业人群实施积极的就业创业政策。2015 年，自治区重新修订《就业困难人员认定办法》，并出台《公益性岗位开发管理办法》，对就业困难人员实行精准帮扶，当年实现城镇失业人员再就业 6.11 万人，就业困难人员就业 6.67 万人，“零就业”家庭保持动态清零，去产能企业待业职工得到妥善安置，真正做到“就业一人，脱贫一户”。积极有效的扶贫政策让越来越多的贫困群众稳定脱贫，全面提升了贫困群众的获得感。

（二）围绕深化改革，基本公共服务体系建设日趋完善

随着供给侧结构性改革、“放管服”改革、新型城镇化和户籍制度改革、劳动就业制度改革、医药卫生体制改革、安全生产管理体制改革、城市公立医院综合改革、公共文化单位法人治理结构改革等事项不断深化，公共服务体系、各项政策体系和服务日趋完善。就业安置服务对象从城镇待业人员、下岗失业人员，拓展到高校毕业生、农村牧区富余劳动力、就业困难人员、退役士兵等重点群体，工作内容拓展到政策咨询、就业失业登记、职业培训、就业援助、创业服务等多方面，形成了从自治区到嘎查（村）五级贯通、覆盖城乡的公共就业服务网络，确立了免费提供政策咨询、信息发布、职业指导、职业介绍、创业服务等的基本公共就业服务制度。按照《住房和城乡建设部办公厅关于完善公租房分配方式的通知》（内建保函〔2017〕1172 号），内蒙古的住房保障范围已经在对低保和低收入家庭实现应保尽保的基础上，扩大到经济社会发展需要的各类专业人才、新就业人员

和稳定职业并在内蒙古连续缴纳社会保险费达到一定年限的外来务工人员及中等偏下收入住房困难家庭。明确将新就业大学生和青年医生、青年教师等专业技术人员纳入公租房保障范围；将符合条件的见义勇为人员、享受国家定期抚恤补助的优抚对象、生态移民过程中进城就业的农牧民、孤老病残人员、计生困难家庭、困境儿童家庭等各类困难家庭列入优先保障范围，切实改善环卫工人、公交司机等特殊行业住房困难职工的居住条件。从 2014 年起，全区全面实行廉租房、公租房并轨运行管理，并初步建立了以公共租赁住房为基本形式的、以先租后售和租售并举为特征的、能够适应不同家庭住房支付能力的保障性住房供应体系。2015 年，自治区旗县级公立医院综合改革实现全覆盖。全区公安机关依托边、牧、农、林、城五大区块，以社会化、网络化、信息化为重点，建立起区域特色鲜明、整体支撑联动的立体化、智能化、多样化社会治安防控体系，实现了人民群众的安全感和满意度“双提升”。截至 2017 年底，自治区、盟市、旗县（市、区）三级食品监管体系全部建立。全区 12 个盟市食品监督管理机构全部独立设置，103 个旗县（市、区）中，有 39 个独立设置食品监管机构，64 个联合设置食品监管机构，1010 个苏木乡镇（街道）中，单独或按区域设置 894 个基层监管所[①]，各盟市均设立了检测机构，形成覆盖全区的技术监督检验体系。2017 年 4 月，城市公立医院综合改革全面推开，提前实现全覆盖目标。所有公立医院取消了实行 60 多年的药品加成政策，维护公益性、调动积极性、保障可持续性的运行新机制已经初步形成。

（三）适应依法治国新要求，法制化管理得到不断增强

党的十八大以来，内蒙古充分发挥法治的引领和保障作用，将公共服务各领域工作逐步纳入法制化管理的轨道，地方立法工作取得明显进展，依法行政得到不断加强。一是食品药品安全方面。依据《中华人民共和国食品安全法》，内蒙古自治区结合自身食品药品监督管理实际，先后制定、出台

① 《内蒙古自治区志食品药品监督管理志》，方志出版社，2018。

了《食品小摊贩备案管理办法》《网络订餐监督管理办法（试行）》《自治区食品药品安全委员会工作规则》《食品安全监管责任制和责任追究制》等配套监管制度及规范性文件160件，修订颁布食品安全地方标准9项、立项研究8项。在全国率先出台《自治区食品安全生产加工小作坊和食品摊贩管理条例》，启动《内蒙古自治区实施〈食品安全法〉办法》立法调研和起草工作，强化了自治区食品药品安全法治建设。二是卫生领域。在国家颁布的10多部卫生法律、30多部卫生行政法规、200多件部门规章的基础上，自治区先后颁布了《内蒙古自治区计划生育条例》《爱国卫生条例》《蒙医中医条例》《地方病防治条例》《实施〈中华人民共和国献血法〉办法》《实施〈中华人民共和国母婴保健法〉办法》《食品摊贩和城乡集市贸易食品卫生管理条例》等地方性卫生法规，以及《个体开业医生和联合医疗机构管理办法》《婚前医学检查管理办法》《突发公共卫生事件应急办法》等行政规章，为卫生计生事业的发展提供了法律保障，使卫生计生工作走上了法制化、规范化、科学化管理轨道。三是文化服务领域。2018年初，自治区文化和旅游厅为满足内蒙古各族群众的基本文化需求，推进公共文化服务均等化和标准化建设，在国家《公共文化服务保障法》和《公共图书馆法》的基础上，草拟《内蒙古自治区公共文化服务保障条例（征求意见稿）》《内蒙古自治区公共图书馆管理条例（修订草案）》作为内蒙古自治区公共文化服务保障条例，纳入自治区人大2018～2022年度立法规划。四是劳动就业方面。依据《劳动法》《就业促进法》《劳动合同法》，自治区以国家积极就业政策为依托，先后出台《内蒙古自治区就业促进条例》《内蒙古自治区劳动合同规定》，作为全区就业创业法律政策体系的有力补充，明确了劳动关系各主体的法律地位，以法律的形式规定各类企业实行全员劳动合同制，保障了企业自主用工、个人自主择业的权利，为劳动力市场的建设奠定了坚实的法律基础。自治区通过扩大基层调解组织覆盖范围，开展农牧民务工人员工资支付、清理整顿人力资源市场秩序、规范用工秩序3项专项执法检查，先后出台《关于推进劳动争议人民调解工作的意见》、《关于全面治理拖欠农牧民工工资问题的实施意见》（内政办发〔2016〕120

号）、《关于进一步加强创业服务体系建设的意见》，保障劳动力市场的主体作用得以不断加强。一系列地方性法规的有序出台，明确了公共服务各项工作在经济社会发展中的突出地位，在强化政府主体责任的基础上，完善了市场导向机制，为促进各项政策的有效实施提供了法律保障。

（四）积极探索创新，公共服务体系建设过程亮点频现

党的十八大以来，自治区政府承担的经济和生态领域改革232项，在不断探索创新的过程中，自治区和林格尔新区“企业零跑腿”、开鲁县“一次不让跑”等创新举措走在了全国前列，有效激发了发展的内生活力和强劲动力。特别是“互联网+政务服务”工作推行以来，《关于印发自治区简化优化公共服务流程方便基层群众办事创业工作方案的通知》等一系列规范性文件相继出台，从标准规范、完善机制、资源整合、开放创新等多方面协同推进“一网、一门、一次”改革。以“互联网+人社”为例，自治区人社厅依托金保工程自治区数据大集合和一体化平台，建成了全区统一的人力资源、社会保险和社会保障三大系统，信息网络已延伸至全区的嘎查村，信息系统实现了全覆盖。全力打造立体化“人社云”服务品牌，建成了以“内蒙古12333”统一命名的门户网、手机客户端、咨询电话、微信、微博等平台，面向公众开通了网上服务58项，建成社会保障卡综合服务点11203个、人力资源和社会保障综合服务中心2192个，实现了社保服务村村通。从2018年6月1日起，全区所有医保统筹地区全部接入国家异地就医结算系统，参保人员可以通过网络、手机客户端登录异地就医直接结算平台获得服务，大大提升了参保群众的获得感和满意度。为切实筑牢祖国北疆安全稳定屏障，内蒙古不断创新社会治安综合治理，积极推进网站“网安警务室”建设，全面推进网警网上公开巡查执法。呼和浩特市实施“眼云痕网”立体布局的社会治安防控体系，包头市创新完善“四级巡控”警务机制，赤峰市创建“六位一体”应时应变新机制，巴彦淖尔市创新实施“九小警务”制度化，成为全区乃至全国社会治安防控体系建设的典型代表，树立了社会治安防控体系的“内蒙古品牌”。

三　内蒙古基本公共服务建设经验

改革开放以来，内蒙古基本公共服务建设取得了举世瞩目的成就，提升了各族群众的获得感与幸福感。在加快转变发展方式的关键时期，总结内蒙古基本公共服务建设40年的经验，能够获得更多增进民生福祉的有益启示。

（一）创新发展，积极探索地区特色供给方式

改革开放以来，针对边疆民族地区的特殊性以及在基本公共服务供给方面的特殊要求，内蒙古积极探索公共服务供给新模式。建立完善以“流动警务室”为载体的“草原110”，对边境地区、农牧区实现快捷有效的治安管理，切实维护边疆地区的稳定与安全。推行“四化固边”防控模式，强化军警民的联勤联动和信息通报机制，不断提高八千里边防线上的“见警率”，建立起体系化的、运行稳定的、具有新时期边疆少数民族地区特色的立体化社会治安防控体系；在偏远农村牧区探索实施了家庭健康保障“小药箱”工程，建立了“固定与流动相结合”的新型农村牧区医疗卫生服务体系，以“流动小药箱”为载体的农村牧区医务人员扎根于农牧民中间，提供基本医疗服务和保健知识，有效实现了偏远地区、边境牧区群众基本医疗卫生服务的公平性、可及性；结合农牧区群众文化需求的实际，采取阵地文化服务、流动文化服务、数字文化服务相结合的方式。“乌兰牧骑”长期活跃在草原农舍和蒙古包之间，为广大农牧民提供文艺演出，给基层群众送去精神食粮。启动“数字文化进蒙古包”工程，通过打通公共文化服务“最后一公里”，进一步促进优质文化资源下沉，让农牧民享受到更多的精神文化成果。实践证明，以流动方式为主的公共服务供给模式创新，是内蒙古在基本公共服务供给中准确认识民族地区的特殊性，因地制宜开展的卓有成效的创新实践，是对已有基本公共服务体系的有效补充，确保了各族群众享有平等的社会发展机会，共享改革发展成果。

（二）立足区情，既尽力而为又量力而行

习近平总书记在考察内蒙古时提出改善民生要从实际出发，既尽力而为，又量力而行，注重可持续性。这是总书记对内蒙古做好民生工作的总体要求，也是内蒙古多年来基本公共服务建设中的宝贵经验。近年来，在宏观经济下行压力增大、地区经济增长与财政收入增速不断放缓的背景下，内蒙古始终坚持尽最大努力改善民生的原则，顶住实际困难，做到持续重视保障和改善民生，用具体实际工作满足人民群众的发展需求。一方面，不断加大基本公共服务投入力度，确保增进民生福祉的物质保障。全区教科文卫与社会保障和就业等基本公共服务领域的财政投入从2000年开始年均增长约67%，远远超出了国家同期平均水平。采取压缩“三公经费”和其他一般性支出的措施，保障每年财政收入的60%以上用于民生建设，实现民生投入增速高于地区经济增速，到2018年底，民生支出占一般公共预算支出的近70%，基本进入制度整合、全面覆盖时期。另一方面，统筹推进各项民生工程，出台专项政策，划拨专项资金，明晰目标、时限、责任，对涉及民生的教育、社会保障、医疗卫生、基本住房、食品安全等方面每年都规划实施具体工作，让群众获得实惠。与此同时，在做到尽力而为改善民生的过程中又注重量力而行。更加注重统筹规划，不超越现阶段区情与财政状况空口许诺、乱开“口头支票”，立足实际谋求大多数人的切身利益。在财力有限的情况下，将资源分配更倾向于弱势群体，更加注重农村牧区基本公共服务投入，加大政策力度引入社会组织参与供给，建立与市场经济发展相适应的保障机制，守住民生底线。尽力而为、量力而行既解决了现阶段民生方面的突出问题，又做到了立足长远，确保持续提升群众整体生活水平，是践行以人民为中心发展思想的集中体现。

（三）突出重点，着力化解供给中的主要矛盾

准确把握地区发展的机遇和挑战，针对各族群众关注的重点问题和热点问题，划分出供给的重点领域、重点人群以及重点地区，进而增强供给的精

准度，用最大的产出效率解决最迫切、最需要、最直接的公共服务需求。利用重点突破的方式，着力化解当前保障和改善民生中面临的主要矛盾，掌握发展的主动权，为民族地区的可持续发展提供不竭动力。一是在重点领域方面，始终坚持“优先重点”发展民族教育的方针，不断巩固“两主一公”办学模式，坚持在事业发展规划上优先谋划民族教育，在财政资金投入上优先保障民族教育，在公共资源配置上优先安排民族教育。颁布实施《内蒙古自治区蒙医药中医药条例》，出台一系列政策措施，持续加大对蒙医药中医药事业的人力、财力保障力度，培育蒙医药中医药的特色优势学科，弘扬蒙医药中医药的传统文化，蒙医药中医药保障群众健康的特色优势日益凸显。二是在重点人群方面，针对全区高校毕业生、农村牧区富余劳动力、就业困难人员和复转军人等就业工作重点群体的不同特点，在“一个突出、三个加大”方面下功夫，精准施策、精准发力。不断加大对贫困弱势群体的帮扶力度，落实产业扶贫、易地扶贫搬迁、生态扶贫、教育扶贫、健康扶贫、政策兜底扶贫等措施，加快贫困人口脱贫步伐，提高社会救助水平。三是在重点地区方面，持续推动全区优质公共服务资源下沉，着力补齐农村牧区在基础教育、健康保障、基础社会、饮水安全、社会保障等方面的短板，使广大农牧民能享受与城市居民同等的基本公共服务。

（四）注重长远，持续加强法制化和规范化建设

法制化和规范化是实现基本公共服务优质高效供给的前提和保障。充分发挥法治的引领和保障作用，在大力推进公共服务的过程中，及时出台相关配套法规，将公共服务各领域工作逐步纳入法制化管理轨道。依法对社会公共事务进行管理，在制度和法律的框架之内行事，政府在基本公共服务供给中真正做到“有法可依、有法必依、执法必严、违法必究”。仅“十二五”期间，内蒙古医疗卫生服务领域制定规范性文件 64 件，颁布实施《内蒙古自治区新型农村牧区合作医疗管理办法》，修订《内蒙古自治区人口与计划生育条例》，地方立法工作不断加强。党的十八大以来，结合自身食品药品监督管理实际，制定、出台配套监管制度及规范性文件 160 件，修订并颁布

食品安全地方标准多达9项。从13个方面制定了56个改革方案，进一步推进教育综合改革，解决了一系列影响教育发展的难题，推出了一系列促进教育现代化的重大措施。高度重视民族教育立法保障工作，先后制定、出台了《内蒙古自治区蒙古语言文字工作条例》及《实施细则》、《内蒙古自治区民族教育条例》、《内蒙古自治区人民政府关于加快发展民族教育的意见》，为自治区民族教育事业的健康发展提供了法律和政策保障。此外，在社会保障、就业服务、文化发展等基本公共服务建设中，也制定、出台了一系列配套的政策法规。公共服务各领域地方性政策法规的有序出台，明确了公共服务各项工作在经济社会发展中的重要地位，在强化政府主体责任基础上，完善了市场导向机制，为地区基本公共服务的可持续发展提供了保障。

（五）强化责任，始终确保服务供给质量和水平

政府在基本公共服务体系建设中占据着主导地位，其自身责任的履行和监督直接影响到基本公共服务体系建设的水平和质量。在保障和改善民生的过程中，自治区政府深化明确各级政府的权力与责任，正确认识政府的角色和地位，将建设服务型政府与基本公共服务体系建设有机结合。城乡居民养老保险和新型农村合作医疗制度试点工作启动后，各级党委、政府均成立由分管领导担任组长，相关部门、单位负责人作为成员的领导小组来具体负责统筹协调，明确各主要负责人的具体职责权限。同时，将医疗保险扩面工作纳入各级政府对人社部门考核的重要指标，全区医疗保险事业得到较快发展，实现了覆盖全体民众的目标，民众的待遇得到进一步提高。为进一步提升全区社会救助和社会福利工作，各盟市先后成立以盟市政府分管领导为组长、各相关部门负责人为成员的社会福利工作领导小组，确定相关部门的具体职责，并在机构建设、人员配备、经费投入、政策创新等方面做出明确规定。同时，自治区还出台一系列稳定就业的政策文件，将各级政府作为促进就业工作责任主体，强化统筹调度、分级预警、分层响应，因地制宜、分类施策地加大政策扶持力度，将各级党委和政府的思想认识统一到促进就业的工作大局上来。此外，按照加快建立现代财政制度，建立权

责清晰、财力协调、区域均衡的政府间财政关系的要求，遵循相关法律法规，科学界定自治区与盟市权责，确定基本公共服务领域财权事权范围，制定基础标准，规范自治区与盟市支出责任分担方式，加大基本公共服务投入力度，加快推进基本公共服务均等化，不断满足人民日益增长的美好生活需要，为建设亮丽内蒙古提供有力保障。

四　新时期内蒙古基本公共服务发展面临的挑战

立足当前内蒙古经济社会发展的特殊时期，准确把握基本公共服务建设面临的各方面挑战，对今后一段时间全面提升内蒙古基本公共服务供给质量具有重要的现实意义。

（一）“爬坡过坎”关键时期经济环境带来的挑战

地方经济发展水平是基本公共服务可持续发展的重要物质保障。在全国经济由持续高速增长转向高质量发展阶段的历史转折期，内蒙古经济进入新旧动能转换的初级阶段，经济发展面临质量与速度双低的挑战。一方面，全区生产总值增长率由21世纪头10年的年均17.3%逐年递减到2018年的5.3%，且低于全国平均水平1.3个百分点，经济增长持续放缓，导致财政收入扩容困难。2017年，内蒙古地区经济总量排在全国第22位，相比于2016年下降6位，增速更是降到后3位。与全国其他省份一样，内蒙古也进入以增速换挡、结构转型、动力转换和方式转变为主要特征的经济发展新阶段。2017年，全区一般公共服务支出增速高出一般公共预算支出增速8.8个百分点，全年财政收支缺口达到2819亿元，相比于2013年扩大了70%。[①] 另一方面，地方债务负担沉重。2016年底，全区政府债务为5677.4亿元，列全国第11位。债务率达137.3%，仅次于贵州省（178%）和辽宁省（160%），居全国第3位。截至2017年12月底，全区政府债务又增加到

① 《内蒙古自治区政府债务情况》，内蒙古经济信息网，2018年8月20日。

6217.4亿元。在地区经济增速放缓和政府债务沉重的背景下，民生支出呈刚性增长，2018年，民生支出占一般预算支出比重达70.1%，高于上年0.2个百分点。[①] 政府作为基本公共服务供给的重要责任主体，自身财政状况决定其能否完全履行职责，并对基本公共服务供给质量和效益有着决定性影响。内蒙古经济环境呈现出的特征对政府债务管理能力提出新要求，如何在财政增长乏力甚至负增长的情况下，保证和进一步提升群众的获得感，是对财政资金使用效率的最大挑战，也是基本公共服务体系建设面临的重要课题。

（二）人口老龄化对基本公共服务配置提出挑战

按照世界卫生组织标准，总人口中65岁及以上人口占比达到7%，就已进入老龄化社会。2017年，内蒙古65岁及以上人口达到251.1万人，占到全区总人口的9.9%，相比于2010年提高了2.34个百分点。伴随全国第二次人口生育高峰（1962～1970年）出生人口进入老年阶段，内蒙古自治区将进入老龄化加速期，高龄、失能老年人数将持续增加，预计2035年，全区老年人口比重将达到27.07%[②]。随着人口老龄化程度的不断加深，老年人抚养系数逐年上升，且增速较快，加大了公共支出的压力。据国务院发展研究中心课题组预测，到2030年养老金的公共支出部分占GDP的比重将会翻倍，而用于医疗卫生的公共支出仅仅因老龄化因素就会增加50%。[③] 此外，农村牧区青壮年人口不断涌向城镇，老龄化问题更为突出，呈现城乡倒置的特征。截至2015年3月，全区每千名老人拥有床位数为54张，农村牧区互助养老幸福院769所、农村敬老院398所、光荣院34所，自治区农村牧区互助养老幸福院、农村敬老院、养老服务站等农村牧区居家养老服务覆盖率

① 内蒙古发展研究中心：《迎难而上，确保“六稳”，实现我区经济健康发展》，内蒙古经济信息网，2019年2月14日。

② 陈凤玉：《内蒙古地区人口老龄化问题研究》，《内蒙古民族大学学报》（社会科学版）2019年第2期。

③ 国务院发展研究中心课题组：《民生为本：中国基本公共服务改善路径》，中国发展出版社，2012。

仅为30%，远远满足不了目前的养老需求。内蒙古属于欠发达地区，未富先老的特征明显，老龄化规模大、速度快、赡养负担重，各方面制度尚不配套，要满足快速增长的老年人口养老保险、医疗保险和老年护理等基本公共服务需要面临较大的挑战。

（三）城镇化推进对城镇基本公共服务供给提出挑战

党的十九大报告明确提出，进入新时代，我国将更加注重“新型工业化、信息化、城镇化、农业现代化”的同步发展，将更加注重农牧业转移人口享有与城市居民同等的公共服务权利。近些年，内蒙古城镇化进程不断加快，全区城镇人口达到1589.1万人，常住人口城镇化率达62.7%。[①] 虽然城镇化在很大程度上缓解了农村人地紧张的突出矛盾，但随着农牧业转移人口对城镇公共服务依赖性的逐步提高，在城镇发展水平不高和相关保障制度尚未健全的情况下，特别是按照“三个一亿人”（促进约1亿农业转移人口落户城镇，改造约1亿人居住的城镇棚户区和城中村，引导约1亿人在中西部地区就近城镇化）的发展目标，全区大中小城镇都面临承载转移劳动力就业，为常住外来人口提供就业、教育、医疗、养老、社保和文化服务的压力。目前，内蒙古城镇化仍以传统粗放型为主，结构和质量处于较低水平，2017年城镇化率和工业化率的比值为1.95，尽管高于全国1.73的平均水平，但是率高质低，城镇化的质量还不能满足经济社会的发展，[②] 城镇基本公共服务的承载力还有待进一步提升。受户籍制度特别是相关配套制度改革缓慢等因素的影响，流入城镇的农牧民市民化实现程度不高。

（四）民众高层次多样化需求对供给方式提出新挑战

着眼于社会发展的进程，民众的公共服务需求一直处于不断变动之

---

① 天莹、杜淑芳、李莹：《中国特色城镇化道路理论的创新及内蒙古城镇化发展思路》，《新中国70年与当代中国马克思主义发展》，中国社会科学出版社，2019年8月。

② 佟成元、康磊：《内蒙古城镇化发展过程中存在的问题和对策》，《北方经济》2018年第8期。

中，由于不同地区经济社会发展程度、风俗习惯以及传统观念等方面存在一定差异，公众对于公共服务的需求层次和消费能力也日益呈现出层级化和多元化的特征，简单来说就是民众对于政府所供给的基本公共服务质量、效率、内容提出更高要求。当前，我国已进入中国特色社会主义新时代，社会主要矛盾已经转化为人民日益增长的美好生活需要和不平衡不充分的发展之间的矛盾。主要矛盾的化解对政府治理体系与治理能力现代化提出了新要求，面对全区民众收入增长并未与经济增长同步的现实问题，需要从改善民生的角度，通过增加公共产品的有效供给，让居民共享改革成果。但是自治区基本公共服务的供给仍不能有效满足民众日益增长的高层次多样化需求。以课题组调查的城市居民基本公共服务满意度为例，有15.12%的民众对政府提供的基本公共服务表示“非常满意”，26.17%的民众表示“满意”，即总体选择满意的比例仅为41.29%。此外，多达38.79%的受调查民众对基本公共服务持中立态度，选择“一般”。由此可以看出，受调查民众中表示“非常满意”和“满意”的占比较低，持中立态度民众的占比较高，这也在一定程度上说明全区基本公共服务的供给质量和水平与民众日益增长的多元且异质的公共服务需求间仍存在一定差距，意味着地方政府基本公共服务的供给效果还有较大改善空间。

五　新时代背景下健全基本公共服务体系建设远景展望

改革开放40年来，全区基本公共服务各领域取得了一系列成就，为边疆民族团结和社会和谐做出重要贡献。但也要充分认识到，在经济结构战略性调整和经济转型不断实现升级优化的背景下，内蒙古公共服务的供需矛盾依然突出，面临地区整体经济环境较差，老龄化、城镇化以及民众需求水平不断提高等方面的挑战，公共服务均等化建设仍是一项长期任务，也是与全区高质量发展相对应的系统工程。

（一）优化基本公共服务资源配置方式

基本公共服务的理想效果就是实现最大限度的供需平衡，在完全竞争的市场环境假设下，要实现供需平衡的科学决策需要信息充分且公开透明，而在现有体制机制下，要实现政府自上而下的供给内容与民众的真实需求匹配，需要建立完善的基本公共服务供给体系，在讲求效率的同时注意机会不均等带来的不公正，努力缓解收入差距日益扩大的趋势。将实现基本公共服务均等化看作是缓解地区差距、城乡差距以及收入差距，进而推动经济社会协调发展的一种手段。要达到党的十九大报告中提出的“履行好政府再分配调节职能，加快推进基本公共服务均等化，缩小收入分配差距”目标，至少需要以下两个条件。一是建立基本公共服务需求表达机制。现阶段政府决策采取的是“自上而下”模式，确定公共服务供给目标时，考虑的更多是上级部门的目标和指标要求，缺少公众利益表达的正式渠道和向下寻求建议的有效机制，这不仅导致因利益诉求而引发的群体性事件频繁发生，而且导致基本公共服务供给效率低下、社会资源产生巨大浪费，阻碍了公众共享改革成果的进程。二是建立健全基本公共服务绩效评估和满意度评价机制。在公众需求日趋多元化且公共服务资源有限的社会背景下，要解决投入不足、不均衡的问题，需要公共服务供给模式由自上而下的“供给导向”转变为自下而上的“需求导向”。但供给模式转变的关键在于对政府公共服务决策实行“硬约束”。一方面是将公共服务均等化纳入政府工作考核和干部考核体系中，另一方面需要在决策阶段和对实施效果的评估阶段充分吸纳公众意见，实现《关于全面推进政务公开工作的意见》中规定的“决策公开、执行公开、管理公开、服务公开和结果公开”。

（二）多渠道促进公共服务供给主体多元化

国际经验表明，相比公共部门直接供给，公共服务的市场化与社会化提供在提高效率与质量方面更具优势。通过政府购买推进部分公共产品市场化、社会化改革，首先需要理顺政府的角色定位和职能分工，能由政府购买服务提供的，政府不再直接承办，而是通过制定政府购买公共服务指导性目录，明确政府购买公共服务的种类、性质和内容，加强项目监管、绩效评价等流程，通过市场招标，交由条件具备、信誉良好的社会组织、机构、事业单位和企业等承担。只有不断深化和细化基本公共服务供给中各种参与方的角色定位和规制，才能逐步形成“社会协同、公众参与”的良好格局。其次，要加强政府和社会多渠道合作。有学者认为，“有效供给公共服务，应该由社会中多元行为主体基于一定的集体行为规则，通过相互博弈、相互调适、共同参与合作等互动关系，形成多样化的公共事务管理制度或组织模式”①。因此，引入社会力量多方参与公共服务供给十分必要，而社会组织的参与不应局限于过去无法参与的领域，还要成为政府的合作伙伴，在基本公共产品生产、定制、监控等各个环节发挥作用，实现多渠道合作，提升基本公共服务供给质量和水平。

（三）通过“互联网＋”等形式提升信息化服务能力

由于内蒙古自治区地域辽阔，人口密度较低的区域通常由于服务半径过大导致服务功能减少、服务能力下降。所以，建议从服务对象的实际需要和便利程度出发，进一步强化基层特别是农村牧区的服务功能，通过推行标准化、精细化、专业化服务，让越来越多的公共服务业务向需求前端下沉和前移。以“云服务、微应用、大数据”理念为指导，积极推进新的公共服务信息系统建设。按照李克强总理关于“政务服务一网通办”的指示精神，加快整合自治区、盟市、旗县及部门门户网站群和电子政务系统群，加强平台间对接联动。推行咨询、预约、申报、受理、办理、反馈等全流程网上办理，凡与群众生产生活密切相关的审批服务事项“应上尽上、全程在线”，切实提高网上办事比例。加强苏木乡镇、嘎查村便民服务中心硬件设施建设，推进实行基层免费代办、证照快递等制度，打造综合、便民、高效的政

① 莱斯特·M. 萨拉蒙等：《全球公民社会：非营利部门视界》，贾西津、魏玉等译，社会科学文献出版社，2002，第4页。

务服务平台。另外，推进网上办事大厅向基层延伸。积极推行网上办理，实现区级政务服务城乡全覆盖和跨地区跨层级联动办理，畅通公共服务“最后一公里”。

（四）分层次、分阶段地“既尽力而为，又量力而行”

基本公共服务体系中强调的基础性，在于保障人民群众最基本的生存与发展需要。因为公共服务事关人民群众的生存权、健康权、受教育权等宪法规定的基本政治权利，所以围绕群众的基本生存和发展需求，要坚持中央提出的“既尽力而为，又量力而行”，确保基本公共服务体系内容和执行标准与经济社会发展水平和人口发展要求相适应。目前，全区各盟市间、城乡间、各类基本公共服务项目间的均等化水平存在很大差异，因此改善公共服务必须遵循从实际出发、因地制宜的原则。要认识到推进基本公共服务均等化是一项长期任务，也是分层次、分阶段的动态过程，必须坚持保基本、广覆盖、可持续的基本原则，在政府财力相对有限的条件下，尽力而为又量力而行。所谓分层次，是要认识到各盟市经济社会发展水平存在差异，例如西部地区具备较好的物质基础，可以开始向高效率、精准型和选择性供给模式过渡，努力方向是鼓励创新；而经济发展水平低和基本公共服务供给水平偏低的区域，要以资金和资源扶持为主，加大政府投入力度，继续强化保底功能。分阶段就是要认识到公共服务的供给也是一个循序渐进的过程，不能一蹴而就，不同阶段要有不同的均等化标准和实现目标。从基本公共服务供给方面看，首先应该合理安排基本公共服务的供给顺序，结合扶贫目标重点解决农村牧区最需要、农牧民最迫切的基本公共服务问题，之后再不断扩大公共财政覆盖范围，逐步提高全区的基本公共服务水平和质量。

专　题　篇

Special Reports

改革开放40年内蒙古公共安全发展报告

包娜娜 *

安全是最基本的公共产品，公共安全是最基本的民生，保障公共安全是各项公共服务供给的前提。党的十九大报告强调，树立安全发展理念，坚持生命至上、安全第一的思想，健全公共安全体系。把保障公众健康和生命财产安全作为首要任务，是政府切实履行社会管理和公共服务职能的基础。改革开放 40 年来，内蒙古紧密结合边疆少数民族地区公共安全工作实际，推进“平安内蒙古建设”，健全公共安全体系，维护社会和谐稳定，巩固和发展民族团结大局，构筑祖国北疆安全稳定屏障。

一　改革开放40年来内蒙古公共安全发展成效

改革开放 40 年来，内蒙古公共安全事业长足发展，社会治安防控体系

* 包娜娜，内蒙古自治区社会科学院公共管理研究所助理研究员。

建设日趋完善，食品药品安全监管水平不断提升，安全生产形势总体平稳，防灾减灾救灾工作成效显著。

（一）社会治安体系建设日趋完善

改革开放以来，内蒙古社会治安防控体系从无到有、从平面到立体、从分散到系统，不断适应治安形势发展变化。内蒙古社会治安防控体系建设从立足各地实际的“静态化”防范发展到以110指挥中心为龙头、以社会面和干线公路巡逻网络为骨干、以省市际和城市出入口治安卡口为依托的“动态化”防控体系，再发展到推进大情报平台和社会治安防控网建设，注重互联网、视频监控等技术应用的“立体化”效果。2003年9月，自治区党委、政府在全区社会治安综合治理工作会议上，正式提出了构筑祖国北疆国家安全和社会稳定屏障的战略目标，逐渐形成了以“党政领导、公安主导、综治协调、各地部门齐抓共管、社会各方面力量积极参与”为引领的社会治安防控工作新局面，通过扎实的工作，全面提升了公安机关驾驭和控制社会治安的整体能力。2015年，全区刑事案件发案数较2012年相比下降了36.5%。2016年，中央领导对内蒙古立体化社会治安防控体系建设予以充分肯定，并于2016年5月23日在呼和浩特市召开的全国公安机关社会治安防控体系建设推进会议上向全国推广内蒙古自治区社会治安防控体系建设工作经验和做法。截至2017年，全区已建成四级巡控网格2576个、警务室4493个，建立社区治安联防组织4247个、社区治保组织10165个，各类刑事案件、治安案件大幅下降，人民群众的安全感和满意度显著提升。

（二）食品药品安全监管水平不断提升

“切实加强食品药品安全监管，严把从农田到餐桌的每一道防线”是国家对社会治理和平安建设提出的明确要求。2003年国家实施新一轮食品药品安全监管体制改革后，内蒙古自治区于2004年成立内蒙古食品药品监督管理局，标志着自治区食品药品监管工作进入新的发展阶段。从2000年到2018年，食品药品监督管理机构经历了从无到有不断完善的过程，食品药品监督管理体制经历了多部门、分环节监管到食品药品监督管理部门统一监管的过程；监督管理手段经历了以行政手段为主到以法律法规科学执法为主的不断发展完善的过程。截至2017年底，自治区、盟市、旗县（市、区）三级食品药品监管体系全部建立，全区12个盟市均独立设置食品药品监督管理机构，1010个苏木乡镇（街道）中，单独或按区域设置894个基层监管所，监督管理体系日趋完善。经过历次改革和整改，监管职能得到增强，监管水平不断提升，监管效果显著进步，建立了食品药品生产主体责任制，全区全面推行监管区域网格化、监管内容表格化、监管过程痕迹化、监管手段智能化的“四化”监管模式。在2016年国务院食品安全办对各省（自治区、直辖市）食品安全工作考核评议中，内蒙古排全国第五位；2017年，食品抽检合格率达到98.3%，维护了人民群众“舌尖上的安全”，内蒙古食品安全形势迈上了新台阶。

（三）安全生产形势总体平稳

改革开放以来，内蒙古安全生产各项工作任务有序推进，煤矿百吨死亡率、亿元GDP死亡率、道路交通万车死亡率等总体控制指标均呈下降趋势，各行业死亡人数明显减少，安全生产水平保持稳定。[①] “十一五”期间，原煤百万吨死亡率由2006年的0.17控制到2010年的0.062，煤矿安全生产水平居全国前列。2017年初，自治区党委、政府印发《关于进一步加强安全生产工作的决定》，明确提出要正确处理安全与发展的关系，并对《内蒙古自治区安全生产条例》进行了修订并施行，强化了安全发展理念，健全了安全生产责任体系，完善了安全生产监管体制，突出了生产经营单位主体责任，加大了责任追究和处罚力度。2018年，全区安全生产形势稳定向好，共发生各类生产安全事故586起，死亡573人，同比分别下降28%和18%；发生较大事故12起，死亡50人，同比分别下降25%和11%。自治区11个

① 朱炳文、刘银喜：《共同创造美好生活——内蒙古社会建设70年》，内蒙古人民出版社，2017，第206页。

盟市事故起数和死亡人数实现双下降；是全国16个没有发生重特大事故的省级行政区之一，创历史最好水平。

（四）防灾减灾救灾工作成效显著

改革开放以来，内蒙古防灾减灾救灾工作取得显著成效，综合减灾能力明显提升。“十二五”期间，以提高全区灾害应急救援能力为重点，大力加强综合防灾减灾基础设施建设，新建自治区级救灾物资储备库3个、盟市级9个、旗县级78个，初步形成“自治区—盟市—旗县”三级救灾物资储备体系。[①] 2015年6月，内蒙古自治区政府出台《内蒙古自治区森林草原防火工作责任追究办法》，加强了森林火灾、草原火灾的预防与责任追究工作，健全了全区森林草原防火工作责任机制。2016年，自治区人民政府办公厅印发《内蒙古自治区“十三五”时期综合防灾减灾规划》，进一步完善救灾管理体制和机制，加强灾害预警、响应、物资储备、灾后重建等能力建设。针对地震、旱灾、洪涝等自然灾害，及时提高了救助标准，使298万受灾群众基本生活得到有效保障。2017年9月，为贯彻落实《中共中央　国务院关于推进防灾减灾救灾体制机制改革的意见》（中发〔2016〕35号）精神，深化防灾减灾救灾体制机制改革，自治区党委政府发布了《推进防灾减灾救灾体制机制改革的实施意见》，提出了健全统筹协调机制和属地管理体制、完善社会力量和市场参与机制等改革举措，全面提升综合减灾能力，对促进全区防灾减灾救灾工作再上新台阶具有重要意义。

二　党的十八大以来内蒙古公共安全发展成效

改革开放40年来，特别是党的十八大以来，内蒙古主动适应新形势、

① 《内蒙古自治区人民政府办公厅关于印发〈内蒙古自治区“十三五”时期综合防灾减灾规划〉的通知》，http：//www. nmg. gov. cn/art/2016/12/31/art_ 1686_ 137705. html。

运用新手段，在公共安全法制化建设、体系化建设、综治平安建设、基础设施建设和人才队伍建设方面均取得了一系列成就。

（一）公共安全法制化制度化建设持续推进

法治是平安建设的重要保障。内蒙古充分发挥法治的引领和保障作用，提高平安内蒙古建设现代化水平。在推进安全生产综合监管工作方面，2012年自治区出台了《内蒙古自治区关于进一步加强全区安全生产综合监管工作的意见》。生产安全事故应急预案体系建设方面，2017年10月，自治区人民政府办公厅印发《内蒙古自治区安全生产事故应急预案（2017年修订版）》，规范全区生产安全事故的应急管理和应急响应程序。2018年出台《内蒙古自治区落实生产经营单位安全生产主体责任规定》，落实生产经营单位安全生产主体责任，预防和减少生产安全事故，保障人民群众的生命健康和财产安全。依据《中华人民共和国食品安全法》，结合自治区食品药品监督管理实际，先后制定出台了《食品小摊贩备案管理办法》《网络订餐监督管理办法（试行）》《自治区食品药品安全委员会工作规则》《食品安全监管责任制和责任追究制》等配套监管制度及规范性文件160件，修订颁布食品安全地方标准9项、立项研究8项，在全国率先出台《内蒙古自治区食品安全生产加工小作坊和食品摊贩管理条例》，启动《内蒙古自治区实施〈中华人民共和国食品安全法〉办法》立法调研和起草工作，强化了自治区食品药品安全法治建设。

（二）公共安全体系更加健全

党的十八大提出要加强公共安全体系建设，党的十八届三中全会围绕健全公共安全体系提出食品药品安全、社会治安防控等方面体制机制改革任务，党的十八届四中全会提出了加强公共安全立法、推进公共安全法治化的要求。内蒙古通过加强社会治安综合治理、深化安全生产管理体制改革、健全防灾减灾救灾体制、完善食品药品安全监管体系，逐步健全公共安全体系。内蒙古公安机关依托边、牧、农、林、城五大区块，以社会化、网络化、信息化为重点，建立起区域特色鲜明、整体支撑联动的立体化、智能化、多样化社会治安防控体系，[①] 实现了人民群众的安全感和满意度“双提升”。2015 年，全区群众安全感为 95.5%，比 2014 年提高 2.2 个百分点，比 2012 年提高 4.9 个百分点；社会治安满意度为 93.8%，比 2014 年提高 3.1 个百分点，比 2012 年提高 6.9 个百分点。截至 2017 年底，自治区、盟市、旗县（市、区）三级食品监管体系全部建立。全区 12 个盟市食品监督管理机构全部独立设置，103 个旗县（市、区）中，39 个独立设置食品监管机构，64 个综合设置食品监管机构，1010 个苏木乡镇（街道）中，单独或按区域设置 894 个基层监管所[②]。全区食品监管系统的监管人员达到 8549 人，每万人常住人口有监管人员 3.4 人。全区聘用嘎查村（社区）基层食品安全信息员、协管员 1.73 万人，构筑起了横向到边、纵向到底的全区四级食品安全监管网络。食品安全检测机构也得到加强，自治区级检测机构 4 个，具有副高技术职称以上的科研人员 48 人。各盟市均设立了检测机构，形成覆盖全区的技术监督检验体系。

（三）综治平安建设亮点频现

内蒙古不断创新社会治安综合治理，强化公共安全监管，切实筑牢祖国北疆安全稳定屏障。通过加强对新业态领域违法犯罪规律特点的研究，深入推进源头治理，不断丰富防范打击新业态领域违法犯罪的方法措施。积极推进网站“网安警务室”建设，全面推进网警网上公开巡查执法。把网络约租车纳入交通治安管理体系，配合有关部门从深化改革和管理入手，加强监管体系建设，促进在规范中发展、在发展中规范，确保运营安全、社会稳定。配合有关部门，加强对寄递物流业的安全监管。配合有关部门，加强对电商网购非法交易的监管，依法打击违法犯罪活动。各盟市的治安防控体系建设也是百花齐放，如呼和浩特市实施“眼云痕网”立体布局的社会治安防控体系，包头市

---

① 王英辉：《波澜壮阔四十载，扬帆起航正当时——改革开放 40 年内蒙古公安工作的回顾与展望》，法治内蒙古网，2018 年 7 月。

② 《内蒙古自治区志·食品药品监督管理志》，方志出版社，2018。

创新完善“四级巡控”警务机制，赤峰市创建“六位一体”应时应变新机制，巴彦淖尔市创新实施“九小警务”制度化，成为全区乃至全国社会治安防控体系建设的典型代表，树立了社会治安防控体系的“内蒙古品牌”。

（四）基础设施水平大幅提升

党的十八大以来，内蒙古在公共安全建设方面加大财政投入力度，推进政法经费保障体制改革和信息化建设，完善社会治安防控体系，深化平安内蒙古建设，不断提升群众安全感。自治区本级用于公共安全和国防的预算支出连续保持增长，年均涨幅在10%以上。2014年，自治区公安厅深化视频监控系统建设及应用，全区摄像头总数接近95万个，并为各级公安机关、边防部队、高校配发了价值1.3亿元的警用装备及警车，装备建设水平明显提升。[①] 2015年，自治区公安厅投资近2000万元对应急物资储备库及公安装备库进行了改扩建。改扩建后的储备库面积达1万平方米，达到了全国先进水平，应急物资储备总值达1.4亿元。[②] 2014～2017年，内蒙古自治区食品药品监督管理局共争取中央、自治区专项基金19亿元。其中，自治区专项基金14.39亿元，用于食品检查检测机构项目资金4.47亿元、食品快检车辆和快检设备1.84亿元。完成12个盟市食品实验室改造和部分旗县检验监测资源整合，食品快检车配备走在全国前列，103个旗县（市、区）快检设备实现全覆盖，全区食品药品安全检验检测能力明显提高，全系统的基础设施建设和技术装备实现了跨越式发展，为提高内蒙古食品药品监管提供了雄厚的技术支持。

（五）人才队伍建设全面加强

党的十八大以来，内蒙古围绕筑牢祖国北疆安全稳定屏障的职责使命，

① 王英辉：《波澜壮阔四十载，扬帆起航正当时——改革开放40年内蒙古公安工作的回顾与展望》，法治内蒙古网，2018年7月。

② 王英辉：《波澜壮阔四十载，扬帆起航正当时——改革开放40年内蒙古公安工作的回顾与展望》，法治内蒙古网，2018年7月。

打造了一批政治过硬、业务过硬、正规化、专业化的公共安全人才队伍，为全区社会大局稳定、人民安居乐业提供了坚强保证。自治区以增强监管队伍的整体素质为目标，以依法行政和“三个转变”为主要内容，对全区各级食品药品监督管理部门领导干部和执法人员，有针对性地组织开展岗位培训、技术培训，先后举办《中华人民共和国食品安全法》等法律法规培训班等，有效提高执法监管人员运用政策法规的能力和技术业务水平。为了缓解警力不足压力，自治区出台了公安民警招录体制改革和警务辅助人员管理的实施细则等政策性文件；制定了厅机关人事管理和全区公安机关队伍建设两个“1+9”制度体系。公安机关打通了公安院校毕业、特殊人才招录和特殊地区警力补充渠道，全面实行了向社会购买警务辅助人员服务办法，全面缓解基层公安机关警力不足的压力。自治区公安厅与中国人民公安大学签订了“校厅合作”协议，全面展开深度合作，合力推动内蒙古公安队伍建设、人才培养创新升级。

三　主要做法和成功经验

改革开放40年来，内蒙古与时俱进，积极适应社会发展新形势，不断创新公共安全治理的理念和思路、体制机制、方法和手段，提升公共安全治理水平，确保社会稳定和边疆安宁。

（一）坚持与时俱进，持续推进内蒙古公共安全治理创新

结合地域特色，自治区建立起运行稳定的、具有新时期边疆少数民族地区特色的立体化社会治安防控体系。内蒙古通过在边境地区推行“四化固边”防控模式，强化军警民的联勤联动和信息通报机制，不断提高八千里边防线上的“见警率”；在牧区推行“三联”防控模式，推广使用“警牧通”，建设一批通往牧区主干道上的交通、治安综合执法检查站；在农区推行“1+N”组合防控模式，不断发展矛盾化解力量和治安信息员；在林区推行“221”防控模式，落实用工单位和雇主外来人员先报告、后雇佣制

度；在城区推行“人力＋科技”防控模式，紧跟城市化、城镇化建设布局，重点加大街面警力投入力度，扩大执法服务站的覆盖面；突出“草原110”“蒙古包哨所”“警航基地”等特色亮点。着力创新食品安全监管模式，内蒙古全面推动落实食品安全生产经营主体责任，督促食品生产经营者建立食品安全责任制度、远程控制制度、应急管理制度、问题食品召回制度，全面实施对食品生产经营卫生、餐饮服务单位量化分级、食品加工小作坊和食品摊贩等的规范化管理。

（二）夯实基层基础，提升公共安全体系建设精细化水平

坚持重心下沉，把基层作为主战场，增强社会治安防控体系的动力和活力。强化基层基础支撑，在治安动态管控、提高打击犯罪能力、网络安全等基础性工作上下功夫。内蒙古大力加强城乡社区警务室建设，创新警务机制，强化信息采集和应用，加强服务与管理、防范与打击，着力将社区警务室打造成群众家门口的“派出所”。截至2018年，全区共建社区警务室4630个，有专职社区民警3714人，其中城镇社区民警2157人、农牧区社区民警1503人，将公安机关服务管理工作进一步延伸到了社区和农村。同时，有效推进消防、交管、网管、外管、危管、物管进社区入乡村，推动社会治安防控力量下沉，夯实社会治安防控体系的根基。加强餐饮业安全监管，建设食品加工园区134个，新建改造食品市场132个，引导小作坊、小摊贩进市入园经营。开展“厨房改革”，“明厨亮灶”占到餐饮服务单位总数的60.6%，餐饮业质量安全水平明显提升。实现食品安全全过程全链条监管，强化农产品准入准出衔接和农超对接，建立完善行刑衔接机制。开展乳肉及其制品、白酒等重点产品追溯体系建设，婴幼儿配方乳粉实现了全程追溯。

（三）补齐短板，加大投入力度，建立完善经费保障体系

以深化经费保障体制改革为抓手，结合少数民族特色和北部边疆维稳任务，通过提高对可用财力较低地区中央转移支付资金分配比例，加大对基层公安机关和贫困地区经费倾斜和补助力度，加强薄弱环节建设，积极探索建

立和发展全区一体化的经费保障模式。2012～2015 年，全区公安机关总经费年均增长 6%，人均公用经费年均增长 9%。全区倾斜维稳任务重的重点城市、贫困旗县公安机关即边境地区经费近 4 亿元，补齐了边疆贫困地区治安防控体系建设的经费短板。自治区、盟市、旗县、苏木乡镇层层签订食品药品安全责任书，建立由各级政府分级负担的食品药品安全监管经费保障机制，加大了资金和项目投入力度，全区食品药品安全监管经费达到常住人口人均 15 元的标准。2017 年全区安排食药监管经费 5.03 亿元，其中食品检验检测经费达到 1 亿元，较 2016 年增长 25%。完成食品抽检 10.56 批次/千人，提前实现了“十三五”规划 4 批次/千人抽检目标。完成检验检测实验室改造和资源整合项目 22 个，基层监管所全部配备了快检设备，食品检验检测能力大幅提升。①

（四）坚持科技应用，提升公共安全监管智能化水平

自治区通过推进“互联网 + 公安政务服务”，建成了信息化便民服务平台，打造集网站、微博、微信、手机 App 于一体的网上便民服务体系，整合出入境、治安、户政、交管等 11 个警种的网上办理项目，提供 150 余种业务办理和 300 余项便民服务，全区互联网交通安全综合服务管理平台的注册使用率居全国第一。在食品安全监管上，餐饮服务单位采用视频技术或透视明档的方式对餐饮食品加工过程进行展示，从而将餐饮经营单位食品加工的关键环节亮出来接受社会监督。截至 2017 年，自治区完成“明厨亮灶”改造 6.2 万家。自治区食品检验监测中心建成投入使用，技术支撑能力不断提升。推进社会治安防控体系系统性、整体性、协同性建设，紧紧盯住基层技术工作，加强社会治安防控体系的发展性、可持续性建设，强化科技信息化支持，充分挖掘、利用大数据资源，不断提升科技水平。公安机关通过构建立体化、智能化、全方位的全区动态信息采集网和综合警务平台，建立全

① 《内蒙古自治区创建国家食品安全示范城市工作汇报》，http：//samr.cfda.gov.cn/WS01/CL1733/223212.html。

区警务云应用服务平台，实现基层基础工作高效规范、业务有机协调、数据动态鲜活、信息高度共享，实现平台与指挥调度、侦查打击、防范控制、重点人等治安要素动态管控一体化运作。以统一云平台支撑全警一体化查询比对、动态化研判分析、实时化落地管控，提升基于统一平台的体系防控能力和集群应用效能。

四　存在的问题和对策建议

在40年的改革发展过程中，内蒙古公共安全治理卓有成效，有力地保障了各族人民安居乐业，维护祖国北疆安全稳定。但仍要看到，与全国其他省、自治区、直辖市相比，内蒙古在公共安全管理的很多领域和方面还是处于跟跑状态，平安内蒙古建设仍需持续努力。

内蒙古作为边疆民族地区，具有地域辽阔、边境线长、少数民族杂居、区域经济社会发展不平衡等特点，使得公共安全事业建设复杂性大、难点多。面对社会治安形势变化，社会治安防控体系还存在一些不适应的问题，如数据管理简单粗放的问题、城镇化快速推进造成的村镇嘎查人口急剧变化而警力相对不足的问题、偏远农牧区治安防控力量薄弱的问题、新业态违法犯罪的防范打击问题。面对全面建成小康社会的奋斗目标，人民的美好生活需求更加关注健康、环保、安全，但是食品安全监管方面仍存在法律法规体系不健全、安全责任机制不完善、监管存在漏洞、主体安全意识淡薄、各监管部门管理重叠和责权不清的问题。安全生产方面仍存在工矿商贸较大事故未得到有效控制、高危行业领域安全基础保障能力仍然不足、监管执法水平能力低、企业主体责任落实的自觉性和主动性较差的问题。这些都对内蒙古的公共安全治理提出了新希望和新要求。

站在新的历史起点上，内蒙古要始终坚持树立以人民为中心的公共安全观，顺应各族群众对公共安全的新期待，不断提升公共安全社会治理能力和水平，努力推进更高水平的“平安内蒙古”建设，全面筑牢祖国北疆安全稳定屏障，为建设亮丽内蒙古、共圆伟大中国梦保驾护航。

（一）树立新时代公共安全理念

统筹发展和安全，增强忧患意识，居安思危。一是涵养公共安全观念文化。每个社会成员都是公共安全的参与者，都应当从自我做起，共同维护公共安全。开展公共安全文化创建活动，提高群众安全意识。加大对公共安全观念、法律法规的宣传力度，为公共安全建设营造良好的社会氛围。二是提升公共安全管理水平。构建公共安全制度文化，加强安全生产教育培训，提升从业人员的风险辨析能力和自我防范意识。三是构建公共安全的物质文化，提升信息警示、应急措施等安全工具的物质可靠性。

（二）着重源头治理和系统化治理，完善公共安全体系建设

一是预防为主，提升公共安全管控能力。坚持关口前移，开展风险精准识别和预警，健全公共安全风险分析和评估机制，以此为基础设计应急预案，通过完善日常监管和应急处置工作，将公共安全的防范式治理模式转向常态化治理模式。构建公共安全风险分级管控和隐患排查治理双重预防机制，提高安全生产管理水平。落实企业主体责任，建立健全安全生产责任制。着重通过对社会治安和食品安全等公共安全环境的改善，优化公共安全治理的社会环境。二是综合治理，提升综合管理与协调能力。重构跨部门、跨层级甚至跨区域的统筹协调和合作机制，加强公共安全综合管理机构能力建设，形成公共安全系统化治理格局。

（三）推动公共安全治理多元共治，形成整体合力

一是鼓励引导第三方组织即社会力量参与公共安全治理，发挥其专业性和技术优势，提供多样化、个性化的公共服务。在重大安全稳定风险评估中引入第三方评估机构，确保结果的客观性和有效性。二是完善公共安全治理的政府间协作。考虑建立高层次的统筹协调，在更高层面整合公共安全管理资源，强化政府部门间协作，优化程序，明确责任，重塑公共安全治理的工作流程。三是倡导全民参与，提高公民参与公共安全治理的意识，拓展参与

渠道。四是充分发挥传统媒体和新媒体的监督作用。在公共安全事件中，鼓励媒体开展舆情监测与舆论监督。

（四）更加注重网络安全治理

没有网络安全就没有国家安全，就没有经济社会的稳定运行。大数据时代的国家安全和公共安全治理，应充分利用网络信息技术，走向“智慧治理”模式[①]，提升网络安全的预警和治理能力。构建网络安全基础设施安全保障体系，实施互联网实时监测，强化安全预警和研判能力，及时反馈并处理风险问题，推进网络安全预警工作精准科学。在互联网时代，信息安全逐渐成为公众公共安全体验中感受最强的部分，由于垃圾信息、诈骗信息、个人信息泄露造成的经济损失近千亿元[②]。因此，应完善信息安全立法工作，保护公众的信息权益，同时完善信息安全的监管制度，明确政府责任，整合监管机构与资源。

（五）依托物联网、大数据等新技术，打造智慧安全内蒙古

利用物联网、大数据、云计算、移动互联网等科技手段，助力智慧安全城市建设，提高社会治理智能化水平。建立智能化综合管理中心，实现城市安全统一监测预警和应急管理服务；利用现代信息化技术，结合城市安全运行体系和公共安全分析模型，形成城市公共安全网，检测城市安全运行指标；通过大数据分析，勾勒城市安全画像，呈现城市整体运行情况，实现数据空间化、应用可视化和决策智能化；针对社会安全、生产安全、环境安全、城市生命线安全、预警信息发布、消防安全等问题，通过技术创新和产业升级等手段提升装备的安全水平，打造全方位、立体化的城市公共安全网。

---

① 张春艳：《大数据时代的公共安全治理》，《国家行政学院学报》2014 年第 5 期。

② “2016 年，我国网民因为垃圾信息、诈骗信息、个人信息泄露等遭受的总体经济损失约 915 亿元。”引自《中国城市公共安全感调查报告 2018》。

改革开放40年内蒙古公共住房发展报告

王哈图*

住房保障服务是国家解决人民住房问题的主要方式，面对城镇低收入住房困难家庭，城市中的“夹心层”群体，廉租房和公共租赁住房的建设就显得尤为重要。

一 改革开放40年住房保障工作成就

改革开放以来，内蒙古深入贯彻党中央、国务院关于保障和改善民生的一系列重大决策部署，不断推进住房制度改革，完善公租房保障政策制度，加快棚户区改造步伐，住房保障工作取得了明显的成效。

（一）住房制度改革成效显著

党的十一届三中全会以来，内蒙古城镇住宅建设有了较快发展，1979～1989年，全区城镇住宅建设投资为56亿元，建成各类住宅3274万平方米，占中华人民共和国成立以来全区城镇住宅建设总面积的65%。1988年《内蒙古自治区城镇住房制度改革实施规划》发布后，内蒙古加快住房制度改革步伐，先后启动了公有住房出售、加快经济适用住房建设、实施住房补贴和廉租住房保障等制度，城镇居民的住房得到了极大改善。全区居民的人均住房建筑面积已由1981年底的约7.2平方米提高到2016年底的32.24平方米①，城镇居民

* 王哈图，内蒙古自治区社会科学院公共管理研究所助理研究员。

① 内蒙古自治区住房和城乡建设厅：《改革开放40年住房保障工作总结》。

的住房品质、居住环境、生活配套逐年提升，满足了人民群众对住房的更高要求。

（二）公租房保障政策进一步完善

改革开放以来，特别是从2007年《国务院关于解决城市低收入家庭住房困难的若干意见》（国发〔2007〕24号）下发以来，自治区坚持把住房保障工作作为一项重大的民生工程、民心工程加以推进，不断完善住房保障制度政策，扩大住房保障范围，强化审核分配管理工作，截至2018年第三季度末，全区共有41.62万户住房困难家庭享受到公租房保障，其中低收入家庭23.05万户、中等偏下收入家庭10.72万户、稳定就业外来务工人员5.47万户、新就业无房职工2.38万户；实现了低保、低收入住房困难家庭的应保尽保，同时解决6453户环卫工人、公交司机的住房问题，“忧居”老百姓切实从住房保障工作中受益，实现了“宜居”梦。①

（三）住房保障受益群体扩大

2008年以来，内蒙古先后启动了包括城市棚户区、国有工矿棚户区、中央下放煤矿棚户区、国有林区（场、站）棚户区（危旧房）、国有垦区危房改造工程在内的共五类城镇棚户区改造工作，到2018年末，全区实施各类棚户区改造191万套，完成投资超过4000亿元，受益居民达到388万人，群众的住房条件和居住环境得到了极大改善。同时，圆满完成了包头市北梁棚户区改造、兴安盟阿尔山棚户区改造、赤峰市铁南棚户区改造等工程。2019年，国家下达内蒙古的棚户区改造开工任务是5.29万套，基本建成2.72万套。截至2019年9月底，全区棚改开工4.99万套，开工率达94.3%，高于2018年同期水平9.8个百分点。基本建成4.22万套，已提前完成年度目标任务，完成投资127.4亿元②。

---

① 内蒙古自治区住房和城乡建设厅：《改革开放40年住房保障工作总结》。

② 内蒙古自治区住房和城乡建设厅：《2019年10月住房城乡建设经济月报》。

二　党的十八大后的主要成就

党的十八大报告明确提出，要建立市场配置和政府保障相结合的住房制度，加强保障性住房建设和管理，满足困难家庭基本需求。党的十八大以来，内蒙古通过完善制度保障、加快公租房建设、健全审核机制、强化监督检查、加强后续管理等措施，不断完善公租房保障体系，为更多城镇住房困难家庭改善居住条件。

（一）公租房建设成绩显著

按照《国务院关于解决城市低收入家庭住房困难的若干意见》（国发〔2007〕24号）要求，内蒙古不断完善城镇住房保障制度，加大保障性住房建设（筹集）力度，加强保障性住房分配管理。内蒙古自2008年第四季度开始建设廉租住房，供应对象为人均住房建筑面积不足15平方米的城镇低保家庭和城镇人均住房建筑面积不足13平方米的低收入家庭（收入水平不足当地低保标准2倍以内的家庭）。2010年6月，自治区政府印发了《关于进一步加强和改进城镇廉租住房保障工作的通知》（内政发〔2010〕40号），提出扩大廉租住房保障范围，在对人均住房建筑面积不足15平方米的城镇低保住房困难家庭应保尽保的前提下，将人均住房建筑面积不足13平方米的城镇低收入住房困难家庭逐步纳入保障范围。2010年开始实施公共租赁住房制度，公租房筹集的方式主要有统一集中建设、在商品房小区按一定比例配建、企业为职工建设公寓或单身宿舍等。2013年7月，自治区人民政府印发了《关于进一步加强和完善保障性住房建设和管理的意见》（内政发〔2013〕70号），要求逐步扩大保障范围，在对已纳入住房保障范围的低收入家庭实行应保尽保的基础上，逐步把内蒙古经济社会发展需要的各类专业人才、新就业人员和有稳定职业并在内蒙古连续缴纳社会保险费达到一定年限的外来务工人员纳入保障范围。对环卫等一线艰苦岗位人员、见义勇为人员、享受国家定期抚恤补助的优抚对象、生态移民过程中进城就业的农牧民、孤老病残人员等在同等条件下予以优先保障。对因“撤乡并镇”造成部分农牧民需要陪子女进城就读中小学的，旗县（市、区）可筹集部分公共租赁住房以解决其过渡性住房需求。从2014年起，按照《住房和城乡建设部　财政部　国家发展改革委关于公共租赁住房和廉租住房并轨运行的通知》（建保〔2013〕178号）和自治区政府《关于进一步加强和完善城镇保障性住房建设和管理的意见》（内政发〔2013〕70号）文件精神，廉租住房与公共租赁住房实行并轨运行和管理，廉租住房统一并入公共租赁住房中。从2016年起，国家不再下达公租房建设任务，推行公租房货币化。目前，内蒙古的公租房保障方式为实物保障与发放租赁补贴相结合。2016年9月，自治区住房和城乡建设厅印发了《关于进一步做好公共租赁住房分配工作的通知》（内建保〔2016〕337号），要求各盟市结合推进新型城镇化和户籍制度改革进程，适当放宽户籍、住房等准入条件，降低农业转移人口、新就业无房职工、在城镇稳定就业的外来务工人员和中等偏下收入住房困难家庭申请公共租赁住房保障的门槛。新就业大学生和青年医生、青年教师等专业技术人员，凡符合当地城镇居民公租房准入条件的，全部纳入公租房保障范围。2017年11月，自治区住房和城乡建设厅转发了《住房和城乡建设部办公厅关于完善公租房分配方式的通知》（内建保〔2017〕1172号），要求各地将符合条件的各类困难家庭列入优先保障范围，切实改善环卫工人、公交司机等特殊行业住房困难职工的居住条件，确保城市低保、低收入住房困难家庭应保尽保。

党的十八大以来，内蒙古通过完善制度保障，扩大保障范围；加快公租房建设，完善配套设施；健全审核机制，加快公租房分配；强化监督检查，加强后续管理等措施，不断完善公租房保障体系，为更多城镇住房困难家庭改善居住条件。截至2018年7月底，全区已分配公租房31.5万户，公租房分配入住率已达到90.8%，发放租赁补贴10.4万户，为116多万居民解决了住房困难问题①。

① 内蒙古自治区住房和城乡建设厅：《改革开放40年住房保障工作总结》。

（二）棚户区改造取得显著成效

内蒙古为全国棚户区种类较为齐全的省份之一，有城市、林区、垦区、矿区等各种类型的棚户区，分布范围广、改造任务重。近年来，自治区党委、政府认真贯彻落实党中央、国务院的决策部署，把棚户区改造作为重大民生工程和发展工程，摆到了更加重要的位置，给予了高度关注和大力支持，自治区的棚户区改造工作取得了显著成效。

党的十八大以来，全区共实施各类棚户区改造 125. 6 万套，约 349 万居民“出棚进楼”，群众的住房条件和居住环境得到了极大改善，群众的幸福感和获得感明显增强，随着大量棚户区的拆除，城市建设面貌也随之焕然一新。习近平总书记、李克强总理关心的阿尔山棚户区、北梁棚户区、铁南棚户区改造基本完成。

按照 2017 年住房和城乡建设部等六部委联合下发的《关于做好棚户区调查摸底和 2018—2020 年改造计划的通知》（建保函〔2017〕149 号）和《住房城乡建设部办公厅等关于申报 2018 年棚户区改造计划任务的通知》（建办保函〔2017〕551 号）等文件要求，当前内蒙古棚户区改造工作，坚持尽力而为与量力而行相结合的原则，重点改造城市危房、城市棚户区、城市建成区内城中村。按照近期国家相关文件和会议精神，今后内蒙古将重点改造老城区内脏乱差的棚户区和国有工矿棚户区。

自治区住房和城乡建设厅通过争取中央补助资金、增加自治区本级补助资金投入、积极支持各地落实银行贷款、试点发行棚改专项债券等多种渠道，破解制约棚改的资金瓶颈。通过召开棚改工作对接会，开展实地督查调研，加强调度、通报和督查等，全力推进棚户区改造工作。截至 2018 年 7 月底，全区棚改开工 8. 6 万套，开工率达 60. 9%；棚改基本建成 7. 9 万套，建成率达 120. 7%，完成投资 296. 6 亿元①。

① 内蒙古自治区住房和城乡建设厅：《改革开放 40 年住房保障工作总结》。

三　住房保障工作的主要做法和经验

（一）推进住房制度改革

1. 加快公有住房出售

1988 年以来，为了筹集建房资金，加快解决城镇居民的住房困难问题，国家、自治区采取一系列措施，向城镇职工居民出售公有住房。1992 年 9 月，内蒙古自治区人民政府印发了《内蒙古自治区深化城镇住房制度改革实施方案》（内政发〔1992〕174 号），提出了内蒙古住房制度改革的指导思想、基本原则、分阶段目标和基本做法。采取逐步提高公房租金，鼓励出售公有住房、集资合作建房、推行公积金制度等方式积极推行住房制度改革。1996 年自治区人民政府下发了《内蒙古自治区人民政府批转自治区住房制度改革领导小组关于贯彻国务院深化城镇住房制度改革的决定实施方案和关于房改实施方案送审报批问题暂行规定的通知》（内政发〔1996〕30 号），1998 年自治区政府制定下发了《内蒙古自治区人民政府关于深化城镇住房制度改革加快住房建设的通知》（内政发〔1998〕82 号），使房改工作取得了突破性的进展。其主要内容是：明确了我国住房制度改革的指导思想、目标和基本原则；宣布停止了住房福利实物分配制度，逐步实行住房分配货币化；建立和完善以经济适用住房为主的多层次的住房供应体系；继续推进现有公有住房改革，培育和规范住房交易市场；采取扶持政策，加快经济适用住房建设；发展住房金融，支持住房消费；加强住房的物业管理等。到 2004 年底，全区公有住房出售率达到了 98% 以上，基本完成了住房公有制向私有化的转变；积累了大量的住房建设资金；促进了住房建设，大大缓解了中低收入家庭的住房压力。

2. 加快经济适用住房建设

1998 年 3 月，自治区住房制度改革领导小组印发了《内蒙古自治区城镇经济适用住房建设实施办法》和《内蒙古经济适用住房建设申报审批办法（暂行）》，经济适用住房以城镇中等偏下收入与低收入家庭为供应对象，并优先出售给符合条件的无房户、危房户和生活困难户。购买经济适用住房实行申请、审批和公示制度。盟市、旗县人民政府应当根据当地商品住房价格、居民家庭可支配收入、居住水平和家庭人口结构等因素，制定经济适用住房的家庭收入标准及享受购买或承租经济适用住房的条件及面积标准，符合条件的家庭可以申请购买或承租一套经济适用住房。集资、合作建房是经济适用住房的组成部分，其建设标准、优惠政策、上市条件、供应对象的审核等均按照经济适用住房的有关规定执行。截至 2013 年底，全区共建设经济适用住房（含安居工程）7440 万平方米，解决了近 93 万户居民的住房问题。①

3. 实施住房补贴制度

停止住房实物分配后，凡房价与收入比 4 倍以上（即当地一套建筑面积为 70 平方米的经济适用住房的平均价格与双职工家庭平均工资之比），且财政、单位原有各种渠道的住房建设资金有条件转化为住房补贴的地区，可区别不同情况，采用不同方式，对无福利分房和福利分房面积未达到规定标准的职工（含离退休职工）发放住房补贴，截至目前，自治区本级、12 个盟市全部出台了离休人员住房补贴实施办法。自治区本级、呼和浩特市、呼伦贝尔市、锡林郭勒盟、鄂尔多斯市、满洲里市财政安排了专项资金，已为部分退休和在职职工发放了住房补贴，还有少数效益好的国有大企业也发放了住房补贴。

（二）完善公租房保障政策

1. 健全住房保障政策制度

按照国家政策要求，自治区党委、政府先后下发了《关于加快住房保障体系建设切实解决中低收入家庭住房问题的通知》（内政字〔2006〕318 号）、《关于进一步做好城镇廉租住房保障工作的通知》（内政发电〔2008〕

① 内蒙古自治区住房和城乡建设厅：《改革开放 40 年住房保障工作总结》。

4号）、《关于进一步加强和改进城镇廉租住房保障工作的通知》（内政发〔2010〕40号）、《关于加快推进保障性安居工程建设的通知》（内政发〔2010〕43号）、《关于2011年全区保障性安居工程建设的实施意见》（内党发〔2011〕8号）、内蒙古党委办公厅和政府办公厅下发《关于进一步加强保障性安居工程建设和管理有关工作的通知》（厅发〔2011〕48号）等指导性文件，明确提出了公租房资金筹集、土地供应、税费减免以及完善制度等一系列政策措施，并对落实各盟市工作责任、加强保障性住房质量监管和公平分配、强化监督检查、充实人员力量等方面的工作提出了明确要求。特别是2013年自治区政府出台了《关于进一步加强和完善城镇保障性住房建设和管理的意见》（内政发〔2013〕70号），明确内蒙古从2014年起全面实行廉租房、公租房并轨运行管理，并初步建立了以公共租赁住房为基本形式的、以先租后售和租售并举为特征的、能够适应不同家庭住房支付能力的保障性住房供应体系。2014年自治区政府出台了《关于进一步加强保障性住房建设和分配管理的通知》（内政发〔2014〕77号），进一步规范了保障性住房建设和分配的相关政策。2016年9月1日，住房和城乡建设厅出台了《关于进一步做好公共租赁住房分配工作的通知》（内建保〔2016〕337号），对推进公租房货币化、扩大保障范围、加快项目建设、加快分配入住、完善城镇住房保障体系、加强住房保障档案管理、强化监督检查等方面提出了要求，进一步强化了住房保障工作的制度保障。

2. 扩大住房保障范围

2013年自治区政府出台《关于进一步加强和完善城镇保障性住房建设和管理的意见》后，住房和城乡建设厅结合推进新型城镇化和户籍制度改革进程，于2016年出台了《关于进一步做好公共租赁住房分配工作的通知》、2017年转发了《住房城乡建设部办公厅关于完善公租房分配方式的通知》（内建保函〔2017〕1172号），进一步扩大了住房保障覆盖范围。内蒙古的住房保障范围已经在对低保和低收入家庭实现应保尽保的基础上，扩大到经济社会发展需要的各类专业人才、新就业人员和有稳定职业并在内蒙古连续缴纳社会保险费达到一定年限的外来务工人员及中等偏下收入住房困难家庭。同时，明确将新就业大学生和青年医生、青年教师等专业技术人员等纳入公租房保障范围；将符合条件的见义勇为人员、享受国家定期抚恤补助的优抚对象、生态移民过程中进城就业的农牧民、孤老病残人员、计生困难家庭、困境儿童家庭等各类困难家庭列入优先保障范围，切实改善环卫工人、公交司机等特殊行业住房困难职工的居住条件。

3. 强化审核分配管理

健全公共租赁住房申请、审核、公示、轮候、复核机制，坚持“三审三公示”的阳光操作，分配过程采取“公开摇号、公开选房”方式，邀请人大代表、政协委员和监察、审计等部门及群众代表参与现场分配。加强公租房后期管理和动态监管，各地对于已分配公租房的保障家庭人口、收入、财产和住房等变化情况定期进行审核，及时清退不符合规定条件的住房保障家庭。

（三）加快棚户区改造步伐

1. 健全工作推进机制

自治区、盟市、旗县都相应成立了领导小组，统筹协调解决推进棚改实施过程中遇到的重大事项和问题。每年年初，自治区政府均要召开专题会议落实全区棚改目标任务，与各盟市签订目标责任书。每年年中，召开工作推进会，对下一步工作进行部署。

2. 制订棚改规划计划，加快配套基础设施建设

棚户区改造坚持规划引领，优化棚户区改造安置住房选点布局，充分考虑居民就业、就医、就学、出行等需要，在土地利用总体规划和城市总体规划确定的建设用地范围内，将安置房建设在交通便利、配套设施齐全地段，同时通盘考虑配套设施规划建设，做到与棚户区改造安置住房同步规划、同步报批、同步建设、同步交付使用；在编制城市基础设施建设规划时，特别是统筹做好安置住房小区的城市道路以及公共交通、供水、供电、供气、供热、通信、污水与垃圾处理等市政基础设施建设。按照《国务院关于加快棚户区改造工作的意见》（国发〔2013〕25 号）要求，内蒙古制定了《内

蒙古自治区棚户区改造规划（2013—2017 年）》，明确了全区棚户区改造的总体目标、年度任务、改造要求以及各项政策措施。2016 年 4 月，住房和城乡建设厅制定了《内蒙古自治区城镇棚户区改造及配套基础设施建设三年计划（2015—2017 年）实施方案》，对包括城市危房、城中村（城边村、城郊村）、符合条件的老旧小区综合整治在内的各类城镇棚户区实施改造。2018 年，住房和城乡建设厅启动了棚户区改造 2018～2020 年三年攻坚战，持续推进棚改工作。

3. 加大财政投入力度，认真落实优惠政策

第一，积极争取中央投资，自治区本级加大投入力度。2008～2018 年内蒙古已争取到中央对保障性安居工程补助资金 604.5 亿元，自治区本级安排保障性安居工程补助资金 106.7 亿元。第二，落实好各项优惠政策。落实好“提取土地出让成交价的 5%～7% 用于保障性住房建设”的政策，中央代地方政府发行的债券资金要按一定比例优先安排用于保障性住房建设；落实好税费优惠政策，棚户区改造项目免征城市市政公用设施配套费等各种行政事业性收费和政府性基金。施工企业从事棚户区改造项目取得的经营所得免征企业所得税地方分享部分；对因棚改重新购置住房的被征收居民，对购房成交价格中相当于征收补偿费的部分免征契税。电力、通信、有线电视、市政公用事业等单位要对各类棚户区改造项目给予支持，新建安置小区有线电视和供水、供电、供气、供热、排水、通信、道路等市政公用设施，由各相关单位出资配套建设，减半收取入网、管网增容等经营性收费。棚户区改造涉及的营业税、房产税、城镇土地使用税、土地增值税、印花税、契税等严格按现行规定实行减免优惠政策。确保用地供应。

4. 因地制宜推进棚户区改造货币化安置

落实好内蒙古自治区人民政府《关于进一步促进房地产市场平稳健康发展的若干意见》（内政发〔2015〕58 号）、《关于做好房地产去库存工作进一步促进房地产业稳步发展的意见》（内政发〔2016〕26 号）、《关于做好全区棚户区改造货币化安置工作的指导意见（试行）》（内政办发〔2016〕85 号）和自治区党委《关于进一步加强城市规划建设管理的实施意见》

（内党发〔2017〕17号）精神，因城施策、因地制宜推进棚改；商品住房库存量大、市场房源充足的地区继续推进货币化安置；商品住房库存量不足的地区，采取新建棚改安置房的方式。2015年以来，各地从当地实际出发，在推进棚改货币化安置工作中探索出了很多行之有效的经验和做法，比如，包头市和乌海市的安置房选房信息平台系统，鄂尔多斯市东胜区和伊金霍洛旗实施的“房票”“地票”制度，呼伦贝尔市海拉尔区在“房产超市”中开展的选房送装修、送家电业务，巴彦淖尔市乌拉特中旗在征收大厅通过竞争性谈判提供选房和装修“一条龙”服务等做法，在实现加快棚改项目开工进度的同时，不仅有效消化了存量商品住房，而且有效化解了房地产背后一系列的社会矛盾和问题。通过棚改货币化安置，还有效解决了“钉子户”问题，达到了一举多得的效果。

四　存在的问题和对策建议

（一）存在的问题

在自治区政府的强力推动下，近年来内蒙古的保障性住房建设取得了快速的发展，解决了一部分低收入住房困难家庭的住房难问题。同时，内蒙古的保障性住房建设还存在覆盖面狭窄、建设资金和土地供应不足、准入和退出机制不健全、管理制度建设落后等问题，住房保障体系的进一步建设还将面临诸多挑战，任重而道远。

1. 保障性住房建设覆盖面有待扩大

近些年，我国的保障性住房建设虽然卓有成效，但与发达国家相比，差距还相当大。我国城镇保障性住房面积还不到10%，而发达国家这一比例通常都在30%以上，在美国，政府对40%左右的家庭提供住房自住或政策支持，新加坡更是有85%的人居住在政府提供的组屋里。

在保障对象上，各地普遍将保障对象界定为低保家庭，但在当前中国，中低收入家庭约占全国城镇家庭总数的80%，而低保家庭仅占其中的极小部分，对保障对象如此的界定显然有失公平公正，没有做到应保尽保。随着社会的发展，绝大多数刚毕业大学生和进城务工人员的住房需求也会是一个巨大的挑战。我国农村的住房困难户（包括农村低保户、五保户和重点优抚对象）特别是贫困地区的住房困难户，存在较为突出的住房困难情况，要解决农村住房问题，还会涉及保护耕地和环境等诸多问题，任务也相当艰巨。还有集中连片棚户区改造，农牧民定居等多个方面住房需求都亟待解决。

2. 保障性住房建设资金和土地供应不足

发达国家的住房保障资金占政府财政支出的比重为3%～8%，而我国这一比例只有0.3%。我国的保障性住房在建设层面上中央政府只投资一小部分，绝大部分是由地方政府来投资完成的，而地方尤其是中西部欠发达地区财政收入本身就很少，到真正实施阶段，各地方政府往往会以财政困难为由对保障性住房的投资大打折扣。

保障性住房建设在土地供应上是完全由地方政府来完成的，而“土地财政”又是现阶段各地方政府重要的财政收入来源之一，对保障性住房建设大量的土地供应无异于“自断财路”，所以在土地供应上也是能省即省，要不就供应偏远的经济利益小的土地，而这些地方往往交通、医疗、教育等基础设施建设落后，从而造成后期建好的保障性住房出现空置、生活条件差等不保障不适用的情况。

3. 保障性住房的准入和退出机制不健全

当前各地方政府普遍将保障性住房的适用群体定义在低保家庭，这种准入群体的定义本身就有失公平。在当前中国社会诚信体系还未完全建立的情况下，保障性住房的申请、审批、监督、后续管理等方面都困难重重。现阶段的保障性住房分配存在严重的不公平现象。这种情况的出现根本上是因为保障性住房的操作机制存在问题，福利性和经济利益未完全分离，还有相当空间的经济利益可图。在退出机制上更是无法做到及时和公平公正，往往是只进不出，更多的是申请到保障性住房后转手出租，谋求经济利益，要不就是等经济适用房到上市年限后上市出售，没有起到保障性住房应有的作用。

相关管理机构混乱繁多，行政性质强，办事效率低，相关监督机制也很不到位。

4. 保障性住房管理制度建设比较滞后

近些年，国家下大力气推进保障性住房的建设，“硬件”建设成效显著，但相配套的“软件”却相对滞后，使硬件的使用效益无法最大化。与发达国家相比，我国住房保障法制化建设相对滞后，有关住房保障的政策和制度基本上是由国务院或住房和城乡建设建设部等部门以通知、指导意见或办法的形式发布，大都属于政策性规定，存在随意性和不稳定性，没有形成一整套完善有效且符合中国国情的住房法律法规体系。保障性住房的相关管理机构带有浓厚的行政性质，而且机构繁多、办事效率低，监督机制也很不到位，监而不督现象普遍。与保障性住房建设相配套的房地产市场宏观调控措施也不完善，现有的房产调控措施多以各种形式的限购为主，还没有建立起宏观调控的长效机制。

（二）对策建议

1. 多层次多渠道筹措保障性住房的房源，加快住房保障体系建设

政府要改革现有住房保障体系发展模式，更多地引入市场机制，引导全社会力量参与到住房保障体系的建设中来，多渠道获取保障性住房。对于公租房、棚户区和农村危房改造、牧民定居等纯保障性住房的建设，政府应该加大投资和建设力度；对于经济适用房这种商品性和保障性并存的住房建设，政府应该尽可能交由市场来完成，只在相应激励和监督机制上做保障；像城市旧城区改造和小产权住房的清理整顿，政府可以和保障性住房的建设统筹进行。

2. 保障性住房在建设资金和土地供应上要建立长效的制度保障，地域环境和配套设施上，保障性住房要和普通商品房搭配建设并实现部分的市场化

建设资金和房源要多渠道筹措，不仅要严格执行10%以上的土地出让净收益和公积金全部增值收益等建设资金的硬性规定，还应在年度财政预算安排上增加保障性住房建设的保障资金，进一步强化保障性住房建设的金融

保障。在土地供应上要做出强制性规定，保障性住房和普通商品房的土地使用要达到一定比例，在地理环境、交通、配套设施等方面也都要有强制性要求。

保障性住房在建设规划和用地上要尽量和普通商品房搭配进行，像经济适用房的建设可以借鉴两限房的经验，完全由市场来建设完成，政府只在税收和土地出让金上制定出相应的激励机制。例如，在一个住宅小区里，商品房和保障房要共存，并且要达到规定比例，其中经济适用房也由小区开发商负责建设完成，相关的配套设施使用、物业管理等均按市场化运作，政府只在房屋价格和准入退出机制上进行管理，接受这样的建设规划是开发商获得此土地使用权的前提条件之一。这样就能自然地解决保障性住房在交通、环境、配套设施和物业管理等方面出现的问题，各地可以根据其实际情况确定实施步骤。

3. 加快保障性住房管理制度建设，完善保障性住房的准入退出机制，加快建立房地产市场宏观调控的长效机制

在准入群体的设定上，现有范围需要扩大，低保家庭之外更多的中低收入群体都要纳入保障范围。准入条件上，应该重点制定保障性住房的使用条款，保障性住房的使用者不得将其转让、转租、转借、空置和做商业抵押，一旦发现将依法收回住房并追究责任。经济适用房现有规定是五年后可以上市交易，应该规定经济适用房始终不得上市交易，住户如要退出，将由政府管理机构依照相关规定收回，按折旧扣除后给予经济补偿，让想通过保障性住房寻求经济利益者无利可图。

保障房租售要实行动态管理，完善监督机制，加快社会诚信体系的建设，发现不符合条件的申请者要及时清退。政府要加快建立符合中国国情的保障性住房法律法规体系。

建立宏观调控长效机制，在保持房价平稳上，尽快建立和完善相关法律法规，运用税收手段强力遏制房地产市场投资行为和投机行为，让投资者和投机者无利可图，使房地产市场单一回归住房消费，使房屋只具有居住功能，保持稳定的住房供给量和消费量，从而使房价始终保持稳定。

改革开放40年内蒙古医疗卫生发展报告

苏　文*

健康是促进人的全面发展的必然要求，是民族昌盛和国家富强的重要标志，所谓一人之健康是立身之本，人民之健康是立国之基。改革开放以来，随着地区经济发展水平的快速提高，医疗卫生条件显著改善，内蒙古医疗卫生事业从小到大、从弱到强，走过了不平凡的历程，发生了翻天覆地的变化。

一　改革开放40年取得的主要成就

改革开放以来，内蒙古全面落实以人民为中心的发展思想，在大力发展经济的同时，着力补齐民生短板，努力增进人民健康福祉，围绕推进健康内蒙古建设，不断加快医疗卫生事业发展，各族人民健康水平显著提高。全区人均预期寿命由1981年第三次全国人口普查的66.7岁上升到2018年的76.6岁，增长了9.9岁；婴儿死亡率由1978年的57.2‰下降到了2018年的3.77‰；孕产妇死亡率由1990年的147.73/10万下降到2018年的10.47/10万。

不断完善医疗卫生服务体系，一个纵向到底、横向到边、较为完善的、遍布城乡牧区的医疗预防保健网络基本形成。至2018年，全区卫生健康机构总数达到24613个，是1978年的6.15倍。全区医疗卫生机构共有床位159006张，是1978年的6.35倍，其中医院126378张。全区卫生健康专业

* 苏文，内蒙古自治区社会科学院公共管理研究所副研究员。

技术人员188051人，是1978年的3.17倍。全区每千人医疗卫生机构床位数6.28张，比1978年增加3.86张，每千人医生数为2.9人，增加1.4人。在偏远农村牧区探索实施了家庭健康保障“小药箱”工程，建立了固定与流动相结合的新型农村牧区医疗卫生服务体系，有效提升了偏远地区、边境牧区群众基本医疗卫生服务的公平性、可及性。新农合人均筹资标准由2003年的30元提高到2017年的690元，提高了660元。医保报销水平也大幅度提高，城镇职工、城乡居民医保政策内住院报销比例分别达到了85%和75%。群众看病就医负担明显减轻，“小病拖、大病扛”的现象已经成为历史。免费提供基本公共卫生服务和重大公共卫生服务项目，其中基本公共卫生服务人均补助，从2009年的15元提高到目前的55元，服务项目从9类增加到了14类。国家免疫规划疫苗接种率始终保持在95%以上；重点传染病、地方病得到有效控制。连续多年保持了无人间鼠疫疫情、无脊髓灰质炎状态和艾滋病低发态势。坚持将人口发展纳入经济社会发展总体规划，统筹考虑，综合决策，协调推进。人口出生率由1978年的18.5‰下降至2018年的8.4‰，人口自然增长率由1978年的13.3‰下降至2018年的2.4‰。创造了劳动力充裕、总负担系数轻而储蓄率高的较长时间的人口红利期，为促进全区经济发展、社会进步、民族团结、边疆稳定、生态改善创造了良好的人口环境。突出特色与优势，蒙医药中医药事业快速发展。全区公立蒙医中医医院和床位数由1987年最早统计的64所和0.3万张，增加到2018年的202所和2.6万张，专业技术人员发展到2万余人。

二　党的十八大以来的主要成就

党的十八大以来，全区医疗卫生事业迎来了投入力度最大、改革力度最大、面貌变化最大、群众获得感最多的时期。自治区党委、人民政府坚持把人民健康放在优先发展的战略位置，实施健康内蒙古战略，深化医药卫生体制改革，贯彻计划生育基本国策，预防和控制重大疾病，振兴发展蒙医药中医药事业，加快实现人人享有基本医疗卫生服务的目标，全民共享“健康红利”，医疗质量和医疗服务能力显著提升，取得了有目共睹的历史成就。

（一）医药卫生体制改革持续深化，改革红利普惠各族群众

2009 年启动新一轮医药卫生体制改革，特别是 2014 年以来，内蒙古先后制定出台近百个医改重要文件，符合自治区实际的政策框架初步确立。2015 年，自治区旗县级公立医院综合改革实现全覆盖。2017 年 4 月，城市公立医院综合改革全面推开，提前实现全覆盖目标。所有公立医院取消了实行 60 多年的药品加成政策，维护公益性、调动积极性、保障可持续的运行新机制已经初步形成；全区基本医疗保险参保人数达到 2161.51 万人，基本实现应保尽保；以医联体建设和家庭医生签约服务为抓手，积极推进分级诊疗体系建设，到 2019 年底，共建成医联体近 180 个。全民医保体系不断健全，政府补助标准提高到人均 520 元，政策范围内报销比例达到 75%。为解决群众异地就医跑腿垫资的问题，在全国较早实现了跨省异地就医住院费用直接结算。全面推行了以按病种付费为主的复合型医保支付方式改革，2017 年 7 月 1 日起正式启动实施“两票制”。建立健全“省际联盟”联采机制和短缺药品监测预警和分级应对机制，实行县乡村一体化捆绑配送。综合监管制度加快建立，进一步规范卫生健康综合监督执法行为，在全区全面推行卫生健康监督“双随机”抽查机制，2018 年第一批国家随机监督抽查任务全区完成率达 82.93%，完结率达 97.5%，分别比 2017 年提高了 11.27 个百分点和 3.45 个百分点。进一步加强事中事后监管，规范卫生健康综合监督执法行为，保障人民群众合法权益。做实做细家庭医生签约服务，2019 年，组建家庭医生团队 9351 个，签约率达 34.48%，重点人群签约服务覆盖率达 67.80%，残疾人签约率达 58.09%，计划生育特殊家庭自愿签约率达 75.25%，居民健康知识知晓率达到 90%，群众对基层医疗卫生机构满意度达到 92%。

（二）公共卫生事业全面发展，人民健康水平明显提高

牢固树立“大卫生、大健康”观念，逐步实现从以治病为中心向保障

人民健康为中心的转变。基本公共卫生服务人均经费从 2012 年的 25 元提高到 2018 年的 55 元，服务项目从 10 类扩大到 14 类，人民群众满意度不断提高。围绕严重危害人民健康的重大疾病和公共卫生问题进行综合防治，集中力量消除或控制了一些严重的传染病，主要地方病、全区甲乙丙类传染病和结核病、人间布病疫情得到有效控制。全面落实鼠疫综合性防治措施，疫情报告及时率和疫区处理率达到 100%，保持了不发生人间鼠疫的防控成果。94 个旗县保持碘缺乏病持续消除状态。全区所有旗县级综合医院设立了精神科，实现了基层精神卫生服务全覆盖。健康教育与健康促进工作不断深化，出台《自治区国民营养计划（2017—2030）实施方案》的分工方案，居民健康素养持续提高，并达到 15%。卫生应急能力不断增强。2019 年，建立自治区级突发事件卫生应急专家咨询委员会，全区各级卫生应急队伍达到 469 支、队员 7921 人。航空紧急医疗救援工作全面启动，10 个盟市开展了航空医疗救援建设工作。爱国卫生运动蓬勃发展，城乡环境卫生面貌极大改观并取得新突破，80% 以上的嘎查村完成了环境整治任务，嘎查村集中供水覆盖人口达到 80%。全区国家卫生城市比例达到 30%，自治区卫生城市实现全覆盖。90% 以上的旗县成为国家、自治区卫生旗县。

（三）医疗卫生法制建设方略得到落实，依法行政不断加强

卫生管理工作逐步纳入法制化管理轨道，卫生立法工作取得明显进展，依法行政得到不断加强。目前，除了执行国家颁布的 10 多部卫生法律、30 多部卫生行政法规、200 多件部门规章外，自治区先后颁布了《内蒙古自治区计划生育条例》《爱国卫生条例》《蒙医中医条例》《地方病防治条例》《实施〈中华人民共和国献血法〉办法》《实施〈中华人民共和国母婴保健法〉办法》《食品摊贩和城乡集市贸易食品卫生管理条例》等地方性卫生法规，以及《个体开业医生和联合医疗机构管理办法》《婚前医学检查管理办法》《突发公共卫生事件应急办法》等行政规章，为卫生计生事业的发展提供了法律保障，使卫生计生工作走上了法制化、规范化、科学化的管理轨道。2018 年，完成自治区、盟市、旗县三级 1524 项行政权力审核。卫生健

康委“互联网+政务服务”21项工作全部完成，卫生健康领域8项堵点问题已经解决6项。完成各类非法定证明事项清理工作，做到简证便民、优化服务。大力提升干部保健服务能力，圆满完成重要会议重大活动医疗保障任务。

（四）健康扶贫工程全面实施，贫困人口健康得到保障

2016年以来，围绕让农村牧区贫困人口“看得起病、看得好病、方便看病、少生病”的工作目标，针对贫困人口因病致贫、因病返贫问题，开始实施健康扶贫工程。统筹全区医疗卫生和医疗保障资源，提升医疗卫生服务能力，全力为贫困人口提供健康保障。截至2019年10月底，全区32.3万脱贫户中有22.9万患病贫困户脱贫，已脱贫户占比达67.8%。实施大病和慢病患者分类救治，贫困患者整体救治率达99.8%。家庭医生签约服务对常住贫困人口实现全覆盖，签约率达97.62%。31个国家级贫困旗县医院均与支援三级医院建立了远程医疗系统，开展了远程教育、诊断、会诊等活动。连续三年对贫困人口进行逐户逐人逐病核实核准，核准率达100%；贫困人口参加基本医保个人缴费部分由财政补助，参保率达到100%；建立了基本医保、大病保险、商业健康补充保险、医疗救助、大病保障基金的“五重”保障机制；实施了贫困人口县域内定点医疗机构住院先诊疗后付费和“一站式”结算政策；贫困人口医疗费用实际报销比例从60%左右提高到90%，全区健康扶贫报销比例始终位列全国前五；积极有效的健康扶贫政策，全面提升了贫困群众的获得感。组织北京和自治区104家三级医院，对口帮扶57个贫困旗县医院和9个边境旗县医院。贫困地区县乡村三级医疗卫生机构标准化建设积极推进，所有贫困旗县综合医院均达到二级及以上服务水平，87%的苏木乡镇卫生院、93%的行政嘎查村卫生室已实现硬件建设标准化。

（五）坚持贯彻蒙中西医并重的方针，推动蒙医药中医药的传承创新

持续加大对蒙医药中医药事业的人力、财力保障力度，不断提升蒙医药中医药的服务能力，弘扬蒙医药中医药的传统文化，蒙医药中医药保障群众

健康的特色优势日益凸显。截至2019年8月，全区公立蒙医中医医院达到202所，病床发展到26013张，专业技术人员增加到2万余人，基础条件显著改善。社区和苏木乡镇设置蒙医科中医科达到95%以上，65%以上的嘎查村卫生室和83%以上的社区卫生服务站能够提供蒙医药或中医药服务。挖掘整理蒙医药古籍文献100多部，完成制定14部蒙医药标准。全区各级蒙医中医医院秉承开放包容、交融互鉴的思想，积极开展对外交流与合作，与相关国家签订合作协议近30项，建成两个院士工作站，建立了远程医疗协作关系，成功举办了两届“中国·蒙古国博览会——蒙医药学术论坛和蒙医药成就展”。主动融入“一带一路”建设，加强与蒙古国等国家的交流合作，蒙中医药国内国际影响不断扩大。建成蒙医中医医院牵头的县域医共体81个、专科联盟10个。

（六）医疗卫生服务体系不断健全，服务能力优化提升

截至2018年，全区医疗卫生机构总数达到24613个，相比于2012年增加了1567个；全区卫生人员总数达到241309人，相比于2012年增加了57434人，增长31.24%。其中，卫生技术人员总数为188051人，较2012年增加了48175人，增长34.44%。每千人口医生数由2012年的2.4人增加到2018年的2.9人，增长20.83%；全区医疗卫生机构床位数达到159006张，相比于2012年增加了48223张，增长43.53%；每千人口医疗卫生机构床位数由2012年的4.45张增加到2018年的6.28张，增长41.12%。党的十八大召开以来，全区医疗服务质量和水平持续提高。建设国家重点临床专科26个，自治区临床领先学科66个、重点学科92个，一批安全适宜的医学高新技术得到引进和推广。85项医疗卫生科研成果获自治区科学奖、科技进步奖。始终将卫生健康人才队伍建设和科技创新放在重要位置，建立健全医教协同、科卫协同机制，不断提升医学教育和科学研究水平，140多名专家获得“草原英才”称号，40余个团队获得“草原英才团队”称号。179个领先重点学科、重点实验室引领示范作用效果突出。随着医学的进步和科学的发展，全区各级各类医疗卫生机构医疗设备配置水平不断提高，

PET－CT 等前沿大型设备的配置，大大提高了肿瘤等重大疾病的诊疗水平；微创、介入、窥镜、立体定向放射治疗等先进临床服务技术的推广和广泛应用，大大提高了医疗卫生服务水平。全区有数百项卫生科研成果获自治区级以上科技进步奖，部分成果处于国内领先水平。积极推动医养融合发展，2019 年全区医养结合机构达到 171 个，5 个医养结合机构入选全国医养结合典型案例。

三　主要做法和成功经验

改革开放以来，内蒙古医疗卫生事业在保障各族人民健康、提高人民素质、增进民族团结、促进边疆稳定、推动经济社会发展进步等方面发挥了重要作用，取得了有目共睹的成就，为今后推动医疗卫生事业发展积累了宝贵的经验。

（一）始终坚持以深化改革为动力，助力医疗卫生事业健康发展

积极用改革的思路和办法解决发展中的问题和矛盾，加快供给侧改革，拓宽发展空间，提高发展质量。坚定自觉地贯彻党中央、国务院的各项决策部署，正确对待改革中出现的利益调整，做到局部利益服从整体利益、当前利益服从长远利益。自治区党委、政府坚持将深化医改纳入自治区全面深化改革总体布局中统筹推进，自治区深化医改领导小组组长由自治区主席担任，自治区以及 8 个盟市实现由一位政府领导分管医疗、医保、医药工作，形成了齐抓共管、纵横联动的改革氛围。在全面取消药品加成的基础上，系统推进公立医院管理体制、运行机制、价格调整、医保支付等综合改革，维护公益性、调动积极性、保障可持续的公立医院运行新机制初步形成；在全国较早实现城乡居民医保整合和跨省异地就医住院费用直接结算，全面推行了以按病种付费为主的复合型医保支付方式改革。出台了关于促进“互联网＋医疗健康”发展的实施意见，健康医疗大数据应用工程启动实施。医疗机构、医师、护士电子化注册管理改革工作实现全覆盖。建立并完善了基

层医疗卫生机构运行机制和管理体制，健全完善了基层医疗卫生机构多渠道补偿机制，所有政府办基层医疗卫生机构公益性管理体制基本确立。

（二）始终坚持增加财政投入，夯实医疗卫生事业发展物质基础

坚持履行好维护各族群众健康的神圣职责，自治区党委、政府始终将发展卫生健康事业、提高人民健康水平作为国民经济和社会发展的重要组成部分强力推进，始终高度重视医疗卫生服务事业发展，始终坚持不断增加财政投入。改革开放以来，全区医疗卫生投入由1978年的4908万元提高到2017年的907.16亿元。医疗卫生投入占GDP的比重由0.8%提升至5%。从党的十八大召开至2017年，中央和自治区投资98.5亿元，新建改建旗县级以上医疗卫生机构333个、苏木乡镇卫生院351个、社区卫生服务中心8个、嘎查村标准化卫生室6285个，五级医疗卫生服务体系更加健全。通过加大投入力度，各级医疗卫生机构基础建设得到极大加强，设备配置得到极大改善，诊治能力得到极大提升，人民群众看病就医环境明显改善、经济负担明显减轻。

（三）始终坚持提高服务质量和水平，确保全方位全周期维护各族人民健康

深入推进改善医疗服务行动计划，启动实施“互联网+医疗健康”工程，连续开展“服务好、质量好、医德好，群众满意”的“三好一满意”活动，全面推行便民惠民措施。开展“质量万里行”、抗菌药物专项整治等专项活动。推进医疗服务行动计划深入实施，实名制预约诊疗率不断提高，全区三级甲等医院全部启动日间手术工作，诊疗流程持续优化，优质护理服务范围不断扩展。推进京蒙卫生对口支援与技术协作，医疗服务质量不断提升，服务流程进一步优化，服务效率不断提高。建立健全医教协同、科卫协同机制，重点抓好科技创新和人才建设，建设了179个领先重点学科、重点实验室。坚持以基层为重点的方针，深入推进社区卫生服务机构建设，对所有卫生院按照服务能力实行了分类管理，嘎查村标准化卫生室实现全覆盖，

开展农牧民满意的嘎查村卫生室示范达标活动和优质服务基层行活动，人民群众满意度不断提高。

（四）始终坚持加快转变发展方式，主动适应高质量发展要求

积极转变以往传统管理型思维模式，主动适应当前以服务为中心的工作方式，更加注重将基本医疗卫生服务制度作为公共产品向全体社会民众提供。牢固树立“大卫生、大健康”理念，紧紧围绕危害人民健康的重大疾病和重点公共卫生问题开展综合治理，积极推动医疗卫生工作重心从“以治病为中心”向“以健康为中心”转变。认真面对存在的实际问题，更加注重基层和广大农村牧区医疗卫生服务体系建设，使基层民众获得更加优质、高效和便捷的医疗卫生服务。借助公立医院改革，强化内部监督管理，突出医德医风，弘扬传统美德，更加注重各类医疗卫生服务机构内涵建设。坚持把增进人民福祉、促进人的全面发展作为出发点和落脚点，实现人人享有基本医疗卫生服务的目标，更加注重从传统单一的生物医学模式向现代“生物、心理、社会”医学模式转变。立足长远发展，更加注重医疗卫生服务行业管理的法制化、规范化和精细化，卫生计生监督机构能力建设进一步加强，综合监督任务全面落实，覆盖全区城乡的监督网络体系初步形成。

（五）始终坚持立足区情，着力解决主要矛盾

准确把握区情，着力解决当前医疗卫生服务事业发展面临的主要矛盾，掌握发展的主动权，大力推进医疗卫生事业改革发展。在偏远农村牧区探索实施了家庭健康保障“小药箱”工程，建立了“固定与流动相结合”的新型农村牧区医疗卫生服务体系，有效解决了偏远地区、边境牧区群众基本医疗卫生服务的公平性、可及性。颁布实施《内蒙古自治区蒙医药中医药条例》，出台一系列政策措施，持续加大对蒙医药中医药事业的人力、财力保障力度，培育蒙医药中医药的特色优势学科，弘扬蒙医药中医药的传统文化，蒙医药中医药保障群众健康的特色优势日益凸显。全面整合城乡居民医保，实施了统一的城乡居民医保制度，稳步提高筹资水平和报销比例。在建

立基本药物制度、健全分类采购机制、提高药械供给质量等方面，不断完善药品供应保障体系。2009 年开始药品集中招标采购以来，先后开展了 7 次集中采购，最大限度地压缩了流通环节的虚高价格，各族群众就医负担明显减轻。

四　存在问题与对策建议

改革开放 40 年以来，内蒙古医疗卫生事业得到了长足的发展，在充分肯定成绩的同时，也需要清醒地认识到存在的主要问题。一是医疗卫生服务需求快速增长与医疗卫生资源供给不足的矛盾，仍是全区医疗卫生事业发展的主要矛盾。二是随着医改的不断深化，体制机制性矛盾日益突出，各地区改革进展不平衡，部分改革举措没有真正落实到位，改革协调联动性需进一步加强。三是鼠疫、艾滋病、布病、结核病等重大传染病和地方病防治形势依然严峻，慢性非传染性疾病防治任重道远，重大疾病防治能力亟待提高，工作体制机制还需要完善。四是蒙医药中医药发展基础薄弱，体系建设还需不断加强。五是人才缺乏依然困扰全区医疗卫生事业的发展，特别是基层人才问题更加突出。六是健康扶贫顶层制度设计尚不完善，政策执行不到位和政策执行偏差同时存在。七是推进健康内蒙古建设工作体制机制尚未理顺。在正视问题的同时，应采取有力措施完善全区医疗卫生服务工作。

（一）推动优质医疗卫生资源下沉，提升基层服务能力与效率

目前，三甲医院是“一床难求”，而基层医疗机构“门可罗雀”，其原因就是基层医疗机构的服务能力不强。因此，抓住实施乡村振兴战略有利时机，加快推进资源下沉、工作中心下移，进一步提高县域诊疗服务水平。加强紧密型医联体（医共体）建设和基层医疗卫生机构标准化与规范化建设，发挥绩效考核的指挥棒作用，重点将牵头三级医院优质医疗资源下沉、双向转诊数量及比例、下转病人康复护理场所及其功能状况、居民慢性病上级医

院诊断、基层检查和健康管理及健康指标改善等纳入考核体系。建立分级诊疗制度，积极推进家庭医生签约服务，强化基层卫生技术人员培养与技术水平提升。完善家庭医生等基层医务人员待遇、职称晋升等激励机制，吸引和留住基层医务工作者。

（二）加快推进健康内蒙古建设，全方位、全周期保障人民健康

健康内蒙古建设是系统工程，涉及公共卫生、医疗服务、医疗保障、生态环境、安全生产、食品药品安全、科技创新、全民健身、国民教育等多个领域、部门和行业，从而必然需要从宏观层面把握和统筹，并做到多部门协同综合治理，具体落实时要带动全局的关键点，包括加快不同人群间医疗保险制度的整合、强化预防优先、借助现代技术手段推动健康治理的升级等。将健康内蒙古建设的主要任务和主要健康指标纳入各级党委、政府和各有关部门年度考核体系，加大考核和问责力度。设立专项公共投入并引导民间资本投入，加快健康信息化建设与信息共享，使之成为支撑健康内蒙古建设的基础性工程而加快推进。全面建立健康影响评估制度，系统评估各项经济社会发展规划和政策、重大工程项目对健康的影响。要加强人口健康信息服务体系建设，推进健康医疗大数据应用。

（三）加强健康促进与疾病防控工作，提高全民健康素养

贯彻预防为主的方针，努力使人民群众不得病、少得病。广泛动员社会各界及人民群众积极行动起来，共同构筑健康“大堤”，全面加快“健康济源”建设。充分发挥健康传播联盟优势，倡导健康文明生活方式。在机关、学校、医院、企业、社区等各类单位加强健康教育工作，开展健康科普、全民健身活动。把创建卫生城镇作为创建健康城市、健康旗县、健康村镇的前置条件，加大创建力度。进一步提高全民健康素养水平，“两癌”筛查实现贫困旗县全部覆盖，开展人口监测，强化出生缺陷综合防治，健全家庭发展政策，推进医疗卫生与养老服务相结合，积极应对人口老龄化。做好重大疾病防控工作，持续加强鼠疫、布病、结核病、艾滋病等重大传染病以及地方

病、慢性病防控工作，全面加强慢性病综合防控示范区建设和地方病病区监测工作，进一步提高精神卫生综合服务管理能力建设。

（四）全面推进健康产业和医养结合，满足全民多样化医疗卫生服务需求

建立起功能完善、结构合理的健康产业体系，形成一批具有特色优势和较强竞争力的产业集群，实现健康产业跨越式发展和向中高端转型升级。着力破解土地、设施、医养结合、服务质量等方面制约养老服务发展的难点问题。加强健康产业人才培养，为健康产业输送急需人才，提供智力支持。开展多层次养老护理教育，增加老年护理相关知识的专业训练；提供行业补贴，增强行业吸引力。推进医疗卫生与养老服务融合发展，建立和完善医养结合服务模式，将养老生活照料和老年康复关怀相结合，推进医养服务机构建设，以基本养老服务为基础，强化医疗和照护，开展专业医疗保健服务，形成满足不同人群、不同层次、多种形式的医养新模式。加快研究制定和完善相关服务标准、设施标准和管理规范，制定因病托老机构的建设标准，建立等级评定制度及评估制度，进而制定医养结合服务机构的准入、退出机制，规范医养结合服务市场行为，确保规范运营。推动以社区养老服务驿站为社区就近医疗服务平台的建设，探索周边老年人在驿站获得相对集中的医疗服务。

改革开放40年内蒙古社会保障发展报告

党敏恺*

在中国的改革发展进程中，社会保障改革是整个改革事业的重要组成部分，与民生福利和社会权益息息相关，维系着国民经济持续发展和社会基本稳定。40 年来，在党中央的坚定领导下，在国家的统一指导下，内蒙古稳步推进各项社会保障制度改革，覆盖城乡居民的多层次社会保障体系基本建立，折射的不仅是全区人民获得感、幸福感、安全感的不断提升，更是内蒙古经济社会的深刻变革与发展进步。

一 改革开放40年内蒙古社会保障取得的主要成就

改革开放以来，伴随着社会主义市场经济体制的实践，内蒙古社会保障实现了项目从无到有，范围从小到大，待遇从低到高，由封闭式向社会化，由单一层次保障向多层次保障，由单一责任主体向国家、企业单位和个人多方共担的历史性转变，逐步形成了与经济发展水平相适应，以社会保险、社会救助、社会福利为基础的城乡统筹的新型社会保障体系，为保障改善民生、维护社会公平正义、促进经济发展发挥了重要作用。

1986 年，以国营企业职工退休费用社会统筹试点为起点，内蒙古先后实施了“统账结合”、“两个确保”、行业统筹等涉及养老保险工作的

* 党敏恺，内蒙古自治区社会科学院社会学研究所副研究员。

政策措施。2005年出台《国务院关于完善企业职工基本养老保险制度的决定》，将参保对象扩大至城镇各类企业职工、个体工商户和灵活就业人员，标志着职工养老保险基本定型。城乡居民养老保险工作自2009年启动新型农村社会养老保险试点以来不断推进，2011年内蒙古将城镇居民社会养老保险与新型农村牧区社会养老保险合并实施。1999年全区城镇职工基本医疗保险制度改革，实现了原公费、劳保医疗向社会医疗保险的转轨。经过2003年新型农村牧区合作医疗制度改革、2007年城镇居民基本医疗保险制度改革，2016年内蒙古实现了统一的城乡居民基本医疗保险制度。与此同时，内蒙古还相继建立了城镇职工失业、工伤、生育保险制度。

随着参保制度实现全覆盖和全民参保计划的顺利实施，一是社会保险覆盖面不断扩大。截至2018年底，全区参加城镇职工基本养老保险人数733.5万人，是1986年制度建立之初的282.1倍；参加城乡居民社会养老保险人数749.9万人，参保率达到97.8%，较2012年制度全覆盖之初提高了5个百分点；机关事业单位养老保险实现全员参保；全区基本医疗保险参保人数由制度启动之初的120万人增加至2164.4万人，其中，参加城乡居民医疗保险人数1659.1万人，参加基本医疗保险职工人数505.3万人；工伤保险参保人数由1997年启动初期的36.4万人增加至325.5万人；失业保险参保人数从1987年的110万人增加至255.5万人。二是待遇水平稳步提高。企业退休人员基本养老金实现十四连增，人均养老金水平由1986年的32元/月提高到2018年的2508元/月；城乡居民基础养老金从55元增长到128元，人均月养老金由2010年的145元提高到2018年的191.5元。职工医保和城乡居民医保基金最高支付限额分别为当地职工年平均工资和当地居民年人均可支配收入的6倍，政策范围内住院医疗费用报销比例分别达到85%和75%，均比制度建立之初提高25个百分点左右。城乡居民医保人均财政补助标准从2007年最初的人均20元增长到2018年的490元。大病保险实现城乡居民医保参保人员全覆盖，政策范围内费用报销比例超过60%。截至2017年底，全区工伤保险伤残津贴、生活护理费、供养亲属抚恤金每人分别达到 2824 元/月、1636 元/月、1421 元/月。失业保险金发放标准从 1987 年的 30 元/月提高到 2018 年的 1554 元/月①。三是公共服务能力持续提升。社会保障卡从无到有，功能不断完善，持卡人数突破 1900 万人，五级服务网络基本形成。在全国率先实现区内住院、门诊、药店购药“无异地”，与全国 31 个省（自治区、直辖市）实现了住院费用异地直接结算。

在社会保险体系不断改革完善的同时，内蒙古城乡社会救助体系、社会福利事业也取得显著成就。内蒙古于 1997 年正式建立城市居民最低生活保障制度，2006 年实施农村牧区低保制度，2007 年建立并实施医疗救助制度，2009 年建立并开展临时救助制度，至今 20 年间，救助资金投入不断增加，自治区本级财政共安排下拨社会救助补助资金 120.14 亿元，其中困难群众救助补助资金 105.57 亿元、医疗救助补助资金 4.88 亿元、社会救助工作经费等其他专项经费共计 9.69 亿元。各类救助标准显著提升，城市低保保障标准由 1997 年的 70 元/月提高到 2018 年的 647 元/月，农村牧区低保保障标准由 2006 年的 360 元/年提高到 2018 年的 5547 元/年，城乡低保保障标准均居全国第 8 位。救助对象范围也在逐步扩大，城市低保由 1997 年的 0.33 万人增加至 2018 年的 41.27 万人，农村牧区低保由 2006 年的 42.8 万人增加至 2018 年的 121.41 万人②。

社会福利体系建设不断加强。经过 40 年的发展，老年福利事业取得长足进步，从 1978 年前只有农村敬老院一种养老方式，发展到现在初步形成了以居家养老为基础、社区养老为依托、机构养老为补充、医养相结合的养老服务新格局。截至 2018 年底，全区已建成各类养老院和养老服务场所 3253 所，总床位数 25.23 万张，其中，社区老年人日间照料中心 893 所，床位数 1.3 万张；公办社会福利和老年养护院 135 所，床位数 2.16 万张；民办养老机构 349 所，床位数 4.2 万张；农村互助养老幸福院 1513 所，床

① 资料来源：内蒙古自治区人力资源和社会保障厅规划财务处。

② 资料来源：内蒙古民政厅社会救助处。

位数14.2万张；牧区老年公寓8所，床位数0.41万张。残疾人“两项补贴”惠及更多困难群体，到2018年底，全区享受困难残疾人生活补贴24.6万人，享受重度残疾人护理补贴25万人。① 孤儿保障标准大幅提高，2010年前，全区孤残儿童集中供养、分散供养分别只有每人每月340元、213元，到2018年，集中供养和分散供养孤儿每人每月分别达到1330元和1088元。②

二　党的十八大以来内蒙古社会保障的主要成就

党的十八大以来，内蒙古自治区党委、政府高度重视社会保障工作，把加强社会保障作为改善民生的重中之重，以增强公平性、适应流动性、保证可持续性为重点，巩固社会保险主体地位，强化社会救助兜底功能，加快社会福利事业发展，社会保障制度改革取得突破性进展。

（一）社会保障制度体系日趋完善，城乡统筹迈出新步伐

“全面建成覆盖城乡居民的社会保障体系”是党的十八大确定的全面建成小康社会的重要标志之一。党的十八届三中全会进一步将建立更加公平可持续的社会保障制度作为推进社会事业改革创新的重要任务，这标志着我国社会保障制度由此开启了管理统一、制度整合的新历程。内蒙古基于改革目标，通过配套政策的出台和相应政策的调整，社会保障制度日益健全，城乡统筹迈出新步伐，社会公平和正义得到切实维护与实现。养老保险方面，在全国率先将新型农村牧区社会养老保险和城镇居民基本养老保险两项制度合并实施，全面建立统一的城乡居民基本养老保险制度；稳步推进机关事业单位工作人员养老保险制度改革，机关事业单位工作人员和企业职工两类人群的养老保险统一实行社会统筹和个人账户相结合的制度模式；出台了“五

① 资料来源：内蒙古民政厅养老服务处。

② 资料来源：《内蒙古民政》（纪念改革开放40周年特刊），http：//mzt.nmg.gov.cn/dzqk/201905/P020190516636192827983/mobile/index.html#p＝26。

七工”、未参保集体企业退休人员参加职工养老保险政策，切实解决了部分群体的历史遗留问题；基本完成农垦企业职工养老保险与城镇企业职工基本养老保险制度的并轨工作；探索完善被征地农牧民纳入城镇企业职工基本养老保险的政策支持；各项养老保险关系转移顺畅接续，制度的公平性和可持续性显著增强。医疗保险方面，加快推进城乡医保制度整合，妥善处理整合前的特殊保障政策，实现了城乡居民基本医疗保险制度覆盖范围、筹资政策、保障待遇、医保目录、定点管理、基金管理“六统一”和城乡居民大病保险全覆盖；大力推进异地就医住院费用直接结算，实现跨省异地就医定点医院县级行政区域全覆盖，并将外出农牧民工、外来就业创业人员纳入跨省异地就医直接结算范围，2019 年，全区 10.69 万人次享受到跨省异地就医结算的便捷，结算金额 26.23 亿元，其中医保基金支出 15.23 亿元①。在社会保险体系不断改革完善的同时，内蒙古相继出台了一系列政策文件，城乡社会救助方式实现了从分散型救助向综合型救助的转变，社会救助在脱贫攻坚中的兜底作用进一步强化。以权益保护、津贴补贴、福利服务、社会优待为主要内容的社会福利制度体系逐步形成，建立了高龄津贴制度和老年人意外伤害保险制度，将孤残儿童基本生活养护补贴提标纳入六项民生指标，建立了农村牧区留守儿童关爱保护联席会议制度和困境儿童四级联动工作机制，完善了困难残疾人生活补贴和重度残疾人护理补贴制度，年均惠及近 50 万困难残疾人和重度残疾人。

（二）社会保险覆盖面逐步扩大，全民共享的目标正在稳步实现

党的十八大以来，内蒙古坚持把社会保障全民覆盖作为全面建成小康社会的新要求，深入推进全民参保计划，引导各类符合条件的人员长期持续参保，各项社会保险的覆盖人数稳步增加，城乡居民的养老保险、医疗保险基本实现了一体化，小康社会“人人享有社会保险”的梦想照进现实。随着

① 资料来源：《庆祝中华人民共和国成立 70 周年内蒙古社会保障事业发展成就新闻发布会发布词》，2019 年 9 月 18 日，http：//www.nmg.gov.cn/art/2019/9/18/art_1972_280578.html。

参保扩面工作的开展，内蒙古基本养老保险开始由制度全覆盖向着人员全覆盖逐步迈进，截至2019年底，全区参加企业职工基本养老保险人数由2012年末的457.8万人增加到763.3万人，其中在职参保人员由308.9万人增加到464.4万人，参保离退休人员由148.9万人增加到298.8万人，参加城乡居民基本养老保险人数为768.2万人，比2012年末的756.1万人增加12.1万人①。基本医疗保险覆盖面也进一步扩大，一体化进程随之加快，2012年末，全区基本医疗保险参保人数967.7万人，其中，城镇职工参保人数455.1万人，城镇居民参保人数512.6万人。2016年内蒙古全面整合城乡居民医保。截至2019年底，全区基本医疗保险参保人数达到2178.4万人，其中，城镇职工参保人数530.7万人，城乡居民医疗保险参加人数1647.7万人②，基本实现应保尽保，全民医疗保险制度取得进一步发展。全区失业、工伤保险的参保人数也均有增加，截至2019年底，分别由2012年末的232.8万人、248.88万人③增加到267.4万人④、338.2万人⑤。

（三）社会保障待遇水平显著提升，人民福祉不断增进

随着内蒙古经济社会的发展，在保基本的前提下，全区社会保障水平呈现出“水涨船高”的态势，群众的基本生活得到较好保障，后顾之忧明显减轻，广大人民群众能够通过社会保障制度合理地分享到经济社会发展成果。党的十八大以来，全区企业退休人员基本养老金稳步增长，从2012年的月人均1730元提高到2019年的2613元，增幅达51.04%；城乡居民养老

① 资料来源：《2012年度内蒙古自治区人力资源和社会保障事业发展统计公报》，http://www.nmg.gov.cn/art/2018/6/22/art_4091_5622.html；《内蒙古自治区2019年国民经济和社会发展统计公报》，http://www.nmg.gov.cn/art/2020/2/29/art_1622_304156.html。

② 资料来源：同上。

③ 资料来源：《2012年度内蒙古自治区人力资源和社会保障事业发展统计公报》，http://www.nmg.gov.cn/art/2018/6/22/art_4091_5622.html。

④ 资料来源：《内蒙古自治区2019年国民经济和社会发展统计公报》，http://www.nmg.gov.cn/art/2020/2/29/art_1622_304156.html。

⑤ 资料来源：《内蒙古自治区人力资源和社会保障厅2019年工作总结》，http://www.nmg.gov.cn/art/2020/2/24/art_1736_302844.html。

保险基础养老金标准持续提高，从2012年的60元增长到2019年的128元，人均月养老金达到190.5元，较2012年增长27.4%[①]，全区103个旗县（市、区）基础养老金高于国家规定的标准，58个旗县（市、区）高于自治区确定的128元的标准。在医疗保险方面，城乡居民医保人均财政补助标准从2012年的240元增加到2019年的520元；职工医保和居民医保政策范围内住院费用报销比例分别达到85%和75%，均高于全国平均水平，最高支付限额均为当地职工年平均工资和当地居民年人均可支配收入的6倍；城乡居民大病保险制度实现居民医保参保人员全覆盖，大病保险起付线统一降至1.4万元，政策范围内报销比例由50%提高至60%，切实减轻群众大病医疗负担；先后分两批将53种谈判药、抗癌药纳入基本医疗保险支付范围，仅2019年上半年全区17种谈判抗癌药品医保基金支付5853.48万元，受益人数达2742人，平均报销比例达76%[②]，重特大疾病保障机制得到进一步完善。在社会救助方面，城市最低生活保障标准由2012年的月人均385元增长到2019年的月人均692元，增长79.7%；农村牧区最低生活保障标准由2012年的年人均2583元增长到2019年的年人均5914元，增长129%；城市特困人员救助供养标准达到年人均14304元，较2012年的年人均6000元增长了138%；农村牧区特困人员救助供养标准达到年人均9727元，较2012年的年人均2823元增长了245%[③]。其他各项保障待遇均在同步增长。

（四）社会保险基金规模持续扩大，制度可持续发展的物质基础更加稳固

保持社会保险基金的平稳与可持续运行，是近年来内蒙古各级政府十分

① 资料来源：《2012年度内蒙古自治区人力资源和社会保障事业发展统计公报》，http://www.nmg.gov.cn/art/2018/6/22/art_4091_5622.html；《庆祝中华人民共和国成立70周年内蒙古社会保障事业发展成就新闻发布会发布词》，http://www.nmg.gov.cn/art/2019/9/18/art_1972_280578.html。

② 资料来源：同上。

③ 资料来源：《2012民生数据传递和谐福音》，http://inews.nmgnews.com.cn/system/2013/01/07/010895031.shtml#；《庆祝中华人民共和国成立70周年内蒙古社会保障事业发展成就新闻发布会发布词》，http://www.nmg.gov.cn/art/2019/9/18/art_1972_280578.html。

重视的事情。为此，内蒙古通过实行社会保险基金收支两条线管理，在不断扩大参保覆盖面的同时，增加财政投入、严格基金预算管理、加大基金征收力度、适度控制基金支出、完善筹资待遇标准，多措并举，确保社会保险基金应收尽收、合理支出。其中，财政补贴投入是社会保险基金收支平衡和安全运行的重要外部保障，2012～2018 年，全区公共财政对社会保险基金的补助从 112.94 亿元增加到 207.55 亿元，年均增速达到 10.67%，快于财政支出年均增速 4.78 个百分点。从基金规模来看，2018 年，全区养老、失业、医疗、工伤、生育五项社会保险基金收支规模从 2012 年的 709.54 亿元、570.44 亿元分别提高到 1661.33 亿元、1544.11 亿元，年均增速分别达到 15.23% 和 18.05%，基金累计结存从 741.09 亿元提高至 1298.63 亿元①，增长 75.23%，支付能力显著增强。基金规模的逐步扩大，夯实了社会保险制度可持续发展的物质基础。尤其是在加强医保基金监管方面，内蒙古建立健全基金监管体系，深入开展打击欺诈骗保专项治理，大力推进总额预算下按病种付费为主的复合医保支付方式，通过持续强化医保基金监管，有力维护了基金安全，提高了基金使用效率。

（五）社会保险经办管理服务体系加快完善，为民服务能力显著增强

社会保险公共服务是党和政府联系群众的纽带，直接关系各项社会保险政策实施的效果。近年来，内蒙古不断加大对社会保险经办管理服务事业的投入力度，持续提升社会保险公共服务的规范化、信息化、专业化水平，人民群众享有的社保服务越来越便捷、可及、质优。随着经办服务向基层的逐步延伸和社会保障卡的推广应用，目前，全区有 3227 个苏木乡镇、街道办事处和城镇社区建立了劳动保障所（站），12191 个行政嘎查村配备了劳动保障协理员并建立了社会保障卡综合服务点，社会保障卡持卡人数达 2009.7 万人②，从自治区到盟市、旗县、苏木乡镇（街道）、嘎查村（社区）的五级

---

① 资料来源：《内蒙古统计年鉴 2013》《内蒙古统计年鉴 2019》。

② 资料来源：《庆祝中华人民共和国成立 70 周年内蒙古社会保障事业发展成就新闻发布会发布词》，http：//www. nmg. gov. cn/art/2019/9/18/art_ 1972_ 280578. html。

社会保障管理体系和服务网络已基本形成，为参保单位和群众广泛提供社保登记、待遇支付、政策咨询等服务。以信息化为支撑，通过积极推进“互联网+经办服务”，内蒙古在全国率先实现社会保险数据共享和互联互通，网上经办和内蒙古12333手机App多项服务普遍开通，截至2019年8月底，内蒙古12333手机App下载次数达506.5万次，网上实名注册人数达398.3万人，网上经办业务达922.6万笔①。经办服务规范化建设全面加强，服务流程进一步简化优化，在持续开展的“减证便民”行动中共清理减少社会保险证明事项66项。基层经办机构服务窗口作风持续改进，工作人员能力素质不断提高，为民服务品质显著提升。

（六）社会救助与扶贫开发政策有效衔接，困难群众基本生活得到保障

自2015年“五个一批”② 扶贫路径提出以来，内蒙古积极实施社会保障性措施助力减贫，持续推进社会救助与扶贫开发政策的有效衔接，使丧失劳动能力的贫困人口基本生活有保障，病有所医、残有所助。2016年，内蒙古在全国率先实现农村牧区低保制度与扶贫开发政策在对象认定、管理、信息上的具体对接。2018年，内蒙古进一步强化农村牧区低保制度在脱贫攻坚工作中的兜底保障作用，针对建档立卡贫困户再适当放宽认定标准，将符合整户纳入条件的和不符合整户纳入条件的分别按照整户和单人户全部纳入低保范围，做到应保尽保；建立低保兜底脱贫的渐退政策，对低保范围内人均收入超过保障标准的建档立卡贫困户给予12～24个月的“渐退期”，确保兜底脱贫工作稳定可持续开展；还将建档立卡贫困人口和基本生活暂时

① 资料来源：《庆祝中华人民共和国成立70周年内蒙古社会保障事业发展成就新闻发布会发布词》，http：//www.nmg.gov.cn/art/2019/9/18/art_1972_280578.html。

② “五个一批”即发展生产脱贫一批、易地搬迁脱贫一批、生态补偿脱贫一批、发展教育脱贫一批、社会保障兜底一批。2015年10月16日，国家主席习近平在减贫与发展高层论坛上首次提出“五个一批”的脱贫措施，为打通脱贫“最后一公里”开出破题药方。随后，“五个一批”的脱贫措施被写入《中共中央 国务院关于打赢脱贫攻坚战的决定》，经中共中央政治局会议审议通过。

出现困难的建档立卡贫困人口分别全部纳入重特大疾病医疗救助和临时救助范围，截至2018年9月底，累计对10.73万人次建档立卡贫困人口实施了医疗救助，支出救助资金1.28亿元，对2.08万人次建档立卡贫困人口实施了临时救助，支出救助资金2240.95万元。[①] 2019年，内蒙古通过对丧失劳动能力建档立卡贫困人口开展救助兜底保障未覆盖“清零达标”专项行动，将新符合条件的296人整户（或单人户）纳入了低保范围；还在建立低保对象综合认定标准化指标体系的基础上，形成与自治区18个部门324项数据共享的大数据核对格局。截至2019年6月底，全区共有38万建档立卡贫困人口纳入低保保障范围，其中15.24万未脱贫建档立卡贫困人口中纳入低保8.84万人，有1.57万建档立卡贫困人口纳入特困人员救助供养，同时，为6.19万建档立卡贫困人口中的困难残疾人发放了基本生活补贴，为3.48万建档立卡贫困人口的重度残疾人发放了照料护理补贴[②]。

三　内蒙古社会保障的主要做法和成功经验

经过40年来的制度变革与发展，内蒙古的社会保障体系日益健全，不仅有力保障了群众的基本生活、有效解除了群众的后顾之忧，而且提升了经济社会的包容发展水平，促进了公平正义的实现。总结改革开放40年特别是党的十八大以来内蒙古社会保障制度改革与发展的经验，主要有以下几点。

（一）坚持在发展中以民生为重是社会保障制度建设的根本价值取向

我们党把保障和改善民生作为经济社会发展的出发点和落脚点，社会保障则被视为保障与改善民生的基本制度安排。内蒙古一直以来高度重视民生问题，在推进社会保障制度建设过程中，强调保障基本民生，既注重对利益

① 资料来源：《内蒙古自治区民政厅2018年工作总结》，http：//www.nmg.gov.cn/art/2019/2/13/art_1736_251633.html。

② 资料来源：《庆祝中华人民共和国成立70周年内蒙古社会保障事业发展成就新闻发布会发布词》，http：//www.nmg.gov.cn/art/2019/9/18/art_1972_280578.html。

可能受损的群体采取相应的补救性保障措施，又全面推进养老保险、医疗保险的发展并迅速覆盖全民，通过不断健全社会保障制度，切实解决人民群众最关心、最直接、最现实的利益问题，让发展成果更多更公平地惠及民生。党的十八大实现了社会保障理念的巨大变革，“深入贯彻以人民为中心的发展思想”为“全面建成覆盖全民、城乡统筹、权责清晰、保障适度、可持续的多层次社会保障体系”提供了重要的理论支撑。在“以人民为中心”理念的指引下，内蒙古优化社会政策的目标属性，稳步提升社会保障在全局工作中的地位，人民群众的获得感、幸福感、安全感显著增强。实践中，持续加大对社会保障及相关服务投入力度、捋顺社会保障管理职能、践行精准扶贫政策、降低社会保险碎片化等，体现的正是以民生为重的发展取向，这一系列变革举措不仅有效化解了困难群体的生活危机，而且全面增进了人民的福祉，更好地满足了人民对美好生活的向往。

（二）稳步提升财政投入是社会保障事业发展的基本保障

在社会保障改革的进程中，公共财政在惠民生、保发放中起到了极为重要的支撑作用。随着内蒙古经济社会的发展，稳步提升社会保障及相关服务支出在总体财政支出中的占比，以便使社会保障事业发展与经济发展同步、与经济发展阶段和财力水平相适应，是内蒙古推进社会保障制度建设的优势与经验所在。根据相关年份《内蒙古统计年鉴》数据，从2007年到2018年，内蒙古一般公共预算收入从492.36亿元增加到1857.65亿元，增长了2.77倍，而社会保障和就业支出从152.02亿元增加到707.2亿元，增长了3.65倍，超过一般公共预算收入增长速度。近10年，财政对缴费型社会保险基金投入高达1398.85亿元，对医疗卫生的投入年均增速达13.26%，对非缴费型的最低生活保障、社会福利的支出增幅达103.28%。作为社会保障的坚强后盾和重要组成部分，正是由于财政投入的持续增长，养老保险、医疗保险才能迅速覆盖到全体城乡居民，社会救助才能成为帮助低收入困难群体从生存危机中解脱出来的重要制度保障，才能让更多经济增长成果通过社会保障制度惠及全民。

（三）优先保障社会政策的兜底作用是社会保障制度建设的必然要求

社会保障制度具有生存保障功能，能够在一定程度上减少贫困的发生。1978 年以来，内蒙古高度重视解决贫困问题，积极回应群众的迫切需要，突出社会保障在反贫困工作中的独特优势和兜底作用，从保障基本权益做起，使困难群众的基本生活得到保障，获得感得以提升。一方面，针对市场经济体制改革导致的失业、下岗等新城镇贫困人口增长现象，在国务院统一部署下，内蒙古 1997 年建立城市居民最低生活保障制度，2006 年覆盖到城乡居民，随着一系列政策文件的相继出台，现在已经形成以最低生活保障为主体，同时设置灾害救助、医疗救助、临时救助等多个救助项目的面向低收入困难群体的综合型保障制度。根据历年《内蒙古统计年鉴》，2002 年享受低保待遇的城乡居民为 68.69 万人，2012 年为 204.32 万人，2018 年为 163.99 万人；2002 年财政用于城乡居民低保的支出为 7.29 亿元，2012 年增长到 60.41 亿元，2018 年依然维持在 60.42 亿元，这意味着享受低保待遇的贫困人口在经历一段时间增长后开始减少，而低保标准却在不断提高。另一方面，党的十八大后，党中央、国务院对脱贫攻坚做出新的战略性部署，社会保障扶贫随即成为精准扶贫精准脱贫诸多措施中的一项重要政策内容，内蒙古在全国率先实现社会救助与扶贫开发政策的衔接，将完全或部分丧失劳动能力的贫困人口全部纳入低保，实施政策性兜底脱贫，同时加大医疗救助力度，并将新型农村合作医疗和大病保险政策向贫困人口倾斜，贫困治理质量得以显著提升。

（四）坚持与时俱进、改革创新是社会保障体系不断走向成熟稳定的根本动力

改革开放以来，内蒙古不断契合党中央和国家对社会保障事业发展的新要求，合理把握改革的节奏和力度，政策部署紧跟时代，以改革创新推动社会保障制度体系的完善与可持续发展。从 1986 年国营企业职工退休费用社会统筹试点，到 2003 年新型农村牧区合作医疗试点、2007 年城镇居民基本

医疗保险试点，再到2009年新型农村社会养老保险试点，内蒙古坚持试点先行、由点及面，多层次社会保障体系初具规模。从2011年率先将新型农村牧区社会养老保险制度和城镇居民社会养老保险制度合并实施建立城乡居民社会养老保险制度，到2016年建立全区统一的城乡居民基本医疗保险制度和大病保险制度，再到2017年在区内就医直接结算的基础上实现跨省异地就医直接结算，内蒙古通过系统整合养老和医疗领域的制度差异，降低了社会保险碎片化程度。2010年以来，内蒙古集中精力回应主要社会矛盾并协调好福利变革中不同群体的利益关系，及时解决了“五七工”、未参保集体企业职工、失地农牧民、农垦企业职工等群体的养老保险问题。这一系列改革创新为内蒙古社会保障体系的建立健全奠定了坚实基础，今后，内蒙古将继续保持锐意进取的精神，以改革创新破解社会保障事业发展中的新矛盾、新问题，推动社会保障体系不断走向成熟稳定，维护好民生保障工作的良性运转。

四 内蒙古社会保障工作存在的问题与对策建议

事实表明，内蒙古社会保障改革取得显著进展，体系框架基本成型，制度普惠性得以增强，但还未解决好公平性问题与发展质量问题，一是群体分割、制度分设造成社会保障权益不公与待遇悬殊；二是社会保险实际覆盖率不高，大量农牧民务工人员和灵活就业人员仍然被漏在法定社会保险制度之外；三是面向老年人、儿童、残疾人等群体的社会福利及相关服务事业发展严重滞后，构成了社会保障发展不充分的最明显短板；四是多层次社会保障体系建设不充分，制约保障水平的提升，总体来说，第一层次独大但不完善，第二、三层次保障发展缓慢，市场主体和社会组织难以有效发挥作用；五是社会保险基金可持续性令人担忧，特别是职工基本养老保险基金潜伏危机；六是社会保障制度及相关服务的供给与协作机制存在缺陷，信息化、标准化建设亟待加强。这与社会保障体系改革的目标和人民群众的期盼有较大差距，迫切需要继续深化改革。为此，建议做好以下工作。

（一）以提升制度公平性为目标，继续优化完善现行制度安排

养老保险方面：全面推进全民参保计划，以进城务工农牧民、个体工商户和灵活就业人员以及互联网业、快递业等新业态从业人员为重点，扩大养老保险覆盖范围。统筹推进职业年金和企业年金制度发展，缩小两者筹资与待遇水平差异。建立健全城乡居民基本养老保险待遇稳定增长机制以及退休职工基本养老金与城乡居民基本养老金待遇调整的协调机制，控制和缩小群体间待遇差距。将被征地农牧民纳入城镇养老保险体系，出台农牧民自愿参加城镇职工养老保险的办法。医疗保险方面：进一步完善统一的城乡居民基本医疗保险和大病保险制度。继续强力推进医保扶贫工作，加强基本医保、大病保险、医疗救助三项制度有效衔接，增强医疗保障托底能力。加快推进城镇职工医保与城乡居民医保的整合，分阶段有步骤地实现基本医疗保障城乡、区域与群体的均等化，真正构建统一的全民医保制度。探索建立由政府主办、市场机构经办、兼顾公平与效率的长期护理保险制度，保障失能、半失能人员基本生活权益，不断提升医养结合与健康管理的层次水平。社会救助方面：进一步完善社会救助管理体制与运行机制，整合农村牧区最低生活保障标准与扶贫标准以及救助项目与扶贫项目的资源，取消其他社会救助项目、有关福利制度与低保资格的挂钩。对标解决相对贫困问题，科学设定与调整各类社会救助标准，建立社会救助应对相对贫困问题的长效机制。社会福利方面：立足区情，加快发展居家社区养老服务、托幼事业，快速增加公共投入，全面提升农村牧区养老服务能力和水平，统筹推进婴幼儿照护服务建设，进一步增加贫困地区残疾人康复服务供给，构建面向老年人、儿童、残疾人的完整的关爱服务体系。

（二）明确政府职责，着力推进多层次的社会保障体系建设

构建多层次社会保障体系是在政府主导下，有序推进养老保险、医疗保障、养老服务等骨干项目的多层次化，针对不同消费能力、不同保障需求的人群，提供不同层次的保障服务。对于社会救助、法定福利和面向弱势群体

的相关服务，由政府负责，重在提供兜底保障，对于社会保险与面向不同群体的社会福利及相关服务，由政府主导，重在提供基本保障。政府应明确责任边界，有效引导公众形成对基本社会保险待遇的合理预期，通过健全财政、税收、金融及公共政策体系，促进商业性金融保险机构提高补充性养老、医疗保险经营和服务的创新能力，进一步降低民间资本进入养老、育幼、助残与健康服务等领域的门槛，积极引导市场主体、鼓励支持社会力量参与多层次社会保障体系建设，在满足人民群众多层次多样性保障需求的同时，促进民生经济同步增长。

（三）强化基金管理，积极应对社会保险基金收支风险

强化基金预算管理，通过增加财政投入、划转国有资本等举措充实社会保险基金，严格落实各级政府社会保险基金收支缺口责任分担，防范和化解基金运行风险。在保证基金安全的前提下，盘活存量资金，提高基金投资运营收益率，实现基金增值保值。同时，建立健全基本社会保险待遇确定与正常调整机制，保持适度的给付水平与待遇提高的可预期性。加强对社会保险基金的内外部监督与审计检查，建立社会保险基金多元化、多层次的信息披露制度，确保基金安全有效的运转。近年来，受人口老龄化的加速到来和收入增长放缓的影响，职工养老保险基金呈现收支缺口扩大的运行特征，因此，要抓紧完善自治区级企业职工基本养老保险统筹制度，加快实现基金统收统支，进一步增强养老保险基金的共济能力，化解支付风险，为实现养老保险基金全国统筹做好充分准备。

（四）运用现代信息技术，加快提升城乡社会保障现代化治理水平

社会保障信息化建设是社会保障制度高效运行的有力支撑，而这正是社会保障治理现代化的应有之义。因此，一方面，要充分利用大数据、互联网、人工智能等现代科技手段与工具，对部门之间社会保障各类业务进行“信息统筹”，构建基础信息标准化的管理服务系统，消除部门之间、地区之间的信息传递壁垒，推进信息横纵实时传递互通，为城乡养老保险异地转

移、社会救助制度异地认定以及医疗保险异地就医结算等城乡社会保障制度及服务的整合提供对称性信息。另一方面，要加强数据整理与挖掘，开展智能化审核和大数据分析，广泛应用于社会保障需求动态变动、制度及服务运行与监控、决策辅助方案制订等领域，全面提升制度运行的预测、预警与监控能力。例如，在医疗费用与医保支出快速增长、欺诈骗保形式多样且手段隐秘的现实背景下，积极推进智能监控体系建设，发展第三方结算，对医疗保险运行全过程实行智能监管，实现医疗费用的智能审核，既能节约基本医疗保险基金支出，又能有效提高医药服务的规范化程度。

改革开放40年内蒙古公共就业发展报告

张　敏*

就业是“民生之本、稳定之基”，做好公共就业服务工作，事关社会主义和谐社会的建设，事关政治、经济、社会和生态的发展，事关人民群众生活水平的提高。纵观改革开放 40 年来内蒙古自治区的就业工作，可以用“取得了历史性成就、发生了历史性变革、实现了就业制度的历史性转变”来概括，总体来看，表现出实现市场化导向的转变，就业总量持续增长，就业结构不断优化，就业政策与就业服务体系日趋完善的总体特征。

一　改革开放40年内蒙古公共就业服务成就

1978 年改革开放以来，全区各族人民在党中央的坚强领导下，以经济建设为中心，坚持改革开放，出台了一系列重大政策，推进了一系列重大改革，解决了许多群众关切的重大问题和制约事业发展的突出矛盾，切实保障和改善了民生，就业等各项工作实现了跨越式发展。

（一）就业总量持续增长

内蒙古地处祖国北疆，土地广袤，人口密度较低，据 1982 年第三次全国人口普查资料显示，全区常住人口约 1927 万人，其中就业人口不到 763 万人，就业人口比重仅为 39.6%。但经过改革开放 40 年的长期努力，基本

---

* 张敏，内蒙古自治区社会科学院公共管理研究所副研究员。

实现了比较充分的就业，全区就业人员总数由 1978 年末的 652.8 万人增加到 2018 年末的 1348.6 万人，就业人员占常住人口的比重也由 1963 年的 36.8% 提高到 2018 年的 53.2%。城镇新增就业自 2003 年建立统计制度以来，年均新增就业人数达到 23.5 万人。登记失业率由 1980 年的 12.62% 下降到 2019 年末的 3.58%，一直低于全国水平。

（二）就业结构不断优化

1978 年以前，内蒙古就业人员多集中在农村牧区。改革开放释放了劳动力市场的活力，大量的农牧区劳动力转移到城镇就业，带动城镇就业人员规模不断扩大，由 1978 年的 227.8 万人增至 2018 年的 619.7 万人，占全部就业人员的比重由 34.9% 上升至 45.95%。随着经济结构的调整优化，就业人员从第一产业大量转移到第二、三产业，产业就业结构不断优化升级。第一、二、三产业就业人员比例由 1978 年的 67.1∶18.45∶14.45 调整为 2018 年的 42.8∶16.8∶40.4，第三产业成为吸纳就业的主体，就业人数由 1978 年的 94.3 万人增至 2018 年的 544.9 万人，占全部就业人员的比重由 14.5% 上升至 40.4%，第三产业占主导的“倒金字塔”形就业结构进一步形成。从不同经济类型看，随着私营和个体经济从无到有、从小到大，2018 年末城镇私营企业和个体从业人员达到 347.2 万人，占到城镇就业人员的 56%，个体私营企业已成为城镇就业的主要渠道。

（三）就业制度实现根本性变革

随着改革开放的不断深入，劳动就业法制化建设稳步推进，形成了以《劳动法》《就业促进法》《劳动合同法》为统领，以国家积极就业政策为依托，以《内蒙古自治区就业促进条例》《内蒙古自治区劳动合同规定》为补充的比较完善的就业创业法律政策体系，明确了劳动关系各主体的法律地位，以法律的形式规定各类企业实行全员劳动合同制，保障了企业自主用工、个人自主择业的权利，为劳动力市场的建设奠定了坚实的法律基础；明确了就业工作在经济社会发展中的突出地位，强化了政府促进就业的责任，完善了市场导向就业机制，为积极就业政策的长期实施提供了法律保障；明确劳动合同双方当事人的权利和义务，有利于减少劳动争议，提高劳动者就业质量，构建并发展和谐稳定的劳动关系，彻底打破了计划经济体制下的就业模式和就业活力不足的局面，逐步形成了适应社会主义市场经济发展要求的就业机制。

（四）公共就业服务体系逐步形成

党的十一届三中全会以来，随着全区劳动就业制度改革的不断深化，就业政策体系和就业服务体系日趋完善，就业服务对象从安置城镇待业人员、下岗失业人员，拓展到高校毕业生、农村牧区富余劳动力、就业困难人员、退役士兵等重点群体，工作内容拓展到政策咨询、就业失业登记、职业培训、就业援助、创业服务等多方面。特别是《内蒙古自治区就业促进实施条例》出台后，全区在法律层面规定的公共就业服务制度框架下构建了从自治区到嘎查（村）五级贯通、覆盖城乡的公共就业服务网络，确立了免费提供政策咨询、信息发布、职业指导、职业介绍、创业服务等的基本公共就业服务制度，标志着全区公共就业服务制度框架基本设立，适应市场经济环境且覆盖城乡的就业服务体系基本完成。

二　党的十八大以来内蒙古公共就业服务的主要成就

党的十八大以来，在经济进入新常态的宏观背景下，全区不断坚定信心、深化改革，深刻把握就业工作规律，坚持就业优先战略和积极就业政策，就业形势呈现了总体平稳、稳中向好的态势。

（一）就业总量持续增长，就业形势保持稳定

自治区始终把就业工作摆在优先位置，想方设法满足劳动者的就业需求，提升了就业总量，保持了就业形势的长期稳定。2013～2019 年，全区城镇每年新增就业人数保持在 26 万人以上，城镇登记失业率长期稳定在

4.0%以下，应往届高校毕业生人数年均突破15万人，年底总体就业率一直保持在92%以上的较高水平。2014年，全区第三产业就业人员比重首次超过第一产业，成为吸纳就业的主要力量，就业结构形成了“三一二”的格局，服务业快速发展，为扩大就业规模、提升就业质量提供了更大的空间。这一时期，自治区开展的“创业内蒙古”行动、“大学生集聚计划”、“四众”创业市场、人力资源决策分析系统4项工作，被中国就业促进会评为“2016年度地方就业创新事件”。

（二）就业质量不断提高，劳动关系趋于和谐

自治区根据党的十八大和十九大“推动高质量就业”的要求，采取了一系列政策措施，通过组织实施“就业援助月”、春风行动、高校毕业生就业服务月和服务周、大中城市联合招聘、“中国创翼”青年创业大赛、“创业内蒙古行动”计划等重大活动，促进了全区就业质量的显著提升。至2015年“创业就业工程”和“促进就业三年行动计划”完美收官之际，全区实现城镇新增就业人数26.9万人，城镇登记失业率3.65%，13.7万名高校毕业生实现就业或落实就业去向。为保持就业稳定性，保护劳动者权益，自治区不断完善职业培训、就业服务、劳动维权“三位一体”的工作机制，组织开展劳务品牌创建活动，将和谐劳动关系单位评价结果纳入社会诚信评价体系，依托苏木乡镇、街道和社区劳动保障工作平台，建立劳动关系协调员监督制度和劳动关系台账以及基础数据库，实现对劳动用工及劳动合同制度实施情况的动态管理。

（三）劳动力市场机制不断完善，就业服务体系逐步健全

党的十八大以来，自治区通过扩大基层调解组织的覆盖范围，开展农牧民务工人员工资支付、清理整顿人力资源市场秩序、规范用工秩序3项专项执法检查，先后出台《关于推进劳动争议人民调解工作的意见》、《关于全面治理拖欠农牧民工工资问题的实施意见》（内政办发〔2016〕120号）、《关于进一步加强创业服务体系建设的意见》，保障劳动力市场的主体作用

得以不断加强。统计资料显示，截至2019年6月底，全区已认定和谐劳动关系单位1633家、工业园区25个。2019年上半年各级调解仲裁机构共处理争议9543件，调解成功率达62.6%，涉及劳动者9950人；全区各级劳动保障监察机构共处理工资类投诉举报案件114件，追发劳动者工资3087.6万元，涉及劳动者2051人。截至目前，全区796个苏木乡镇、293个街道办事处、2159个城镇社区全部建立劳动保障工作所、站，12191个行政嘎查村配备劳动保障协理员，形成了覆盖自治区、盟市、旗县（市、区）、苏木乡镇和嘎查村的五级公共就业服务网络。

（四）鼓励和扶持创新创业，重点群体就业成效明显

党的十八大以来，自治区按照"劳动者自主就业、市场调节就业、政府促进就业和鼓励创业"的新时代就业方针，针对大学生、农牧民务工人员、就业困难人员等重点就业人群实施积极的就业创业政策。符合政策规定条件的返乡创业的农牧民务工人员，可享受减征企业所得税，免征增值税，营业税、教育费附加、地方教育附加、水利建设基金、文化事业建设、残疾人就业保障金等税费减免和降低失业保险费率等政策；在实施的青年创业计划中，支持青年创业政策和服务体系更加完善，青年创业规模得到扩大，创业成功比例逐步提高，逐步形成政府激励创业、社会支持创业、大学生勇于创业的机制和氛围。据统计，从2013年到2019年，全区每年平均有14万名高校毕业生实现就业或落实就业去向。2015年，自治区重新修订《就业困难人员认定办法》，并出台《公益性岗位开发管理办法》，对就业困难人员实行精准帮扶，当年实现城镇失业人员再就业6.11万人，就业困难人员就业6.67万人，"零就业"家庭保持动态清零，去产能企业富余职工得到妥善安置，真正做到"就业一人，脱贫一户"。

（五）着力推动创业带动就业，全面提升就业管理水平

为营造创业氛围，助推全区创新创业热潮，实现就业倍增效果，自治区通过建立创业园，创业孵化基地，落实创业担保贷款、税费减免、创业培训

等扶持政策，积极推动创业型城市建设。截至2019年底，全区建成创业园和孵化基地382家，入驻实体4.4万户，带动就业人数24.3万人。创业孵化基地作为集聚创业要素的重要载体，落实创业政策、开展创业培训、提供创业服务的重要阵地，对保持全区就业形势总体稳定发挥了积极作用。为有效应对失业风险，发挥失业保险稳就业的作用，全区开展了失业保险援企稳就业“护航行动”和支持技能提升“展翅行动”，建立失业动态监测制度和人力资源决策分析系统，全区失业动态监测企业达到4502户，监测企业户数位居全国第一。利用草原智慧就业云平台，及时宣传最新就业政策，畅通线上线下就业服务，落实新的就业失业登记制度，对城镇新安置就业等九类人员实现实名制动态管理，为群众就业创业提供了精准、高效的信息化保障。

三　主要做法和经验

内蒙古自治区通过强化政府责任，不断完善政策协同、资本带动、就业创业服务等一系列机制，保持了就业大局的稳定，为自治区经济社会发展提供了强有力的支撑。

（一）强化政府责任，把就业作为优先发展战略

内蒙古自治区党委、政府突出就业的稳定作用，坚持促进就业的责任不放松，相继出台《内蒙古自治区人民政府关于进一步做好新形势下就业创业工作的实施意见》（内政发〔2015〕103号）、《内蒙古自治区人民政府关于做好当前和今后一个时期促进就业工作的实施意见》、《就业创业扶贫行动实施方案》、《内蒙古自治区人民政府关于“十三五”时期促进就业的意见》、《关于支持农民工等人员返乡创业的意见》、《关于进一步做好为农牧民工服务工作的实施意见》等文件，从支持企业稳定就业岗位、发挥政府性融资担保机构支持小微企业作用、加大创业担保贷款贴息及奖补政策支持力度、加大重点人群培训培养力度、加强对困难群体生活补助、开展政策宣

传和就业服务等多个方面深化就业优先战略，统筹做好高校毕业生等重点群体就业、维护农牧民务工人员劳动保障权益，将各级政府作为促进就业工作责任主体，强化统筹调度、分级预警、分层响应，因地制宜、分类施策地加大政策扶持力度，将各级党委和政府的思想认识统一到促进就业的工作大局上来。

（二）财政资金持续投入，加大“双创”工作推进力度

近年来，内蒙古努力克服经济下行带来的不利影响，持续实施积极的就业政策，支持发展新就业形态，不断拓展新就业空间，具有“含金量”的就业政策迭代升级。先后出台《内蒙古自治区人民政府办公厅关于进一步做好以创业带动就业工作的通知》《内蒙古自治区人民政府办公厅关于发展家庭服务业的实施意见》《关于开展自治区级创业型城市创建工作的通知》《关于开展首批创业示范店评选活动的通知》《关于组织实施全区公共就业服务能力建设“万人培训项目”的通知》《关于落实家庭服务业从业人员“特别培训计划”》《关于进一步推进创业园和创业孵化基地建设的实施方案》《关于进一步推进就业技能实训基地的实施方案》《关于创建自治区级创业型盟市旗县的通知》《关于扩大失业动态监测范围的通知》《内蒙古自治区人民政府关于加强职业培训促进就业的意见》《内蒙古自治区人民政府办公厅关于援助困难企业稳定就业岗位的意见》《关于做好 2015 年全国高校毕业生就业创业工作的通知》《关于进一步做好农牧民工服务工作的意见》《关于进一步做好新形势下就业创业工作的实施意见》《自治区公益性岗位开发管理办法》《自治区就业困难人员认定办法》等，几乎每项政策背后都有各级财政就业专项资金的配套和支持。以 2015 年为例，全区共建立创业发展资金 6. 1 亿元，发放创业担保贷款 26. 89 亿元，实训基地“以奖代补”资金 5250 万元，奖励 32 个建设项目；落实创业园和创业孵化基地建设，“以奖代补”资金 7750 万元，奖励 34 个项目；累计向 408 家困难企业共计 18. 82 万人，发放稳岗补贴 2. 73 亿元；调整失业、工伤、生育保险费率，全年共减轻企业和职工负担 5. 4 亿元。通过对职业介绍补贴、职业培训

补贴、职业技能鉴定补贴、社会保险补贴、公益性岗位补贴、就业见习补贴、特定就业政策补助、小额贷款担保基金和小额担保贷款贴息等持续的财政投入营造了良好的创业就业环境，让大众创业、万众创新的热潮在草原大地持续升温。

（三）坚持发展经济与促进就业良性互动，支持发展新就业形态

2013 年，为了稳增长、调结构、扩就业，内蒙古自治区党委、政府因地制宜，提出了独具特色的“8337 发展思路”，依托清洁能源输出基地，现代煤化工生产示范基地，有色金属生产加工和现代装备制造等新型产业基地，绿色农畜产品生产加工输出基地，旅游观光、休闲度假基地五大基地，全区组织实施产业发展促进就业计划、全民创业带动就业计划、重点人群就业计划、创业就业教育培训计划、公共就业服务体系建设计划五大计划，在全区范围内全面实施创业就业工程。大力扶持就业培训基地建设，培育技能培训品牌，加快改善创业环境，强化创业服务，建立了面向全体劳动者的职业技能培训制度，截至目前，自治区公布 110 个就业技能培训品牌、21 个知名品牌，盟市认定 229 个特色培训品牌。2016 年，内蒙古着力开展优化要素配置，提高供给质量，深化以“三去一降一补”为主的供给侧结构性改革，相应地，全区组织制定钢铁、煤炭行业去产能职工分流安置实施意见和方案，开展自治区内东西部劳务对接、京蒙等周边劳务合作，强化就业援助，引导全民积极投身于旅游业、家庭服务业、现代物流业、文化信息产业、金融业、互联网商贸等新兴服务业中，依托这些行业和产业，或创业，或就业，形成发展经济与促进就业的良性互动、调整产业结构与提高就业质量互促共进的良好局面。

（四）突出重点群体，精准施策，精准发力

高校毕业生、农村牧区富余劳动力、就业困难人员和复转军人始终是全区就业工作的重点群体，针对重点群体的不同特点，全区在“一个突出、三个加大”上下功夫，精准施策，精准发力。“一个突出”，就是突出重点

群体；“三个加大”，就是加大减负力度、加大培训力度、加大保障力度。一是减负方面，按照自治区2015年修订的《就业困难人员认定办法》，凡是符合规定的就业困难人员，在《内蒙古自治区人民政府办公厅关于援助困难企业稳定就业岗位的意见》《关于做好2015年全国高校毕业生就业创业工作的通知》《关于进一步做好农牧民工服务工作的意见》等文件中都有相应条例对企业和个人实行利息减免或给予补贴减负。二是培训方面，内蒙古近几年更加注重整合资源，提高培训的针对性和实效性。自2014年起组织实施就业技能实训基地的认定评估工作，大力开展订单、定向和定岗式培训，培育和打造了自治区就业技能培训特色品牌。三是保障方面，自治区人力资源社会保障系统全力推进就业扶贫工作，千方百计促进农村建档立卡贫困劳动力通过就业实现增收，并逐级细化分解到盟市、旗县、苏木乡镇和贫困嘎查村，推动基层抓好各项就业扶贫任务落实。在全区范围内开展了以“就业扶贫，帮困脱贫”为主题的“就业扶贫行动日”系列活动，各级公共就业服务机构积极为农村建档立卡贫困劳动者送政策、送信息、送服务、送岗位，帮助其就业脱贫，通过实施“六个进村入户”，促进贫困劳动者就业创业脱贫。

四　促进内蒙古公共就业更好发展的对策建议

改革开放40年来，全区就业领域取得了一系列重要成就，为建设北疆亮丽风景线发挥了稳定作用，为边疆民族团结和社会和谐做出了重要贡献。但也要充分认识到，在全区经济下行压力增加，经济结构战略性调整和经济转型不断实现升级优化的背景下，内蒙古就业结构性矛盾依然突出，就业劳动力总体素质与产业升级不相适应，因产业结构调整滞后引起的就业弹性低等问题依然存在，妥善应对就业问题仍是一项长期任务，也是与全区高质量发展相对应的系统工程。党的十九大提出“实现更高质量和更充分就业”，为今后一段时间的就业工作指明了方向，面对新时代新使命，全区要重整行装再出发，创新顶层规划，统筹重点人群就业，完善政策，促进以创业带动就业，全面提升就业服务能力和管理水平，最终实现“三大目标”①。

（一）把稳定就业和扩大就业放在社会经济发展的优先地位

就业是最大的民生，与经济有着天然的有机联系，仅靠人力资源相关部门解决就业问题是远远不够的，需要将就业纳入宏观调控的范围，按照高质量的发展要求，既要稳增长又要保就业，在促进发展方式转变和发展质量提高的过程中增加就业岗位、拓宽就业渠道，优先考虑就业战略，形成就业与经济的良性互动。一方面要调整全区产业结构，大力支持就业吸附力强的农畜牧业、旅游文化产业等地区特色产业发展，结合乡村振兴战略，扩大农、林、畜牧业对劳动力的吸纳空间；另一方面要加大对非公经济、中小企业的扶持力度，广泛调动社会各界积极性，引导就业群体创办多种形式的合作经济、中小企业，形成稳定、扩大就业的合力。

（二）研判新时代就业群体特征，适当调整政策扶持范围和力度

经过改革开放40年的不懈努力，人们生活水平得到极大提高，社会主要矛盾发生深刻变化，2020年我国将全面步入小康社会。按照党的十八大、十九大提出的全面建成小康社会的各项要求，精准脱贫将取得最终胜利，“零就业家庭”和重点扶贫对象将不再是一段时间内全区就业工作的重点群体。因此，全区需要在掌握新时代平台经济、共享经济等新业态特征基础上，分析研判适应新经济的就业和用工特点，探索和创新适应新经济业态发展的监管方式，加快完善相关配套制度，调整就业重点群体结构，根据大学生、农牧民转移劳动力、去产能下岗安置人员等人群类型和技能特征，有针

① 目标一：“十三五”时期，实现全区城镇新增就业125万人以上，城镇登记失业率控制在4%以内，扶持创业20万人以上，高校毕业生等重点群体就业局势基本稳定，就业扶贫任务全面完成。目标二：到2020年，实现城乡劳动者普遍得到教育培训和就业机会，社会就业总量和结构更加均衡、就业环境更加完善、就业保障更加健全、就业质量更加良好。目标三：到2035年，实现社会就业更高质量、更加充分、更加公平。

对性地分类施策，完善适应新就业形态的劳动用工和社保政策，让更多劳动力需求得以体现和响应，让更多就业者分享新经济红利。

（三）实现就业服务均等化，促进区域间就业机会的基本平衡

内蒙古地域狭长，东、中、西部地域特征明显，经济发展不平衡导致了城乡间、区域间就业岗位和机会不均等问题，而要真正破解这一难题，除经济层面的结构调整外，公共就业服务均等化是促进就业公平的重要保障。首先要加强政策向边远地区、经济相对落后的基层倾斜，进一步完善公平就业制度，不断破除妨碍劳动者自由流动的体制机制弊端。其次要健全覆盖全民、贯穿全程、辐射全域、便捷高效的全方位公共就业创业服务体系；推行终身职业培训制度，大规模开展技能培训，加快培养知识型、技能型、创新型劳动者大军，为实现经济高质量发展提供有力支撑。

（四）加强和完善就业服务体系，提升信息化服务能力

由于内蒙古自治区地域辽阔，有些人口密度较低的区域通常由于服务半径过大导致服务功能减少、服务能力下降。所以，建议从服务对象的实际需要和便利程度出发，进一步强化基层特别是农村牧区的公共就业服务功能，通过推行标准化、精细化、专业化服务，让越来越多的就业服务业务向需求前端下沉和前移。以“云服务、微应用、大数据”理念为指导，积极推进新的公共就业服务信息系统建设，在草原智慧就业云平台基础上，推动新技术、新手段在就业管理和服务领域的广泛运用，全方位促进公共就业服务水平提升，打造一批各具特色、软硬件皆优的公共就业服务平台。

改革开放40年内蒙古基础教育发展报告

乌仁塔娜　郝文婷　张　磊*

改革开放40年来，内蒙古自治区社会经济事业蓬勃发展，取得了历史性成就，其中教育既是改革开放的受益者，更是改革开放的助力者。这40年来，特别是党的十八大以来，在党的坚强领导下，自治区坚持教育优先发展战略，全面贯彻党的教育方针，落实立德树人根本任务，坚持社会主义办学方向，全区基础教育的改革与发展发生了全面而深刻的变化，在推进教育现代化、办好人民满意的教育上取得了全方位、历史性的成就，为自治区社会经济发展提供了有力支撑。

一　改革开放40年来内蒙古基础教育取得显著成就

总体而言，内蒙古自治区基础教育改革发展经历了3个历史阶段：一是改革开放至20世纪90年代初，是教育布局调整恢复和体制改革创新阶段，全区各级各类教育得到快速发展。二是20世纪90年代初到2012年，自治区党委、政府印发关于《中国教育改革和发展纲要》的实施意见和配套文件，明确提出实施"科教兴区"战略，制定印发了《内蒙古自治区中长期教育改革和发展规划纲要（2010－2020年）》，通过实施17项重大教育改革项目和重点发展项目促进全区教育事业蓬勃发展。三是党的十八大以来，在习近平新时代中国特色社会主义思想指导下，全区教育系统以立德树人为根

* 乌仁塔娜，内蒙古自治区社会科学院社会学研究所研究员；郝文婷，内蒙古自治区教育科学研究所助理研究员；张磊，内蒙古自治区教育科学研究所研究员。

本任务，围绕提高质量、优化结构和促进公平，积极深化教育领域综合改革，加快推进教育现代化，在着力办好人民满意的教育和努力推动全区教育事业科学发展上取得了历史性新成就。

历经 40 年，全区基础教育实现了从“上学难”到“有学上”、从“好上学”到“上好学”的历史性跨越。全区学前三年毛入园率达到 94.1%，高出全国平均水平 14.5 个百分点，提前 8 年实现了国家确定的中长期目标（70%）；义务教育发展基本均衡县达到 99%，处于全国中上、西部省区领先水平；普通高中阶段教育毛入学率达到 92.7%，提前实现了国家“十三五”时期基本普及高中阶段教育的目标，优质高中教育资源覆盖面达到 63.3%。民族教育得到优先重点发展，各级财政支持民族教育事业发展投入的专项资金由“十五”时期的近 1 亿元、“十一五”时期的近 12 亿元，提高到“十二五”时期的近 20 亿元。全区各学段少数民族在校生所占比例均超出其人口所占比例，各项主要教育指标均高于全区平均水平，少数民族受教育规模和程度达到历史新高。据 2019/2020 学年初统计，全区现有独立设置的民族中小学校 479 所，在校学生 36.19 万人，全区现有独立设置的民族幼儿园 451 所，在园幼儿 8.7564 万人。① 民族团结进步教育深入推进，把培育和践行社会主义核心价值观融入了民族教育全过程。

具体来看，经过 40 年特别是党的十八大以来自治区党委、政府高度重视教育发展，全区教育事业主要取得了以下 5 个方面的成就。

（一）确立教育优先发展战略的地位，教育基础保障能力逐步提高

1977 年高考恢复，改革在教育领域春风萌动，知识重获尊重，教育秩序逐渐恢复。1985 年国家先后颁布《中共中央关于教育体制改革的决定》《中华人民共和国义务教育法》，并提出了到 20 世纪末实现“两基”（基本扫除青壮年文盲，基本实现九年制义务教育）目标。自治区与国家同步，迅速在 118.3 万平方公里的土地上掀起了一场轰轰烈烈的“普九”行动，

① 《2019—2020 学年教育统计摘要及教育事业统计简报》。

老百姓们践行着“人民的教育人民办”的理念，有钱的出钱、有力的出力，建起了一所又一所学校，让草原深处和田间地头的孩子们能走进教室读书学习。到2000年底，全区71个旗县（市、区）通过了自治区“两基”达标验收，“普九”人口覆盖率达到了65.68%。

2001年，国家颁布《关于基础教育改革与发展的决定》，对农村基础教育管理体制做出重大改革，明确提出农村义务教育管理“以县为主”，并于2006年全面实施义务教育经费保障机制，将“人民的教育人民办”转到了“人民的教育政府办”的轨道，教育的基础保障能力实现了质的飞跃。自治区按照中央和国家的部署安排，认真贯彻落实确保教育事业优先重点发展战略，于2004年启动实施“两基”攻坚计划，并在全国率先实施农村牧区义务教育学生“两免一补”（免费提供教科书、免交学杂费、补助寄宿生生活费）政策，并稳步推进义务教育经费保障机制顺利实施，有力地保障了“两基”目标的实现和成果的巩固，为教育改革发展开启了新的历史发展阶段。党的十八大以来，自治区党委、政府进一步增加教育投入，教育公共资源供给能力不断提高，教育政策保障体系不断完善，为基础教育长足发展奠定了坚实的基础。

（二）基础设施建设持续加强，办学条件极大改善

40年来，自治区始终把教育基础设施建设摆在优先位置，先后实施了“一无两有”（校校无危房、班班有教室、学生人人有课桌凳）、贫困地区义务教育、中小学校安全、标准化建设、全面改薄等一系列重点工程，投资建设了一批新学校和教育园区。2017年，小学生人均校舍面积9.7平方米，是1980年的3倍；普通中学生人均校舍面积18.6平方米，是1980年的5.2倍。[①] 为适应时代发展，教育信息化水平不断提升。在大力“普九”和“两基”攻坚时期，为了让草原深处的孩子们有机会享受到优质教育资源，自治区大力建设远程教育网络工程，在全国率先实施了“地面光纤传输”和

① 赵媛：《40年全区教育事业取得全方位历史性成就》，《内蒙古日报》2018年12月15日，第2版。

“卫星广播”两种方式的远程教育，覆盖全区所有中小学校。党的十八大以来，自治区紧跟时代发展步伐，加强教育信息化建设，逐步构建起“三通两平台”（宽带网络校校通、优质资源班班通、网络学习空间人人通、教育资源公共服务平台、教育管理公共服务平台），充分利用信息化建设扩大优质资源覆盖面。截至2018年，自治区基础教育信息化发展指数在全国排第16位，整体水平位居西部省区前列。

（三）教师队伍建设不断加强

自治区始终高度重视教师队伍建设，大力发展师范教育，全面实施以“国培计划”为重点的继续教育培训工程，面向全国招录高学历师范生，教师队伍结构不断优化，整体素质全面提升。1980年全区有13万中小学教师学历不达标，2017年末专任教师学历合格率小学达到100%、初中达到99.99%、普通高中达到98.1%、职业高中达到91.2%、幼儿园达到99.8%。[①]

党的十八以来，自治区更加重视教师队伍建设，不断提高教师待遇，并加强师德师风建设。建立了中小学教师平均工资收入水平不低于或高于当地公务员机制，实施了一系列改善教师工作条件、提高收入的激励政策，让教师安心从教，全社会尊师重教的氛围更加浓厚。师德师风建设不断加强，广大教师把立德树人作为根本任务，自觉做“四有好教师”（有理想信念、有道德情操、有扎实学识、有仁爱之心），推动思想品德、思想政治教育与课堂教学相融合，引导孩子们“扣好人生第一粒扣子”。

（四）中等职业教育服务社会职能不断强化

改革开放40年来，全区中等职业教育适应社会经济发展需要，历经两次跨越式发展，为自治区经济社会发展提供了强有力的技术人才资源保障。

改革开放初期，随着社会经济的迅速发展，社会对技术人才需求量显著

① 赵媛：《40年全区教育事业取得全方位历史性成就》，《内蒙古日报》2018年12月15日，第2版。

增加，为适应社会发展需求，自治区集中进行了中等职业教育结构调整和改革，控制和压缩了普通高中数量，改建和新建了一批职业技术高中，并在一部分普通高中增设了职业技术班。到20世纪80年代中期，全区已初步形成专业门类齐全、结构布局较合理的中等专业技术教育体系，大批中等职业学校毕业生成为社会经济发展的中流砥柱。但约从1996年开始，职业教育进入从计划经济体制转向引入市场驱动机制的转型期，同时受国有企业职工下岗分流和高校扩招等因素影响，中等职业学校生源萎缩，全区中等职业教育整体呈下滑趋势。进入21世纪后，国家重振职业教育发展地位，2002～2005年，国务院连续三次召开全国职教工作会议全面推进职业教育改革，职业教育再次迎来迅速发展的春天。自治区按照国家部署要求，全面启动了“三百工程”和职业教育基础能力建设工程，不断深化职业教育各项改革，办学规模逐步扩大。

党的十八大以来，自治区把发展现代职业教育摆在更加突出的位置，大力推进现代职业教育体系建设，打通了中职学生的升学成才“天花板”，进一步深化校企合作，不断提升人才培养质量。据统计，仅“十二五”期间，全区中职业院校为自治区经济社会发展输送50余万名技术技能人才。

二　党的十八大以来全区基础教育取得的显著成就

党的十八大以来，自治区党委、政府认真贯彻落实党的教育方针，坚持教育优先发展，以科教兴区战略为统领，在教育体制机制上进行了深层次、突破性的变革，推动全区教育事业取得了全方位、历史性的成就。具体来看，全区基础教育取得的成就主要表现在以下六个方面。

（一）教育优先发展战略地位进一步提升，教育基础保障能力显著提高

党的十八大以来，自治区党委、政府以促进教育公平为基本要求，不断提高教育公共资源供给能力，教育保障能力得到了不断强化。2016年起全

面建立了城乡统一的义务教育经费保障机制，按照“城乡一体、重在农村”的原则，实施“两免两补”（城乡义务教育学生免除学杂费、免费提供教科书，对家庭经济困难寄宿生补助生活费、补助住宿费）政策，并逐年提高生均经费标准。2017 年起自治区生均公用经费基准定额标准达到小学 600 元、初中 800 元；寄宿生生活费补助标准，分别为每生每年小学 1000 元、初中 1250 元；农村牧区校舍维修改造补助标准，高寒地区和其他地区分别为 1000 元/平方米、900 元/平方米。对民族学校则加大了倾斜力度，按照双语授课学生人数和年生均公用经费基准定额标准的 10% 增拨公用经费，对寄宿制学校按照寄宿生年生均 200 元的标准增拨公用经费。据统计，1978 年全区用于义务教育的财政支出为 1.8 亿元，2017 年达到 561.8 亿元，是 1978 年的 312.1 倍，年均增长 15.9%。①

与此同时，自治区党委、政府持续推进一系列教育惠民工程，极大地改善了学校办学条件。2014 年以来，实施了全面改善贫困地区义务教育薄弱学校基本办学条件工程（以下简称“全面改薄”），面向 11 个盟市的 76 个国贫、区贫、边境、少数民族自治旗、革命老区旗县累计投入资金 82.47 亿元。2015 年以来投入 2.6 亿元，面向农村牧区实施了“教师周转宿舍建设”项目，在 38 个旗县、156 所学校建成周转宿舍 3510 套，进一步改善了贫困旗县教师生活条件，并实施了“改善普通高中办学条件”项目，扩面实施农村牧区义务教育学生营养改善计划等，基础教育保障能力显著增强。2017 年以来，投入 6.24 亿元集中解决寄宿制学校“大通铺”，校外寄宿生、学生宿舍卫生和淋浴设施短缺，食堂土灶台，火炉取暖等突出问题。据统计，仅 2018 年 1～11 月，全区义务教育经费支出 284 亿元，比 2017 年增加 18.8 亿元，其中中央和自治区本级安排资金 85.1 亿元，重点用于支持实施城乡义务教育经费保障机制，改善贫困地区义务教育薄弱学校基本办学条件，加

① 赵媛：《40 年全区教育事业取得全方位历史性成就》，《内蒙古日报》2018 年 12 月 15 日，第 4 版。

强教师队伍建设以及改善农村牧区寄宿制学校就餐、洗浴、取暖等办学条件①。

（二）义务教育从实现全面免费的普及走向优质均衡发展，促进教育从起点公平向结果公平深入发展

改革开放以来，自治区以义务教育为重点大力发展基础教育事业。1984年，自治区政府出台《普及初等教育实施方案》，改善农村牧区办学条件，普及初等教育，到20世纪90年代初全区已基本完成了普及初等教育的任务。1992年党的十四大提出“两基”（基本普及九年义务教育和基本扫除青壮年文盲）战略目标，自治区于1993年开始实施“两基”，到2006年底，全区101个旗县（市、区）全部实现“两基”达标，2007年7月顺利通过“两基”国检，提前5年完成了“两基”达标任务，标志着自治区义务教育阶段整体办学水平跨上了一个新台阶，实现了历史性突破。同时，自治区全面实施农村牧区义务教育学生“两免”政策和义务教育经费保障机制等，通过体制机制确保人人都有受教育的机会，即实现了起点公平。

党的十八大以来，自治区全力推进义务教育均衡发展，通过不断缩小城乡学校差距，逐步为学生提供了相对平等的受教育机会，即实现了过程公平。2013年12月自治区政府召开义务教育均衡发展工作推进会，制定了《关于深入推进义务教育均衡发展的实施意见》和《县域内义务教育均衡发展规划实施方案》，进行了总体部署，并通过实施校舍安全建设与安全改造工程、“全面改薄”、义务教育学校标准化建设工程等重大教育项目，着力促进办学条件均衡发展，缩小校际差距。2014年自治区仅有两个旗县通过国家义务教育发展基本均衡县评估验收认定，到2019年，全区仅剩1个旗县尚未通过国家义务教育发展基本均衡县评估验收认定。

让每个学生接受同等水平的教育后能达到一个最基本的标准，并且使其

① 赵媛：《40年全区教育事业取得全方位历史性成就》，《内蒙古日报》2018年12月15日，第4版。

个性得到充分发展。随着义务教育均衡发展的深入推进，全区义务教育阶段学生持续深入实施素质教育，以“尊重教育规律、更加关注人的全面发展”的教育理念逐渐成为共识和基础教育战线工作者的目标。自治区按照国家部署要求，不断完善各级各类课程标准，丰富并优化课程专业设置，规范教材建设，推进教育教学改革，改善教育评价体系，通过一系列努力，德育为先、能力为重、全面发展的教育理念得到普遍认同，有效地促进了学生的能力提升和全面发展，促进中小学生核心素养研究取得较大进展。

（三）学前教育短板迅速补齐，为幼有所育提供发展基础

纵观改革开放40年来全区教育事业发展历程，学前教育发展长期处于“短板”地位。改革开放初期，全区幼儿园仅400余所，进入21世纪，幼儿园总体规模较改革开放初期有了明显增加，但农村牧区入园远、入园难，城镇入园贵的问题普遍存在，学前教育资源与老百姓的入园需求从量到质都有明显差距。国家和自治区教育中长期规划纲要发布以来，特别是党的十八大以来，学前教育迎来了蓬勃发展的历史机遇。内蒙古自治区教育成就见表1。

表1　内蒙古自治区教育成就统计

年份	幼儿园(所)	在园幼儿(人)	少数民族幼儿园(所)	少数民族幼儿(人)
1979	411	36456	44	3113
1990	1458	130878	153	61695
2000	1960	124894	102	65550
2017	3845	640000	417	170200

资料来源：《内蒙古自治区教育成就（1947—1997）统计资料》，2000～2001年、2016～2017年见内蒙古自治区教育厅教育事业统计简报。

2011年起，自治区启动实施了第一期“学前教育三年行动计划”，着力补齐学前教育发展短板。党的十八大以来，自治区继续加大学前教育发展力度，相继实施了第二期、第三期“学前教育三年行动计划”，截至2018年，自治区财政累计投入专项资金8亿元，极大地促进了学前教

育资源特别是普惠性公办学前教育资源的扩充。同时，国家实施“农村牧区学前教育推进工程”，中央投入自治区2.5亿元；自治区校舍建设及安全改造工程中，幼儿园建设项目投入约5.3亿元；实施扶持民办幼儿园发展项目，设立了扶持民办幼儿园发展专项资金，每年财政投入亿元以上资金用于补贴民办幼儿园租赁园舍、购置设备、基础维修、运转等。这些学前教育建设工程和项目的实施，使自治区公办学前教育资源快速扩充，民办普惠性学前教育资源规模不断扩大，特别是农村牧区学前教育得到大力支持。据统计，截至2017年，全区学前三年毛入园率达到94.12%，连续3年超过90%，比2013年提高16.92个百分点，高出全国平均水平（79.6%）14.52个百分点，入园难、入园远的问题正在得到有效缓解。

为进一步提高学前教育保教质量，2015年自治区先后出台了《内蒙古自治区学前教育管办分离管理办法（试行）》等一系列文件，强化幼儿园质量管理，会同工商、卫生、消防等多部门开展联合执法，清理整顿各类民办幼儿园，持续开展“小学化”倾向的专项治理，不断提高科学保教质量。

（四）提前实现普及高中阶段教育目标，推动全区人口素质普遍提高

高中阶段教育是学生个性形成、自主发展的关键时期，对提高国民素质和培养创新人才具有特殊意义。改革开放以来，随着义务教育普及水平的迅速提高，自治区高中阶段教育普及步伐同步加快。党的十八大以来，自治区高中阶段毛入学率一直稳定在90%以上，在2017年就达到92.65%，超过全国平均水平，提前完成国家要求的“十三五”时期基本普及高中阶段教育的目标任务，直接推动着全区人口素质特别是人口一线的劳动力素质的提高，有力地保障和改善了老百姓的生活质量。

一是普通高中阶段优质教育资源规模不断扩大，特色多样化发展为培养创新型人才奠定了基础。通过实施改善普通高中学校办学条件、教育基础薄

弱县普通高中建设等项目，大力改善了薄弱高中办学条件，积极扶持了贫困地区高中阶段教育，不断扩大优质教育资源覆盖面，目前已经建成自治区示范性普通高中 73 所，在校生规模约 27.6 万人，占普通高中在校生总数的 63.33%。积极推动普通高中优质特色多样化发展，持续推动普通高中深入实施课程改革，积极探索和鼓励培养模式多样化改革，逐步建立起适应不同潜质学生、满足不同学生成长需求的课程体系，全面提高普通高中学生综合素质，培养激发学生的创新意识和实践能力。据统计，全区普通高中开设的地方课程和校本课程已达600 多种，“千校一面”的症结正在破解，普通高中教育质量逐步提高。

二是现代职业教育体系建设初见成效。党的十八大以来，自治区把发展现代职业教育摆在更加突出的位置，自治区政府于 2014 年召开全区职业教育工作会议，制定了《关于加快发展现代职业教育的决定》，教育厅等 6 部门联合印发了《现代职业教育体系建设规划（2015—2020 年）》。通过持续实施基础能力建设工程等项目，极大地改善了中等职业学校办学条件，为扩大职业教育规模、提高质量奠定了坚实的基础，到 2017 年，全区建成 34 所国家级重点中职学校，23 所中职学校开展了现代学徒制试点。大力推进现代职业教育体系建设，引导部分本科高校转型发展，推动建立中职、高职、应用技术本科、专业学位研究生相衔接的职业教育人才成长通道，打通了中职学生的升学成才“天花板”。2014 年以来，自治区有 17 所高职院校与本科院校合作试点五年制职业本科教育，已累计招生近 8000 人，中职、高职、应用技术本科相衔接的职业教育人才成长通道逐步贯通。同时，各级各类中等职业学校广泛开展面向农牧民、农村转移劳动力、在职职工等群体的各类培训，全区中等职业教育已具备大规模培养技术技能人才能力，为国家和自治区经济社会发展提供了不可或缺的人力资源支撑。

（五）教育信息化建设和教师队伍建设力度加大，促进优质教育资源共享和教育高水平发展

通过改革开放以来自治区党委、政府对教育投入力度的不断加大，全区

基础教育学校硬件设施普遍得到了极大改善，但是师资、课程建设等软件资源依然存在城乡差距大的问题。党的十八大以来，自治区党委、政府直面时代难题和人民群众对优质教育资源的迫切需求，不断加强教育信息化建设和教师队伍建设，促进优质教育资源共享和教育质量提升。

目前，中小学网络教学环境明显改善，信息化教学应用逐渐普及，中小学互联网接入率达到99%，普通教室多媒体教学设备配备率达到95%，整体水平位居西部省区前列。以促进教育优质资源共享的“同频互动课堂”已在98个旗县（市、区）开展应用，“课堂用、经常用、普遍用”的格局初步形成，为城乡学生共享优质教育资源奠定了坚实基础。

教师队伍建设进一步加强。2015年，自治区印发《乡村教师支持计划（2015—2020年）实施办法》，从提高思想政治素质和师德水平、拓宽补充渠道、提高待遇、提升能力素质、保障措施等方面提出了19项政策措施；2016年自治区教育厅、编办、财政印发《关于统一城乡中小学教职工编制标准的通知》，统一了城乡中小学教职工编制标准；2018年，自治区党委、政府印发《关于全面深化新时代教师队伍建设改革的实施意见》，对加强师资队伍建设提出明确要求。2014年自治区开始实施县域内义务教育学校校长、教师交流制度，建立了优质学校校长（含教学副校长）、优秀中层管理人员和骨干教师到农村牧区学校和薄弱学校交流任职机制，交流校长、教师超过3.5万人次；2015年以来，加大力度实施了“农村牧区义务教育阶段学校教师特设岗位计划”，启动自治区“免费师资培养计划”，不断扩大乡村教师补充渠道。另外，还大力实施了“中小学教师国家级培训计划”“中小学教师信息技术应用能力提升工程”“边远贫困地区农村校长助力工程”“卓越校长领航工程”等，着力提高了基础教育教师、校长的能力和水平。

三　主要做法和成功经验

细述改革开放40年来的发展历程，自治区教育事业改革发展的做法和经验主要有以下三个方面。

（一）坚持教育优先发展战略，加大教育统筹力度，促进各级各类教育协调发展

教育是民族振兴、社会进步的重要基石，是功在当代、利在千秋的德政工程，对提高人民综合素质、促进人的全面发展、增强中华民族创新创造活力、实现中华民族伟大复兴具有决定性意义。改革开放40年来，特别是党的十八大以来，自治区党委、政府站在党和国家工作全局的高度，大力推进教育事业改革发展，从改革开放初期“人民的教育人民办”到“人民的教育政府办”，再到21世纪提出的“确保教育事业优先重点发展”战略，教育政策保障体系不断完善。同时，加大了教育顶层设计力度，充分发挥规划的统领作用，明确教育发展的目标任务，为教育的科学化发展奠定了坚实的基础。自治区党委、政府坚持将教育事业纳入《自治区国民经济和社会发展的五年规划纲要》，结合区域发展、产业发展、人口发展等相关情况，统筹考虑城乡人口流动、学龄人口变化、教育保障能力等因素，研究教育发展阶段性目标和重点任务。相继印发了《内蒙古自治区中长期教育改革和发展规划纲要（2010—2020）》，引领全区现代教育体系构建。

2018年9月，党中央成功召开了“全国教育大会”，习近平总书记出席会议并发表重要讲话，大会高举旗帜、统一思想，全面深刻阐释了新时代教育改革发展重大理论和实践问题，为加快推进教育现代化、建设教育强国、办好人民满意的教育指明了前进的方向，提供了根本遵循。2018年，自治区深入实施义务教育经费保障机制，下拨经费近30亿元。制定出台了公办幼儿园和普通高中的生均公用经费基准定额和普惠性民办幼儿园补助标准，其中，公办园为年生均600元（特殊教育幼儿园和随班就读残疾幼儿年生均6000元）、普通高中年生均800元、普惠性民办园补助标准为年生均120元，进一步促进学前教育和普通高中阶段教育持续健康发展。继续深入实施全面改善贫困地区义务教育薄弱学校基本办学条件项目，累计投入资金82.47亿元，学前教育投入专项资金6.6亿元，改善普通高中学校办学条件

项目投入1.33亿元，通过这些项目工程的实施不断改善农村牧区特别是深度贫困地区学校办学条件，抬升全区教育发展底部。2019年4月，自治区召开全区教育大会，自治区党委、政府主要负责同志出席会议并讲话，对当前及今后一个时期教育改革发展的重点工作做出了部署，教育优先发展战略地位得到不断加强，有力地推动了全区教育事业持续健康发展。2019年7月，自治区党委、政府印发《内蒙古教育现代化2035》和《加快推进内蒙古教育现代化实施方案（2018—2022)》，明确到2020年，全面实现“十三五”发展目标，教育质量明显提高，到2035年总体上与全国同步实现教育现代化，力争走在民族地区、西部地区前列，努力建设民族地区教育发展示范区、西部地区教育创新试验区、国家教育向北开放先行区。

（二）坚持深化改革开放，强化依法治教，促进教育事业教育改革发展不断取得新成效

深化教育领域综合改革是党中央做出的重大决策部署，依法治教是构建教育治理体系的可靠保障。改革开放以来特别是党的十八大以来，自治区始终把深化教育综合改革作为推动教育发展的根本动力，贯穿教育工作全过程、各方面，全面推进依法治教，促进教育事业改革发展不断取得新成效。

改革开放以来，自治区不断深化教育体制机制改革，从单一的人才培养方式逐步发展到以多元化、终身化为特征的人力资源开发模式。党的十八大以来，自治区始终把教育综合改革作为推动教育发展的根本动力，贯穿到教育工作全过程、各方面，加大顶层设计力度，从13个方面制定了56个改革方案，重点完成了办学体制改革、健全权责明确的教育管理体制改革、高等教育招生与就业制度改革、落实和扩大学校办学自主权、促进产教融合发展等重点改革任务，以及教育领域的“放管服”改革，破除了一系列制约教育发展的障碍，解决了一系列影响教育发展的难题，推出了一系列促进教育现代化的重大措施。例如，自治区独具特色的“动态排名、精确定位”高考录取网上实时填报志愿模式改革已惠及广大考生；高职院校分类考试改革通过非统一高考方式录取的学生比例已达到50%；校园足球改革在组织领导、赛事

安排、经费保障等方面与全国其他省份相比实现了“七个率先”，2014 年以来已建成国家级足球特色学校 984 所、自治区级 666 所，覆盖了全区 50% 以上的中小学，建成 300 所足球特色幼儿园，形成了校园足球四级联赛体系；等等。

坚持开放办学，大力引进国内外优质教育资源，推动与国内外各级各类学校开展交流合作。特别是加强同“一带一路”沿线国家的教育合作。目前，全区高校举办中外合作办学本专科层次项目扩大到 17 个；与俄罗斯高校合作举办 2 所孔子学院，与蒙古国合作举办 1 所孔子学堂。

四　内蒙古教育发展中存在的主要问题和对策建议

回顾改革开放 40 年，自治区各级各类教育协调发展，教育事业改革发展取得了显著成就，迈上了新台阶。但面对新形势新任务，与经济社会发展、人民群众日益增长的需求相比，教育发展还不平衡不充分，面临不少难题和挑战，突出表现在以下四个方面。

一是人才培养的类型结构、学科专业结构、知识能力结构与社会经济转型升级的发展需求不相适应。仔细分析改革开放 40 年来全区基础教育发展历史，一些发展中出现的问题对教育下一步决策部署具有一定的警示和借鉴意义。比如 20 世纪初，我国城镇化步伐加快，随着劳动力外流、一部分人在城市定居，子女随父母迁移进城入学现象剧增，导致农村牧区嘎查村学校生源流失严重，为提高学校办学质量，全区基础教育领域学校布局调整力度随之加大，大量农村牧区中小学校在布局调整中“撤点并校”，造成农村牧区基层学校校舍闲置和资源浪费，加大了农牧民负担，以及过早进入寄宿制学校学习违背了学生认知和心理发展规律，导致学生与家庭和家乡疏远，不利于对学生家国情怀的培养等。随着社会经济的快速发展，如今教育承担着国计与民生的双重角色、支撑和引领的双重任务的特征更加凸显。随着新型城镇化和产业结构转型升级的进程加快，人口老龄化加速和人口生育政策调整，教育需求发生了结构性变化，教育体系、结构和布局也将面临新的挑战。因此，自治区在下一步教育总体布局的顶层设计中应以史为鉴，加强教育政策制定的广泛性、科学性基础调查研究，以积极应对教育发展的需求和挑战。

二是教育发展还不够均衡，区域、城乡、学校之间仍有一定差距，基本公共教育服务均等化水平不高。经过 40 年的发展，特别是党的十八大以来自治区党委、政府全力推进义务教育均衡发展，全区县域内义务教育阶段学校差距逐步缩小，但跨县域的义务教育阶段整体城乡学校差距依然较大，特别是师资、课程建设等软件资源方面差距明显，幼儿园和高中学校从硬件设施到软件资源整体城乡差距依然较大。

三是科学的教育理念尚未牢固树立，落实立德树人根本任务和推进素质教育的整体合力还未有效形成。实际工作中背离教育规律的情况还时有发生，学生身体素质和心理健康发展依然存在诸多薄弱环节，比如中小学校“小胖墩”“小眼镜”等为数不少，促进学生德智体美劳全面发展的机制有待进一步健全，美育、劳育等短板亟须加强自上而下的机制建设和基层的行动落实。

四是教师队伍建设及依法治校等重点领域改革任务推进需进一步加强。当前教师队伍建设在适应教育教学改革和时代发展需求方面仍有较大差距，教师管理仍处于多头并管状态，教师资源统筹调配难度大，阻碍了教师、校长交流工作，高校学术领军人物和高水平科技创新团队依然缺乏。依法治校和现代化教育治理能力水平有待进一步提升。

进入新时代，自治区在促进基础教育事业发展中需进一步坚持以习近平新时代中国特色社会主义思想和党的十九大精神为指导，深入贯彻落实习近平总书记关于教育的重要论述和全国教育大会精神，坚持立德树人根本任务，努力提升教育质量，促进教育公平；坚持以人民为中心，持续推进教育综合改革，大力推动自治区教育事业高质量发展，推进教育现代化，办好人民满意的教育取得新的发展成就。

一是坚持优先发展教育事业的战略部署。改革开放以来，我国先后在 1985 年 5 月、1994 年 6 月、1999 年 6 月、2010 年 7 月召开了 4 次全国教育工作会议。2018 年党中央召开“全国教育大会”，从会议名称的变化即可充分体现党中央对教育工作的高度重视。习近平总书记出席大会并发表重要讲话，强调教育是国之大计、党之大计，必须坚持优先发展教育事业。站在新的历史起点上，发展全区基础教育事业，就要坚持优先发展教育事业的战略部署，以更高远的历史站位、更宽广的国际视野、更深邃的战略眼光超前布局自治区基础教育事业，促进全区基础教育发展与国家和自治区社会经济发展相适应，与人民群众的期待和需求相契合。

二是全面加强教育系统党的建设。加强党对教育工作的全面领导，是办好教育的根本要求。新时期全区教育系统必须进一步加强党对教育工作的全面领导，牢牢掌握党对教育工作的领导权。坚持党管办学方向、管改革发展、管干部、管人才。各级各类党组织要把抓好学校党建工作作为办学治校的基本功，深入推进党的基层组织建设，全面从严治党和开展反腐败斗争。各级各类学校要把加强思想政治工作作为一条主线贯穿其中，始终把思想政治工作贯穿于学校教育管理全过程。

三是坚持立德树人根本任务，扎实推动各级各类教育协调发展。继续扩大公办和普惠性学前教育规模，实施好第三期学前教育行动计划，学前教育改革普惠健康发展。推动义务教育从均衡发展向优质均衡发展迈进，统筹推进县域内城乡义务教育一体化发展，全面振兴乡村教育。深入实施高中阶段普及攻坚计划，推进普通高中优质特色多样化发展，推动普通高中课堂教学改革，切实转变育人方式，提升学生综合素养，促进学生全面发展。坚持以校企合作、产教融合为重点推动职业教育改革发展，推进教育链、人才链与产业链、创新链有机衔接，推动校企“双主体”育人。加强高校高水平人才培养体系建设，稳步推进“双一流”建设、地方本科高校转型发展和高校创新创业教育改革，加快建设高水平本科教育，全面提高人才培养能力。坚持优先重点发展民族教育，继续实施“蒙古语授课理科教学质量提升工程”，加强民族学校科技活动室建设和教学资源建设，完善蒙古语授课学生招生、培养、就业联动机制。进一步提升特殊教育保障能力，提高随班就读比例，扩大特殊教育教学资源。进一步加大对民办教育的扶持力度，加强规范化管理。坚持以构建终身教育体系为重点推进继续教育、老年教育和社区教育。

四是加强新时代教师队伍建设。教师是发展教育的第一资源，新时期建设社会主义现代化强国，对教师队伍建设提出了新的更高要求。坚持德高为师，在全社会倡导尊师重教，厚植尊师文化，弘扬尊师传统，营造尊师氛围。实施师德师风建设工程，大力提升教师思想政治素质和师德涵养，完善师德师风建设长效机制。坚持能力为本，大力提升各级各类教师队伍质量，用优秀的人培养更优秀的人。加大对师范院校支持力度，着力培养适应未来教育变革的教师。倡导教育家办学，吸引一流人才长期从教、终身从教，加强教师分类管理和教师管理方面的制度建设。继续加强乡村教师队伍建设，进一步拓宽乡村教师补充渠道，提高乡村教师待遇，提升乡村教师的获得感、荣誉感。全面推进义务教育阶段教师、校长交流工作及“县管校聘”教师管理改革试点工作，促进教师合理流动。

五是加大投入力度，促进教育公平。进一步完善“城乡统一、重在农村”的义务教育经费保障新机制，加强教育经费监管。打好破解“入园难、入园贵”攻坚战、减轻中小学过重课外负担攻坚战、解决“城镇挤、乡村弱”“大班额、大校额”攻坚战、教育脱贫攻坚战等，精准施策，重点突破，全面提升。推动“互联网＋教育”，充分发挥教育信息化优势，着力提高各级各类教育优质资源供给能力。

六是深入推进教育领域综合改革，答好人民群众关切题。积极推进高考综合改革，深化教育评价改革，完善指标体系，引入社会评价，减少对学校的各类检查、评估、评价。全面深化新时代教师队伍建设改革，实施师德师风建设工程，振兴师范教育。进一步扩大教育对外开放，以俄蒙为重点开展国际交流合作，鼓励高校引进国外高水平大学的优质教育资源。

参考文献：

陈中永：《中国民族教育发展报告（2017）》，社会科学文献出版社，2017，第12页。
内蒙古自治区教育厅：《2018/2019学年初内蒙古自治区教育事业统计简报》。

赵媛：《40年全区教育事业取得全方位历史性成就》，《内蒙古日报》2018年12月15日，第2版。

赵媛：《40年全区教育事业取得全方位历史性成就》，《内蒙古日报》2018年12月15日，第4版。

本文所涉及的其他统计数据，1978～1997年的数据来源于《内蒙古自治区教育成就（1947—1997）统计资料》，1998～2018年的数据来源于内蒙古自治区教育厅历年教育统计摘要或教育事业统计简报。

改革开放40年内蒙古交通运输发展报告

龙　梅*

内蒙古位于中国北疆，东西相距约2400公里，南北相距1700多公里，面积为118.3万平方公里，占国土总面积的12.3%。由此可见，内蒙古的交通运输发展对国家的社会经济发展有着重要的意义。内蒙古地区的道路交通可追溯到战国时期，古代著名的秦直道、稒阳道、白道、回鹘道，金时期的上京路、中京路，元代的蒙古站赤，明、清时期的商道、驿路、驼路等。民国时期（1930）建成的包头—乌拉河公路是内蒙古地区现代公路建设的开端。改革开放以来，内蒙古的交通基础设施、运输服务等方面蓬勃发展，目前已形成“人便于行、货畅其流”的交通格局。

交通运输业包括铁路、公路、水运、航空及管道五种专用运输方式，是按照统一的功能和目的所组成的一个超区域性、多方向、多层次的互相连接配合的综合运输体系。在铁路建设方面，截至2018年底，全区铁路运营里程达到1.4万公里，位居全国第一，覆盖12个盟市，与周边8个省区连通，对俄蒙11个陆路口岸已有5个通达铁路，初步形成了连接“三北”通疆达海的铁路运输网络。在公路建设方面，截至2019年底，全区公路总里程达20.6万公里，其中高速公路6633公里、一级公路8443公里，国省干线路网覆盖全区85%以上的人口，连接了所有旗县及以上行政中心城市节点、重要资源基地和经济开发区，连通了70%以上的苏木乡镇。在航空方面，全区有民用机场28个，其中运输机场20个，

* 龙梅，内蒙古自治区社会科学院社会学研究所副研究员。

居全国第一位，实现了12个盟市运输机场全覆盖。2017年，全区共引入58家航空公司，开通航线429条、通航点116个①。

一 改革开放40年来内蒙古交通基础设施建设成就

（一）交通基础设施建设

改革开放初期，“出行难，运输难”是内蒙古的基本情况。1978年，全区公路总里程3.75万公里，其中晴天通车里程仅为1915公里，20%以上的旗县、25%以上的乡镇（时为人民公社）不通公路。货运量4352万吨、客运量1669万人次，全区年人均货运量2吨、年人均出行不到1次。②内蒙古公路交通总里程如图1所示。

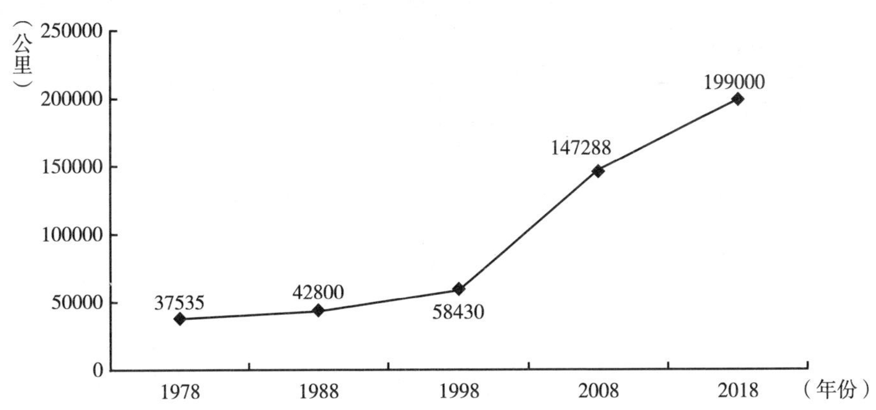

图1 1978～2018年内蒙古公路交通总里程

资料来源：《内蒙古自治区公路、水运交通志2001年》《内蒙古统计年鉴》。

① 《内蒙古首家支线航空公司获筹建认可批复 计划明年初首飞》，《内蒙古日报》2018年8月21日。

② 《内蒙古自治区交通运输厅2019年工作总结》（内蒙古交通运输厅内部资料），2020年3月5日。

改革开放40年来，公路通车里程大幅度增加。截至2019年底，全区已建成高速公路6320公里、一级公路7056公里、二级公路17235公里，等级公路达到公路总里程的96.4%。1978年，县社公路仅为11585公里，40年后的2019年，全区农村公路里程已达到15.9万公里，其中县道3.9万公里、乡道4万公里、村道8万公里。截至2019年底，新增农村牧区公路8219公里，建设林区公路3013公里，创建8个自治区级“四好农村路”示范旗县，其中鄂尔多斯市伊金霍洛旗、赤峰市松山区、包头市达茂旗荣获2019年度全国“四好农村路”示范县称号。贫困地区公路通车里程占全区公路总里程的76.7%，全区66个贫困旗县已有64个通一级及以上公路，乡镇通达率、通畅率达100%，建制村通达率达100%。1978年，全区的汽车站有92个，通过40年的发展，目前全区共建成等级客运站704个，建成客运简易站和招呼站1744个，货运站场和物流园87个。同时，网上售票、电话售票等方式的普及，给公众的出行带来极大的方便。在水运基础设施及航道建设方面不断发展，目前，全区共有内河航道2516.5公里，航道通航里程2402.8公里，船舶790艘，总吨位3.3万吨，渡口27道、浮桥12座、码头68个。

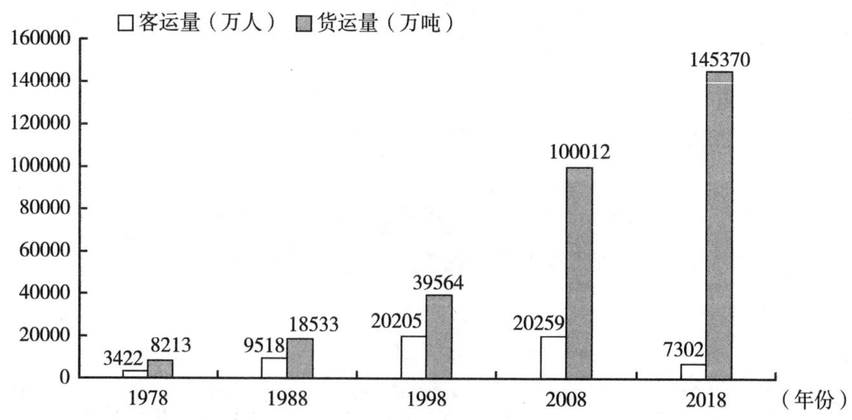

图2　1978～2018年内蒙古客运量和货运量

资料来源：《内蒙古自治区公路、水运交通志2001年》《内蒙古统计年鉴》。

（二）公路运输服务发展

1978 年，全区有以盟市重点旗县及集镇为中心，通至农村牧区的班车路线 42 条，全区营业性客运量为 3422 万人，到了 2018 年，全区营业性客运量达 7302 万人，是 40 年前的 2 倍多。但客运量从 2008 年开始明显下降，下降 12957 万人。这种现象与人们出行方式多样及自驾车辆增多有关。在货运量方面的变化更为突出，1978 年全区的货运量为 8213 万吨，经过 40 年的发展，内蒙古道路货运量逐年增高，在综合运输体系中的基础地位日益突出。到 2018 年，全区的货运量已达到 145370 万吨，是 1978 年的近 18 倍，增加 137157 万吨（见图 2）。货物周转量从 1978 年的 224. 55 亿吨公里增长到 2018 年的 2719. 36 亿吨公里（见图 3）。

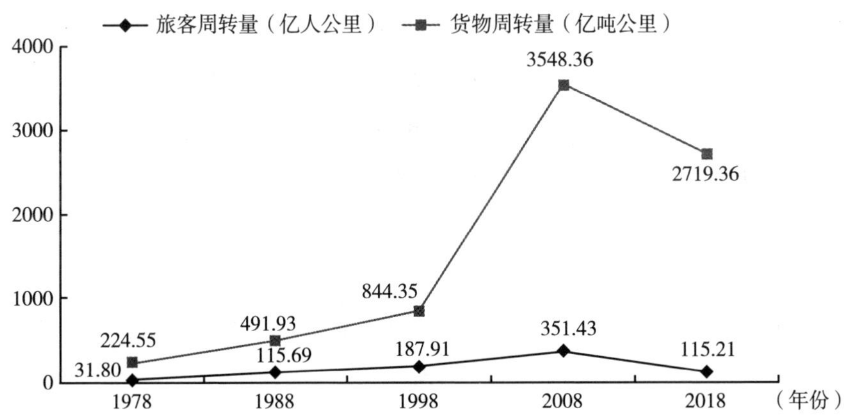

图 3　1978 ~ 2018 年内蒙古旅客周转量和货物周转量

资料来源：《内蒙古自治区公路、水运交通志 2001 年》《内蒙古统计年鉴》。

（三）交通运输的科技化、国际化发展

目前，交通运输服务越来越走向智能化、便捷化。ETC 系统①盟市级客

① ETC（Electronic Toll Collection），即电子不停车收费系统，是目前世界上最先进的路桥收费方式。

户服务网点全覆盖，并纳入全国高速公路联网收费系统，形成了互通东西的ETC联网格局。

一方面，开展“互联网+交通运输”行动计划，行业监控和管理信息系统基本建成，全区高速公路、国省干线关键节点、综合客运枢纽、营运车辆等动态运行监控系统实现全覆盖。另一方面，交通运输节能减排技术创新和应用稳步发展，开展了东部区高速公路服务区LNG加气站试点建设工作，加大天然气、油气双燃料、混合动力、纯电动等清洁能源和新能源车辆应用力度。在环保工作方面，12个盟市均建立了交通环境加测分站，呼和浩特、赤峰、阿拉善等盟市与交通环境监测信息处理平台合作实现在线监测。

国际道路运输是我国与蒙古国和俄罗斯物资交流与人员往来的重要运输方式之一，在促进两国贸易往来、推进地区经济发展和文化交流过程中发挥着重要的作用。从1982年起，经国务院批准，自治区重新打开了陆地边境大门，陆续开通了满洲里、黑山头、室韦、二卡、胡列也吐5个对俄（苏联）公路（水路）口岸，二连浩特、策克、甘其毛都、珠恩嘎达布其、阿日哈沙特、满都拉、额布都格、阿尔山、巴格毛都9个对蒙公路（水路）口岸。改革开放以来，我国与蒙古国、俄罗斯（苏联）达成开通协议国际道路客运运输线路共有47条，初步统计线路总长超过1万公里，基本形成了以口岸地区重点城市为中心、边境口岸为节点、覆盖蒙俄边境地区重点城市和重点矿区并向其腹地不断延伸的道路运输网络。2019年，中蒙俄《关于沿亚洲公路网国际道路运输协定》第一次联委会成功召开，《中俄国际道路运输协定》顺利实施，新增4条跨境运输线路，国际道路运输全年完成客运量346.8万人次、货运量3931万吨，货运量连续13年排名全国第一。

（四）行业改革和交通法律法规发展

改革开放之初，各级交通主管部门兼有行业宏观调控及掌控国有企业经营的双重责任。随着改革开放的不断深入，交通主管部门把主要精力放在了行业的宏观管理上，行业管理手段不断加强，促进了市场的规范和繁荣。改革开放以来，先后出台了《内蒙古自治区高速公路条例》《自治区治理货物运输车辆超限超载办法》等一系列法规制度，不断规范交通运输建设、管理、养护和运输工作。1993 年 3 月，自治区政府同意成立了“全区重点公路建设指挥部”，负责自治区重点公路建设管理。2002 年 3 月自治区人民政府出台了《内蒙古自治区人民政府关于加快公路交通发展的意见》，明确了公路建设全面推行项目法人制、招投标制和项目监理制，项目法人制度一直延续至今。2006 年自治区政府实行重点公路建设项目下放盟市管理的新模式，呈现出政府投资项目、企业管理的政府投资项目和经营性公路等多种形式。

二　内蒙古公共交通发展存在的问题和对策建议

习近平总书记在赴内蒙古调研时高度重视少族民族群众的生活改善问题，同时对通行不便的情况，责成当地党委和政府做出规划努力加以解决。虽然近些年，内蒙古的公路交通取得突飞猛进的发展，但依然存在诸多问题。

一是由于内蒙古的特殊地理环境，建设交通网络的投资较大，公路基础设施总体发展不均衡不充分。内蒙古地区处在中国北疆，东西长（2400 公里），对地面交通的建设需要巨大的资金。同时气候差异较大、自然灾害频繁等因素对交通的发展带来很多不便。

二是国家高速公路网发展不均衡不充分，国家高速公路网断头路和待完善路段较多，农村公路重建轻养等问题较为突出。根据《中华人民共和国公路法》的规定，将公路按其在公路网中的地位分为国道、省道、县道、乡道，而乡道公路没有列入等级公路的范畴，也就没有相应的建设、养护职责的法律规定。交通运输部《农村公路建设管理办法》将乡道列入农村公路范畴，并且明确规定了村道公路的建设由村民委员会按照村民自愿、民主决策的方式进行。

三是边疆地区、贫困地区、国有林区公路发展不均衡不充分，尤其是大兴安岭集中连片国有林区、贫困地区、边疆地区交通建设任务仍然繁重。偏远地区和边疆地区的公路建设等级偏低，路网结构不合理。受地域条件的复杂性影响，偏远地区和边疆地区的道路通达水平不足，抗灾能力弱，缺少必要的防护工程，服务水平低，行路难问题依然存在。

四是综合运输体系尚未建立，拓展服务领域、提高服务质量与适应经济结构调整、顺应人民群众出行的期望还有差距。

为了满足人们日益增长的交通需求，把我国的工作重心放到大力发展交通业是一项极为重要的工作。交通的发展可以促进经济的增长，但是超前的发展对我国经济也会在一定程度上产生负面的影响，因此，把握二者之间的度是非常重要的，我们要力求达到二者之间和谐发展，共赢共进。

一是从实际出发，实事求是，不断推进交通运输业发展思路创新。在交通运输业的发展过程中，推动交通与社会、经济、环境相协调，速度、质量、管理、效益相统一，不断在实践中创新思路，更新观念，转变模式，调整步伐，在破立交替中开创新局面，实现新突破。

二是把握交通发展的速度与公平程度，引导以现代道路为载体的发展利益平衡问题，尤其是在以高速公路和高铁为支撑的中心化发展模式中，更多地考虑乡村社会的空间格局和双方利益的平衡问题，避免产生速度优先、公平缺失的问题。

三是坚持和谐发展方针，坚定稳定发展理念，在交通发展普及社会的同时，切实解决好与百姓相关的具体问题，有效服务和改善民生，营造出和谐有序的交通发展环境。

改革开放40年内蒙古公共文化发展报告

任丽慧*

党的十一届三中全会以后，内蒙古自治区的公共文化事业迎来了前所未有的发展机遇，进入了繁荣发展的大好时机。全区坚持社会主义先进文化前进方向，坚持以人民为中心的工作导向，围绕建设社会主义文化强区这一战略目标，全面推进各项公共文化工作，取得了积极成效，进一步丰富了群众的精神文化生活。

一　改革开放40年内蒙古公共文化建设取得的成就

改革开放40年来，伴随经济的快速发展和物质文化生活的极大丰富，内蒙古在公共文化上的投入力度不断加大，公共文化设施建设力度不断加大，有力支持和保证了公共文化事业的繁荣发展。自治区通过实施一系列重点公共文化工程，大力提升了公共文化服务的质量和水平，初步形成覆盖城乡、布局合理、实用便捷的自治区、盟市、旗县、乡镇、村（社区）五级公共文化设施网络。公共博物馆、图书馆、文化馆等公共文化设施逐步免费向社会开放，打造了一批公共文化服务品牌，提升了“三馆一站”的社会服务能力和公众形象。广播电视覆盖面持续扩大，全面实施了文化信息资源共享工程，方便群众就近接受数字文化服务，服务人口突破100万人次。全区广泛开展了普惠性群众文化活动，免费、便捷地为群众提供文化服务，每年举办导向性、示范性文化活动，已形成特色化、品牌化、规模化的节庆文

* 任丽慧，内蒙古自治区社会科学院公共管理研究所副研究员。

化活动。

截至2019年底，全区共拥有公共图书馆117个、博物馆109个、文化馆120个、文化站1093个、乡镇文化站878个、档案馆103座、艺术表演场所21个，艺术表演团体95个，其中乌兰牧骑75个。全区拥有广播发射台及转播台45座、电视发射台及转播台749座，全区有线广播电视用户207.9万户，广播节目综合人口覆盖率为99.2%，电视节目综合人口覆盖率为99.2%，分别比1980年提高45.9个和96.3个百分点。2019年全年生产故事影片7部、蒙语译制片100部。[①] 截至2018年底，全区共出版图书5974万册、杂志1309万册、报纸26603万份，电视节目制作时间78301小时。相比于改革开放初期，自治区各项文化事业繁荣发展，极大地丰富了广大群众多样化的精神文化需求。

二　党的十八大以来内蒙古公共文化建设取得的重要成就及工作亮点

（一）党的十八大以来内蒙古公共文化建设取得的重要成就

党的十八大以来，自治区文化厅按照区党委、政府关于建设文化强区的决策部署，以实施社会文化重点工程为手段，以公共文化设施为载体，以公共文化服务为核心，不断提高公共文化服务能力和水平，经费投入大幅增加，设施网络基本建立，队伍素质稳步提升，文化惠民工程逐步实施，服务方式和手段不断创新，服务能力和水平明显提高，初步建立覆盖城乡的公共文化服务体系。

1. 增加投入、改善设施，公共文化设施网络逐步完善

从“十二五”初期文化事业费投入12.77亿元增加到2018年的34.24

① 《内蒙古自治区2019年国民经济和社会发展统计公报》，内蒙古自治区统计局网，2020年2月28日，http://tj.nmg.gov.cn/tjgb/14035.html。

亿元。随着自治区文化事业费总量的不断增加，全区人均文化事业费不断提高，2017 年全区人均文化事业费 109.48 元，与“十二五”初期的人均 51.45 元相比，增加了 1 倍多。

从文化基础设施人均拥有量来看，目前全区每万人拥有公共文化设施面积为 758.3 平方米；全区每万人拥有图书馆面积为 160.8 平方米；每万人拥有文化馆（站）面积为 327.9 平方米；每万人拥有博物馆面积为 248 平方米；每万人拥有美术馆面积为 21.6 平方米。全区 75 个群艺馆和文化馆、90 个图书馆达到国家三级以上标准，413 个苏木乡镇（街道）文化站达到自治区三级以上标准，23 个旗县（市、区）被文化部命名为全国文化先进旗县；49 个旗县（市、区）被自治区政府命名为全区文化先进旗县，覆盖城乡、布局合理、实用便捷的自治区、盟市、旗县、乡镇、村（社区）五级公共文化设施网络初步形成。

2. 全面实施文化信息资源共享工程，打通公共文化服务“最后一公里”

为打通公共文化服务“最后一公里”，保障基层农牧民基本文化权益，自治区启动“数字文化走进蒙古包”工程。全区建成数字文化中心自治区分中心 1 个、盟市支中心 3 个、旗县支中心 96 个，苏木乡镇服务点 927 个，嘎查村文化资源共享工程与党员现代远程教育基层点 11200 多个，服务地域面积达 40 余万平方公里，累计服务农牧民 200 余万人。根据国家“边疆数字文化长廊建设”要求，2012 年开始在 14 个旗县开展试点工作，共建设一级数字加油站 15 个、二级数字加油站 2 个、移动数字加油站 70 个，服务农牧民达 10 万余人。2014 年，“数字文化走进蒙古包”纳入自治区政府农村牧区综合改革示范试点，进一步促进优质文化资源下沉，让农牧民享受到更多的精神文化成果。

3. 进一步推动公共文化体制改革，有效整合文化资源

结合自治区实际，为了推动公共文化服务的发展，政府出台了《关于加快构建现代公共文化服务体系的实施意见》和《内蒙古自治区基本公共文化服务实施标准（2015—2020 年）》。同时为了加快贫困地区公共文化服务体系建设，印发了《加快自治区贫困地区公共文化服务体系建设的指导

意见》。为了推动基层综合性文化服务中心建设，印发了《内蒙古自治区社区与机关单位公共文化服务设施共建共用管理办法（试行）》和《内蒙古自治区推进基层综合性文化服务中心建设实施意见》。为了进一步建立公共文化服务评价考核体系，自治区政府印发了《内蒙古自治区公共文化服务体系建设评价考核办法（试行）》，明确了各级各公共文化服务单位的责任，使考核工作刚性化、制度化。为有效整合公共文化资源，促进优质文化资源向基层倾斜，提高公共文化服务整体效能，文化厅与自治区党委宣传部、新闻出版广电局、体育局、发改委、财政厅联合印发《内蒙古自治区全面推进文化馆、图书馆总分馆制的实施意见》。进一步推进公共文化单位法人治理结构改革，选择内蒙古图书馆等公共文化服务单位开展改革试点，草拟了《内蒙古自治区公共文化服务单位法人治理结构改革试点工作方案》。推动落实政府购买公共文化服务工作，制定了《兴安盟科右中旗政府购买公共文化服务试点工作方案》，积极推进2016年度、2017年度嘎查村购买公益岗位试点工作。

4. 工程引领，示范带动，公共文化服务水平明显提高

“十二五”时期以来，通过实施一系列重点文化惠民工程，提升了基层公共文化服务质量和水平。一是全面实施文化信息资源共享工程，方便群众就近便利接受数字文化服务。二是公共文化示范区（项目）、文化先进旗县创建工作取得实效。鄂尔多斯市、包头市创建成为国家公共文化服务示范区，对自治区公共文化服务体系建设起到应有的示范引领作用，并多次配合文化部复查自治区国家级文化先进旗县，提升了自治区县域公共文化建设水平。三是免费开放工作进展顺利。2011年实施以来，各图书馆、文化馆（站）积极推进时间和空间的全面免费开放，打造了一批公共文化服务品牌，提升了“两馆一站”的社会服务能力和公众形象。四是社会文化“评先创优”贴近基层，激发活力。每两年开展一次评比活动，表彰了一批实绩突出的图书馆、文化馆、文化站、民间剧团、文化户（大院），一批设计合理、特色鲜明、活动丰富、影响较大的城镇文化广场，一批设施完善、活动多样、队伍健全、社会效益显著的文化先进社区。

5. 推进基层综合性文化服务中心建设，健全农村牧区公共文化基础设施

全面开展基层综合性文化服务中心检查。2017 年，对全区 12 个盟市的 29 个旗县 63 个苏木乡镇（街道）、106 个嘎查村（社区）基层综合性文化服务中心进行了实地检查。同时为了建好、用好、管好基层综合性文化服务中心，印发了《内蒙古自治区基层综合性文化服务中心管理办法》。目前，城乡公共服务差距仍然较大，为进一步实现公共服务水平均等化，2014 ~ 2016 年，全区 1 万个嘎查村文化活动室配备了公共文化体育设备，同时加强苏木乡镇综合文化站人员队伍建设，举办全区东中西部边境和贫困旗县苏木乡镇文化站站长培训班，近 300 名文化站站长参加培训，开展了第二次全区苏木乡镇（街道）文化站评估定级工作，进一步促进基层综合性文化服务中心标准化建设，增强嘎查村（社区）文化活动室的综合服务功能。

6. 推动数字文化服务工作，共享文化成果

全区通过开展文化信息资源共享工程，完成 16 个多媒体资源库和两个系列专题片项目，全部通过国家发展中心审核验收。一是启动《一带一路上的内蒙古》《光辉印记》等红色历史、地方特色数字文化专题资源建设。二是继续开展“数字文化走进蒙古包”边疆旗县建点工作。截至目前，在全区 35 个旗县共建设 242 个一级数字加油站、1140 个移动数字加油站，服务面积达 40 余万平方公里，累计服务农牧民 100 余万人。工程提供的数字资源由 2T 增加到了 4T。三是积极开展“移动数字图书馆”基层试点工作。共建设托克托县新营子镇基层试点等 21 个移动数字图书馆基层试点，每个基层试点都存储有 4T 的数字资源，包含 1.5 万小时的蒙汉文精选视频，4 万多册蒙汉文电子图书等内容。四是组织举办了数字图书馆推广工程培训班和文化信息资源共享工程培训班，来自全区 12 个盟市图书馆、104 个旗县区图书馆的馆长等相关人员共 157 人参加了培训。五是不断推广“彩云服务”借阅模式。多次接待蒙古国国家图书馆等国际、国内考察学习团。六是启动内蒙古数字文化馆——内蒙古文化云平台建设，编制《内蒙古数字文化馆建设和服务规范》。

7. 公益惠民，开展普惠性群众文化活动

为了广泛开展普惠性群众文化活动，免费、便捷地为群众提供文化服务。一是自治区每年举办导向性、示范性文化活动1000多项，参与人员近3000万人次，已形成特色化、品牌化、规模化的节庆文化活动110多项。二是送文化下乡活动持续开展，形成品牌。自2009年开始，每年的1～3月中旬，组织各级艺术院团开展“百团千场”下基层文化惠民演出活动，每年每支乌兰牧骑利用流动舞台车，深入本旗县农牧区活动4个月以上，为群众演出100场以上，每个行政村月均演出1场以上。全区各级艺术院团每年下基层演出超过5000场，2013年达到7083场，已经成为自治区文化惠民的重要品牌。鄂尔多斯市于2011年、2012年共投入8000万元，为公共文化单位和基层文化室配备111台流动文化车和74台流动电影放映车。每年仅元旦、春节、元宵节期间，全市文化部门组织节日晚会、送图书进社区、举办展览、选放优秀电影等就达240场（次），受众人数20余万。

（二）党的十八大以来内蒙古公共文化服务的突出亮点

党的十八大以来，全区文化公共服务，以维护群众基本文化权益、满足群众基本文化需求、促进公共文化服务均等化和标准化为宗旨，公共文化服务效能显著突出，可谓亮点纷呈。

1. 文化建设有法可依

为了满足内蒙古各族群众的基本文化需求，推进公共文化服务均等化和标准化，2018年初，内蒙古各盟市、旗县（市、区）文化部门加大了《公共文化服务保障法》和《公共图书馆法》的宣传贯彻力度，有的地方还邀请专家、学者进行解读，自治区人大还开展了学习、宣传和落实情况执法检查。结合区情，自治区文化和旅游厅还草拟了《内蒙古自治区公共文化服务保障条例（征求意见稿）》《内蒙古自治区公共图书馆管理条例（修订草案）》，并向全区文化系统和有关部门征求意见，意在推动《内蒙古自治区公共文化服务保障条例》纳入自治区人大2018～2022年度立法规划。

2. 文化活动精彩纷呈

一是围绕庆祝自治区成立70周年开展成就展。2017年8月7日，“守望相助 团结奋斗——庆祝内蒙古自治区成立70周年展览”开展。观众日均上千人次。二是围绕自治区成立70周年开展系列群众文化活动。制定了《庆祝内蒙古自治区成立70周年群众性文化活动实施方案》，组织开展了第三届“魅力乌拉特”西部民歌会、喜迎自治区成立70周年“舞动北疆”全区原创民族广场舞大赛、“醉美草原，亮丽北疆”全区美术书法摄影优秀作品展、“唱响北疆——呼包鄂青年歌手大赛”等示范性、引领性群众文化活动。各盟市组织往届“群星奖”获奖作品和优秀群众文艺原创作品巡演309场，观众达140余万人次。

3. 体制改革蹄急步稳

根据国家有关要求，自治区党委宣传部、编办、财政厅、人社厅、科协、文物局、文联等有关人员多次召开征求意见座谈会，推进开展公共文化单位法人治理结构试点工作。修改完善《试点工作方案》，确定了自治区博物院、自治区文化馆、鄂尔多斯市图书馆3家公共文化单位为法人治理结构改革试点，2018年内将完成理事会建立，人事制度、分配制度改革等相关试点内容，为2019年在全区有条件的盟市级以上公共文化服务机构全面铺开积累经验。此外，推进自治区图书馆和包头市图书馆国家法人治理结构试点单位改革进度，继续推动文化馆、图书馆总分馆制建设，目前全区已建成图书馆总馆75个、分馆322个，文化馆总馆65个、分馆203个。

4. 文化服务政府购买，拓宽供给主体

为了推动戏曲传承和保护，进一步丰富基层群众文化生活，通过政府购买服务的方式，2018年全年招标采购了7家优秀民间剧团，于10月在内蒙古中西部8个旗县、赤峰市的2个贫困旗县开展了送戏曲进乡村惠民演出100场，观众达15000多人次。在兴安盟科右中旗，通过政府向社会力量购买服务的方式，为当地84个嘎查村综合性文化服务中心均配备1名文化志愿者。据了解，2018年9月至2019年9月，内蒙古将在科右前旗、苏尼特左旗、四子王旗、乌拉特中旗4个贫困偏远旗县的100个乡村基层综合性文化服务中心，通过政府购买的方式，提供公共文化服务。

5. 文化站点评估定级，推进标准化建设

为了加强苏木乡镇综合文化站的科学化、规范化管理，对全区 2017 年底建成并正常开放的苏木乡镇综合文化站进行评估定级，通过制定评估定级标准和必备条件，在各苏木乡镇综合文化站开展自查自评。然后组织自治区、盟市文化主管部门人员及专家组成 3 个评估组进行实地评估抽查，经过核实、公示后，确定命名全区三级以上苏木乡镇综合文化站。

三　内蒙古公共文化建设的主要做法和经验

（一）以人民为中心，把提升农牧民文化获得感作为工作的出发点和落脚点

内蒙古各级政府从满足人民群众的基本文化需求、保障人民群众基本文化权益出发，根据政府保障能力，以需求为导向制定切合实际的服务标准和保障标准，面向公众公开承诺，提高公共文化服务覆盖率和群众满意度，以标准化促均等化，让各族群众共享文化改革发展成果。

（二）坚持政府主导、社会参与，着力文化体制机制创新

内蒙古自治区积极把主要公共文化产品和服务项目、公益性文化活动纳入公共财政经常性支出预算，建立健全公共文化服务经费投入长效机制。发挥财政资金的杠杆作用，鼓励和引导民间资本参与公共文化服务，逐步形成以政府投入为主、社会力量积极参与的多元化公共文化服务投入机制。通过政府购买服务、项目补贴、以奖代补等方式，鼓励和引导社会力量提供公共文化产品和服务。

（三）统筹城乡，重在基层

为了适应新型工业化、信息化、城镇化和农牧业现代化的发展趋势，内

蒙古自治区建立以城带乡联动机制，推动公共文化服务体系建设重心下移、资源下移、服务下移，加大公共文化资源向城乡基层倾斜的力度，继续统筹文化、教育、体育、基层党建场所的综合利用，发挥不同部门文化资源相互补充、相互促进的作用，搭建综合性服务平台。

（四）因地制宜，分类指导

内蒙古结合农区、牧区群众文化需求的实际，采取阵地文化服务、流动文化服务、数字文化服务相结合的方式，完善基层文化服务网络，提高公共文化服务覆盖率。例如，“绿色地平线——东乌珠穆沁草原文化旅游节”、“吉鲁根”苏尼特文化节、额济纳旗胡杨节等，已形成了“一旗一品”极具民族特色的文化品牌，提高了自治区民族文化的知名度，探索出了切实可行、独具特色的公共文化服务体系建设模式。

四　内蒙古公共文化服务存在的问题及对策建议

目前，内蒙古公共文化服务体系建设仍然存在不均衡不充分问题。公共文化服务总体水平不高，与经济社会发展的进程和水平不相适应，与广大人民群众日益增长的精神文化需求不相适应，与实现文化大发展大繁荣的任务还有相当的距离。公共文化服务投入缺乏长效机制，部分地区公共文化服务设施仍有待改善，基层综合性文化服务中心仍有空白点；重硬件轻软件、重建设轻管理和实用的现象普遍存在等，难以适应新形势下公共文化服务的需要。

要进一步推进内蒙古公共文化服务体系建设，改善公共文化资源不均衡不充分的现状，提高公共文化服务水平和质量，应该继续从公共文化法制化建设、文化体制改革、基层公共文化服务建设、数字文化服务等领域加强和改善。

（一）推动自治区公共文化法制化建设，加快公共文化服务标准化均等化进程

积极推动《内蒙古自治区公共文化服务保障条例》立法工作和《内蒙

古自治区公共图书馆条例》修订工作，开展区内的立法调研和《公共文化服务保障法》贯彻落实情况督查，将自治区公共文化事业发展纳入法制化轨道，进一步推动自治区公共文化标准化均等化。

（二）加大公共文化体制改革力度，拓宽公共文化供给主体

推进文化馆、图书馆总分馆制改革和公共文化单位法人治理结构改革，有效整合公共文化资源，促进优质文化资源向基层倾斜；建立并完善公共文化服务评价考核体系，明确各级公共文化服务单位的责任，使考核刚性化、制度化；积极支持社会力量兴办具有公益性的文化大院（文化户）、群众文艺团队、社区文化服务组织、民间文艺协会等，直接面向社会公众提供公益性文化服务。进一步完善了公共文化服务政府采购制度，支持民营文化企业的产品和服务进入采购目录，鼓励民间资本通过招投标等方式，参与公益性文化产品和服务供给。

（三）促进基层综合性文化服务中心建设，满足农村牧区公共文化服务需求

要进一步贯彻落实《内蒙古自治区基层综合性文化服务中心管理办法》，继续开展督查检查，了解基层农牧民的文化需求，进一步建好、用好、管好基层综合性文化服务中心，同时加大基层文化队伍培训力度，开展全区苏木乡镇（街道）文化站评估定级，化解文化资源的闲置现象与农牧民文化需求得不到满足的矛盾，更好地满足基层农牧民的精神文化需求。

（四）推广数字文化服务工作，打通农牧民公共文化服务“最后一公里”

全区要继续开展文化信息资源共享工程、“数字文化走进蒙古包”、内蒙古数字文化馆等公共数字文化工程建设，加强数字文化服务工作。以优化应用、服务基层为重点，进一步推进服务网络向社区、城乡基层的延伸，不

断完善技术支撑体系，利用现代新技术为边远地区上网没有条件的农牧民群众提供数字文化服务，打通公共文化服务的“最后一公里”，努力实现优秀文化信息资源的共建共享。

（五）开展普惠性群众文化活动，免费、便捷地为群众提供文化服务

目前，全区每年举办导向性、示范性文化活动 1000 多项，参与人员近 3000 万人次，已形成特色化、品牌化、规模化的节庆文化活动 110 多项。今后继续开展全区示范性、引领性的群众文化活动，加强文化志愿者服务，推动流动文化建设和送文化下乡活动，让群众拥有更高的文化获得感。

改革开放40年内蒙古行政服务发展报告

霍　燕*

改革开放40年来，我国经济社会发生了翻天覆地的变化，政治体制和政治生活也发生了深刻变化。我国的政府创新和政府治理改革，在很大程度上体现为行政的改革创新。内蒙古自治区按照党中央和国务院要求，结合内蒙古实际，开展了多项改革，加快转变政府职能，不断提高行政服务效能。

一　改革开放40年内蒙古行政服务成效

党的十一届三中全会开启了我国改革开放和社会主义现代化建设的历史新时期。内蒙古自治区为适应社会主义现代化建设与市场经济体制不断完善的需要，按照中央要求，进行了政府机构改革、行政审批制度改革和“放管服”改革，大力发展“互联网+政务服务”，取得了积极成效。

（一）政府机构改革向纵深发展，政府职能逐步转变

政府机构改革作为行政管理体制改革的重要组成部分，在改革开放进程中，内蒙古分别于1982年、1988年、1990年、1994年、1999年、2003年、2009年、2014年和2018年，进行了9次政府机构改革。1982年的改革，主要围绕“简政放权”这一中心展开，改革的主题是“精兵简政”，改革的重点是着力改变自治区党政群机构臃肿、层次繁多、人浮于事等状况，明确行

* 霍燕，内蒙古自治区社会科学院公共管理研究所副研究员。

政、事业、企业的界限，精简领导班子和干部队伍。此次机构改革在领导班子和干部队伍建设、精简机构人员编制、加强综合协调、同级监督和立法执法、废除领导干部终身制、实现干部“四化”（革命化、年轻化、知识化、专业化）等方面取得了显著成效。1988 年的改革，明确提出改革重点是转变政府职能。1990 年的改革，内蒙古被确定为全国 4 个机构改革试点省区之一，在 15 个旗县（市、区）开展了以“精简上层、充实基层、转变职能、强化服务”为主要内容的旗县综合改革试点工作，并逐步在全区推开，初步形成了“小机关、大服务”的格局。1994 年的改革，按照中央“转变职能，理顺关系，精兵简政，提高效率”的要求，自治区重点改革计划、投资、财政、金融管理体制，撤并一些专业经济部门和职能交叉的机构，将一部分专业经济部门转化为经济或服务实体，将综合经济部门的工作重点转移到宏观调控上来。1999 年的改革，内蒙古在转变政府职能方面迈出了更大的步伐。实行政府机关与所办经济实体以及直接管理企业脱钩；调整政府组织结构，实行精兵简政；调整政府部门的职责权限，完善行政运行机制；按照依法治国、依法行政的要求，加强行政体系法制建设。2003 年的改革，重点对国有资产管理、宏观调控、金融监管、流通管理、食品安全和安全生产监管、人口与计划生育等领域的体制进行了调整。2009 年的改革，以建设服务型政府为目标，重点加强和改善宏观调控，加强社会管理和公共服务，积极探索职能有机统一的大部门体制。2014 年的改革，以部署大部门体制为重点，在一定程度上解决了职责交叉重复、长期难以协调解决的问题，提高了整体效能，建立起职责一致的政府机构。2018 年的改革，重点针对纪检监察体制、经济发达镇行政管理体制、司法体制、国地税征管体制、环保监察体制、金融监察体制进行。总体来看，政府机构改革的核心要义和关键在于实现政府职能的转变。

（二）全面推行行政审批制度改革，打造精简高效的政府

一直以来，内蒙古自治区党委、政府对加快行政审批制度改革，优化发展环境十分重视。2004 ~ 2013 年，自治区政府分 4 批取消、下放和调整了

405项行政审批事项。2013年新一届中央政府成立以来，自治区政府先后出台了《内蒙古自治区人民政府关于取消和下放行政审批事项的意见》、《内蒙古自治区人民政府关于取消和下放一批行政审批事项的决定》（取消、下放了103项）、《内蒙古自治区人民政府办公厅关于进一步加强行政审批项目监督管理工作的通知》、《内蒙古自治区人民政府关于分级审批、下放和取消部分行政审批项目的决定》（分级审批52项、下放52项、取消10项）、《内蒙古自治区人民政府关于取消和调整一批行政许可项目的决定》（取消和暂缓执行6项），全面推行行政审批制度改革。从行政审批项目的取消、下放和调整工作看，2014年，自治区政府分两次向全社会公布了自治区本级保留的32个部门实施的247项行政许可事项，分级许可目录52项，下放目录52项，取消目录10项，构成了一个完整的自治区本级行政许可项目清单，这项工作走在了全国前列。截至2016年底，自治区政府取消和下放了223项本级行政审批事项，向社会公布了保留的302项行政审批事项。盟市、旗县行政审批事项普遍减少40%以上。从推行政府权力清单制度看，截至2014年底，自治区本级共有36个部门和单位行使4274项行政权力。自治区成为全国第7个完成并公布省级权力清单的省区。为实现权力监管的制度化、法制化，自治区政府起草了《内蒙古自治区行政权力监督管理办法》，已于2015年5月1日开始实施。这是一部规范、制约、监督政府权力设定和运行的立法，是全国权力清单制度建设方面的第一部立法。2015年底，自治区公布的本级权力清单3927项，较2014年底压减8.12%。2016年，为进一步简政放权、优化权责清单，自治区教育厅、人社厅、商务厅、地税局、质监局提出向盟市和旗县一次性下放包括行政许可、行政处罚、行政征收等196项行政权力。与此同时，自治区行政审批事项建立了动态调整机制，行政审批制度日趋科学合理，群众和企业办事效率大为提高，政府自身行政效能明显提升。

（三）持续推进“放管服”改革，群众获得感不断提升

深化简政放权，放管结合，优化服务，推动转变政府职能，提高政府效

能事关经济发展、社会进步、人民福祉。为全面贯彻落实国家和自治区关于“放管服”改革各项决策部署和全国深化“放管服”改革转变政府职能电视电话会议部署，自治区紧紧围绕“五个为”① 和“六个一”② 要求，积极推进“放管服”改革，开展了大量的基础性工作。启动了行政审批制度改革基础清单标准化建设，实现了自治区、盟市、旗县行政权力“三级五同”。开展“证照分离”改革试点，着力解决“准入不准营”“办照容易办证难”等问题。推进综合行政执法改革，将 4 个市、2 个计划单列市和 8 个旗县（市、区）作为试点，开展涵盖城市管理、食品药品、工商质检、公共卫生等 10 个领域综合执法试点，试点地区执法机构的数量和种类大幅减少，由改革前的 1997 支减少为 830 支，精简比例达到 58.4%，切实解决了多头执法、交叉执法、执法扰民、“看得见管不着”等问题，有效提升了执法效能。开展了“减证便民”专项行动，方便了企业、群众办事。开展相对集中行政许可权改革，实行“三集中、三到位”③，严禁“两头跑、体外运行”，实现“企业群众只进一扇门，办成一揽子事”的目标。开展了“红顶中介”专项整治行动，清理和规范中介服务，打破中介服务市场垄断。参照世界银行营商环境评价指标体系和江苏省、厦门市的先进经验和做法，重点选取能够体现一个地区营商环境重要因素的 5 项指标（企业开办、不动产交易登记、项目建设施工许可、获得电力、纳税），开展营商环境评价工作。这些工作始终聚焦企业和群众反映突出的“办事难、办事慢”“多头跑、来回跑”“奇葩证明”等问题，力除烦苛之弊，大兴便民之举，营造权利公平、机会公平、规则公平的环境。这使人民群众有了更多就业创业机会，社会纵向流动通道进一步拓宽，也有效调动了社会投资积极性，增加了公共产品和公共服务供给，更好地满足了人民群众对美好生活的新需求。

---

① “五个为”：为促进就业创业降门槛、为各类市场主体减负担、为激发有效投资拓空间、为公平营商创条件、为群众办事生活增便利。

② “六个一”：企业开办时间再减一半，项目审批时间再砍一半，政务服务一网通办，企业和群众办事力争只进一扇门、最多跑一次，凡是没有法律法规依据的证明一律取消。

③ “三集中、三到位”：部门审批服务事项向一个内设机构集中、审批内设机构向政务大厅集中、审批事项向网上办理集中，做到事项进驻大厅到位、审批授权窗口到位、电子监察到位。

“放管服”改革体现了以人民为中心的发展思想，其积极成效使人民群众获得感和满意度不断提升。

（四）大力发展“互联网+政务服务”，变“群众跑腿”为“数据跑路”

推进“互联网+政务服务”是深化“放管服”改革的关键之举。“互联网+政务服务”作为信息技术与政府管理深度融合的创新管理模式，具有开放、透明、精准、高效等天然的便民利企特性，是建立权力制约和监督机制的强有力手段。2017年12月25日，自治区“互联网+政务服务”网站启动上线试运行。经过业务对接、数据融合、技术磨合、模拟演练、专家论证等一系列测试优化，于2018年8月8日“互联网+政务服务”网站正式启动上线。网上服务平台共部署18个大系统、112个子系统，目前39个进驻部门498个大项（591个子项）政务服务事项中385个子项均可实现网上办理，上网率达65%。截至目前，已开展与呼和浩特市、乌海市、锡林郭勒盟等6个盟市和自治区发改委、质监局、人社厅、食药监局等17个部门自建系统的统一身份认证对接，实现单点登录、多点互认。已开展与呼和浩特市、乌海市、兴安盟等6个盟市及自治区发改委、环保厅、质监局、工商局等14个部门的平台数据对接，以推进政务服务“一网受理”为核心，全力推动自治区、盟市、旗县三级政务服务“一网通办”。自治区、呼和浩特市两级政务中心按照“公众体验第一、便民利企为主、空间布局合理、环境舒适宜人”的原则，将实体大厅划分为市场准入、项目审批、公共服务、社会事务、咨询互动、自助办事和悦民服务7个功能区域，共设置80个服务窗口，并根据部门承担的政务服务事项数量、办件量大小、办理频度、阶段性工作强度等实际情况，按“常设”、“综合”和“机动”三种类型设置窗口。39个进驻部门共计选派首席代表和窗口工作人员146名并签署授权委托书。自治区要求各盟市、旗县（市、区）全部建立政务服务中心，市、区直部门根据工作实际设立专业服务大厅，在苏木乡镇（街道）等基层地区，探索开展便民服务的有效方式，将劳动就业、社会保险、综治信访、社会救助、社会福利、计划生育、农用地审批等纳入基层政务服务机构办理，在嘎查村（社区）设立便民代办点。目前，全区12个盟市、103个旗县（市、区）政务服务中心全部建成并投入运行。包头市、锡林郭勒盟、乌兰察布市等地的苏木乡镇（街道）便民服务中心、嘎查村便民代办点覆盖面已达到85%，已经逐步形成上下联动、层级清晰、覆盖城乡、廉洁高效的四级政务服务体系。通过线上线下融合，优化政务服务大厅“一站式”功能，实现从“多头找部门”“多次办理”到“一个窗口”“一次办成”的转变，变“群众跑腿”为“数据跑路”。“互联网+政务服务”已成为政府职能转变、管理方式创新、权力规范运行、行政效能提高的重要抓手。

二　党的十八大以来内蒙古行政服务的主要成效

党的十八大以来，自治区党委、政府坚持以人民为中心的发展思想，强化为民服务的价值理念，优化和改进政府职能，不断提升服务效能。

（一）开展“减证便民”专项行动，为群众办事、生活提供便利

按照《国务院办公厅关于简化优化公共服务流程方便基层群众办事创业的通知》（国办发〔2015〕86号）有关要求，进一步贯彻落实李克强总理在2017年全国深化简政放权、放管结合优化服务改革电视电话会议上提出“针对烦扰群众的各种‘奇葩’证明、循环证明、重复证明等问题，各地都要持续开展‘减证便民’行动，最大限度利企便民，2017年务必要有大的突破”的指示精神，按照“四个一律”取消原则[①]，2017年6月，自治区审改办公布了行政许可证明事项清单，同年9月印发了《关于进一步清理规范各类证明的通知》，持续推进“减证便民”专项行动。“减证”的目的在于“便民”，通过解决“奇葩”证明、循环证明、重复证明、无谓证

① “四个一律”取消原则：凡没有法律法规依据的一律取消、能通过个人现有证照来证明的一律取消、能采取申请人书面承诺方式解决的一律取消、能通过网络核验的一律取消。

明等问题，大力减少各种烦琐环节和手续，做到了“让信息多跑路、让群众少跑腿”，最大限度利企便民。目前，对自治区本级675项证明事项进行梳理审核，经审理拟保留证明事项601项，拟取消证明事项74项。其中，没有法律法规依据拟取消的证明3项，通过内部信息查询、网络核验办理的证明30项，拟依据申请人提供现有证照、凭证方式办理的20项，拟改为申请人书面承诺的证明4项，拟直接取消的证明17项，进一步提高了政府审批服务质量和效率，向基层群众提供便捷高效服务，让群众更有获得感。

（二）全面推进政务公开，让行政权力在阳光下运行

2008年以来，自治区政府每年编制《内蒙古自治区人民政府办公厅政府信息公开指南》。特别是党的十八大以来，自治区高度重视政务公开工作，将全面推进政务公开作为建设法治政府的重要举措，写入政府工作报告，并成立了由自治区常务副主席任组长、自治区人民政府秘书长任副组长的政务公开领导小组，全面加强对政务公开工作的组织领导。同时，政府办公厅先后印发了《关于进一步加强和规范政府信息公开工作的意见》《内蒙古自治区人民政府继续有效的规范性文件目录》《内蒙古自治区政府信息依申请公开办法》《关于全面推进政务公开工作的实施意见》《内蒙古自治区行政机关政策性文件解读工作办法》等政策文件，为深入推进政务公开提供制度保障。自治区连续10年将政务公开工作纳入盟市厅局考核指标体系，并不断加大权重，发挥了考核“指挥棒”的作用。各盟市、旗县也按照相关要求将政务公开工作纳入政府绩效考核体系。全面推进政务公开，为增强政府公信力、执行力，保障人民群众的知情权、参与权、表达权、监督权奠定了坚实基础。2018年，全区主动公开政府信息422.32万条，是2012年（29.2万条）的14.46倍。其中，自治区本级公开政府信息213.37万条，是2012年（5.2万条）的41倍；盟市公开政府信息208.95万条，是2012年（24万条）的8.7倍。2018年，全区各级行政机关共受理政府信息公开申请1485件，是2012年（248件）的5.99倍。其中，自治区政府及部门受理申请629件，是2012年（90件）的6.99倍；各盟市政府及部门受理

申请856件，是2012年（156件）的5.49倍。2019年，全区办理政府信息公开申请158件，办结率100%，涉及复议1件、诉讼1件，无一被纠错。2019年，自治区政府门户网站全面公开各类信息15839条，发布政策解读稿件393篇，征集意见356条。对自治区人民政府出台的规章及规范性文件基本实现了解读全覆盖。各级政府及其部门网站均设立了“政策解读”栏目，进一步优化政府网站公共信息传播功能，提高政策解读质量。2018年，自治区各级政府及部门共举办新闻发布会891次，政府网站在线访谈700次，通过各类形式发布政策解读稿4445篇，全区开通政务微博、微信帐号近4000个，分别在政务微博、微信发布信息15.12万条、18.46万条。强化政务舆情的收集与回应。各地区各部门不断适应新媒体发展趋势，开展舆情处置工作，制度机制不断完善，回应方式和渠道日益丰富多元，回应效果持续提升。2018年，全区全年通过微博、微信回应事件7527次，其他方式回应事件1.86万次。

（三）以互联网理念开展政务服务，群众满意度显著提升

2015年以来，自治区相继印发了《关于加快推进“互联网+”工作的指导意见》《内蒙古自治区大数据发展总体规划（2017—2020年）》《关于加快推进“互联网+政务服务”工作的实施方案》《关于开展“互联网+政务服务”及电子政务试点示范工作的通知》《关于印发自治区简化优化公共服务流程方便基层群众办事创业工作方案的通知》等一系列规范性制度文件，转发了国办“互联网+政务服务”技术体系建设指南、“一网、一门、一次”改革实施方案，提出了指向性、针对性、操作性较强的政策要求，从标准规范、完善机制、资源整合、开放创新等多方面协同推进。以“互联网+人社”为例，自治区人社厅依托金保工程自治区数据大集合和一体化平台，建成了全区统一的人力资源、社会保险和社会保障卡三大系统，信息网络已延伸至全区的嘎查村，信息系统实现了全覆盖。全力打造立体化“人社云”服务品牌，建成了用“内蒙古12333”统一命名的门户网、手机客户端、咨询电话、微信微博等平台，面向公众开通了网上服务58

项，人社厅门户网站实名注册达到276万人，12333手机客户端2.0版累计下载量达到277万次，12333微信公众号关注人数达88万。建成社会保障卡综合服务点11203个、人力资源和社会保障综合服务中心2192个，群众可就近就地享受各项人社服务，实现了“社保服务村村通”。完善异地就医直接结算平台服务功能，全区所有医保统筹地区全部接入国家异地就医结算系统，从2018年6月1日起，参保人员可以通过网络、手机客户端申报备案，异地就医更加方便快捷，大大提升了参保群众的获得感和满意度。

（四）开展基础清单标准化体系建设工作，为企业、群众办事创造便利条件

针对各地区行政权力数量、名称、内容、办事流程、要件存在很大差异，不同窗口工作人员答复相对人问题的标准不一样的情况，自治区审改办积极开展行政审批制度改革基础清单标准化体系建设工作。在自治区、盟市、旗县三级政府部门权责清单全部公布的基础上①，由自治区编办（审改办）牵头，从2017年11月开始，利用近8个月的时间，从盟市抽调30余名业务骨干，集中对自治区、盟市、旗县三级40多万件行政权力事项进行重新梳理确认，编制了通用权责清单，并印发通知要求各盟市根据通用清单重新梳理调整并公布本级权责清单，通过清单标准化，实现了自治区、盟市、旗县行政权力“三级五同”，即自治区、盟市、旗县相同行政权力事项同名称、同类型、同编码、同流程、同依据。同时，制定了《行政审批制度改革基础清单编制规范》《行政权力和公共服务事项编码规则》《行政审批事项服务指南编写规范》《行政审批事项审查细则编写规范》4个内蒙古地方标准，既减少了用权任性、约束自由裁量权，又为建设全区政务服务“一张网”、实现“最多跑一次”奠定坚实基础。一些盟市和部门按照“一

① 自治区、盟市、旗县三级政府部门权责清单公布时间：2015年12月，自治区本级权责清单公布；2016年6月，全区12个盟市和2个计划单列市公布了本级权责清单；2016年12月底全区103个旗县（市、区）公布了本级权责清单。

事项一标准、一流程一规范”的原则，细化审批标准和流程，编写业务手册，公布办事指南，让服务对象看得明白、办得顺畅。

三　主要做法和经验

改革开放40年来，自治区历届党委、政府严格按照党中央和国务院要求，结合自治区实际，采取了多项改革举措。通过改革，积累了内蒙古行政服务发展的宝贵经验，主要有以下几方面。

（一）为民服务是根本

改革依靠人民，改革为了人民，改革的成果由人民共享。一项改革成败的标准在于是否维护了广大人民群众的根本利益。改革开放40年来，政府职能不断优化，从政府机构改革到行政审批制度改革、“放管服”改革，再到启动“互联网+政务服务”，始终落实“以人为本、执政为民”的理念，设计和推动政府自我改革，不断增强自我净化、自我完善、自我革新、自我提高能力，方便人民群众的生产生活，极大地提高了人民群众的获得感、幸福感、安全感和满意度。

（二）职能转变是核心

政府机构改革是一项复杂的系统工程，其机构精简、人员减少均为外部表现，而唯有政府职能转变才是核心。改革开放以来，按照经济体制和政治体制改革的客观要求，历次改革都在全力推动政府职能的及时有效转变，努力厘清政府与市场、政府与社会的界限。推动政府各部门尤其经济管理部门，由微观管理、直接管理和部门管理转向宏观管理、间接管理和全行业调控，由以行政管理为主转向以经济和法律手段管理为主，由“管”字当头向监督和服务转变。尤其是进入新时代，要加快建设服务型政府、法治政府、廉洁政府，构建法治化、便利化的营商环境，转变政府职能的重要性就更加凸显。因此，始终坚持把转变政府职能作为行政改革的核心要义和关键，主动进行刀刃向内的自我革命，使改革取得实实在在的效果。

（三）组织领导是关键

自治区党委、政府主要领导多次做出重要批示，现场调度指挥，提出明确要求。自治区布小林主席和张建民常务副主席分别两次主持召开全区“放管服”改革工作会议和专项工作推进会议，将推进“放管服”改革工作纳入经济社会重要工作同步部署、同步强化、同步落实。时任自治区党委书记李纪恒对自治区发展信息化、推动大数据产业寄予厚望，做出重要部署。张建民常务副主席专门部署推动“互联网+政务服务”和政务信息系统整合共享等工作，多次召开会议或到现场进行调度。同时，成立了推进“互联网+政务服务”工作组，下设办公室和8个工作小组，并建立了日常调度、重点督办等工作制度，确保了“互联网+政务服务”工作的层层推进、层层落实。

（四）部门协作是条件

在“互联网+政务服务”工作推进过程中，自治区政府办公厅、发改委、经信委、大数据局、审改办、人社厅、卫健委、公共资源交易管理服务中心等相关部门各尽其责、通力协作，进一步理清工作思路，落实相关责任，强化工作措施，确保项目建设稳步推进。根据项目推进需要，建立例会制度，实行周报告机制，及时沟通、研究和协调项目推进中的具体问题。

（五）工作创新是抓手

自治区编制“八张清单”，即权力清单、责任清单、公共服务事项清单、行政审批中介服务事项清单、行政审批中介服务收费清单、随机抽查事项清单、行政许可证明事项清单、行政事业性收费项目清单，实现以清单的形式列明政府在经济发展、社会管理、公共服务等方面的职能职责，有力推动了政府职能法定化，保证了行政权力在阳光下运行。2016年11月，在上海召开的“放管服”改革座谈会上，李克强总理对内蒙古自治区“八张清单”给予了充分肯定。2016 年 12 月 10 日，自治区法制办公室申报的“内蒙古权责清单建设”项目，获得中国政法大学和中国行政法学研究会等推出的第四届中国法治政府奖。

（六）优化服务是目的

内蒙古自治区地处祖国北部边疆，地域广阔、人口稀少，点多、线长、面广。为了解决企业和群众“办事远”问题，各盟市按照自治区有关部署和要求，积极筹措资金，建设开发连接市、县、乡、村四级“横向到边、纵向到底”的政务网络服务平台，通过在平台搭载的行政审批和便民服务系统，开展“一网式”“多终端”“多功能”服务，降低制度性交易成本，让企业和群众办事更加方便快捷。

四　促进内蒙古行政服务更好发展的对策建议

改革开放 40 年来，自治区在转变政府职能、提高政府服务效能方面取得了明显成效，但在改进服务理念、提升服务质量、优化服务方式等方面与人民群众日益增长的美好生活需要相比，依然存在一定差距，主要体现在：“一把手”抓改革力度不够，措施不得力；行政权力标准不统一，执行起来随意性大；各地区各部门间数据不共享，办事效率低；政务服务大厅审批事项不集中或过度集中，授权不到位；政务服务不便捷，存在办证难、年检繁等问题。当前和今后一个时期，要以习近平新时代中国特色社会主义思想为指导，深入贯彻党的十九大和十九届二中、三中、四中全会精神，坚持新发展理念，以更大决心、更大力度、更实举措推进“放管服”改革，为经济社会持续健康发展提供强劲动力。

（一）加强组织领导，确保“放管服”改革落地生根

对盟市党政“一把手”及常务盟（市）长进行集中培训，或将“放管服”改革课程纳入各级党校主体班，加强系统学习教育，提高思想认识和改

革创新能力。将“放管服”改革落实情况纳入盟市、厅局领导班子年度实绩考评体系或者纳入自治区党委巡视内容，严格督查问责，确保党中央、国务院和自治区党委、政府的“放管服”改革决策部署不折不扣地贯彻落实。

（二）健全政务信息资源共享机制

进一步扩大政务信息资源共享范围，拓宽部门间数据共享交换渠道，实现全区政务信息资源有效整合、汇聚，避免重复建设，避免数据和业务“两张皮”，减少在不同系统中重复录入，提高工作效率，促进政务信息资源高效流动，全面推进信息共享和业务协同，真正实现网络通、数据通、业务通、平台通。

（三）推进“互联网＋政务服务”向基层延伸

一方面，推进实体政务大厅向基层延伸。加强苏木乡镇、嘎查村便民服务中心硬件设施建设，推进实行基层免费代办、证照快递等制度，打造综合、便民、高效的政务服务平台。另一方面，推进网上办事大厅向基层延伸。积极推行网上办理，实现区级政务服务城乡全覆盖和跨地区跨层级联动办理，畅通政务服务“最后一公里”。

（四）持续开展“减证便民”专项行动

坚持问题导向、需求导向、目标导向，从人民群众反映强烈的突出问题入手，针对烦扰群众的“办证多、办事难、循环证明、奇葩证明”等问题，要摸清情况，能够取消的取消、能够互认的互认，凡没有法律法规依据的一律取消。对保留的证明事项进行标准化管理，列明设定依据、索要单位、开具单位、办理指南等。部门之间也要加强互认共享，减少不必要的重复证明，最大限度减轻群众负担。

（五）加强政务服务中心标准化、规范化建设

各级政务服务中心是“放管服”改革的重要服务窗口和平台，要全面

加强规范化、标准化建设，转变服务观念，提升服务质量，打造良好环境，让改革成效体现在实实在在的服务上。合理设置窗口，推行“一窗式”“一站式”服务模式，避免群众多头跑、来回跑。明晰服务指南，细化工作流程，拓宽公布渠道，让群众看得见、读得懂、办得快。搞好信息化建设，大力推进“互联网＋审批”“互联网＋监管”“互联网＋服务”，用互联网推进跨地区、跨部门联动审批、联合监管、便捷服务，以“互联网＋”创新模式推动改革不断深入。

（六）全力推进“政务服务一网通办”

按照李克强总理关于“政务服务一网通办”的指示精神，加快整合自治区、盟市、旗县及部门门户网站群和电子政务系统群，加强平台间对接联动。推行咨询、预约、申报、受理、办理、反馈等全流程网上办理，凡与群众生产生活密切相关的审批服务事项“应上尽上、全程在线”，切实提高网上办事比例。以群众需求为导向，充分利用网上服务平台、自助终端、移动终端、微信公众号和热线电话等多渠道多形式便民服务平台，为群众提供“24小时”服务，不断提升服务便利化水平。同时，为满足少数民族地区办事需求，自治区将搭建蒙古文版本的“互联网＋政务服务”平台，定制蒙古文版办事服务指南、网页，将蒙古语言信息化应用到“互联网＋政务服务”工作中，切实解决蒙古族群众办事难的问题。

案 例 篇

Case Studies

创新实施民意民生警务，推进治安防控体系建设

——以巴彦淖尔市“九小警务”战略为例

包娜娜*

巴彦淖尔市乌拉特前旗创新实施“九小警务”制度化，将民生警务、民意警务融入现代警务理念，抓住群众反映的热点和难点问题，扎实推进民意民生警务战略，为构建“平安内蒙古”、打造北疆亮丽风景线做出极为有益的基层工作探索和贡献。

一 “九小警务”基本情况

乌拉特前旗位于内蒙古自治区西部、巴彦淖尔市东南部，东与包头

* 包娜娜，内蒙古自治区社会科学院公共管理研究所助理研究员。

市毗邻，西与五原县相连。全旗辖 11 个苏木镇、6 个农牧渔场，总面积 7476 平方公里，总人口 34.3 万人。2013 年，乌拉特前旗公安局在贯彻巴彦淖尔市公安局提出的民意民生警务战略中，经过探索实践，从群众最关心、最直接、最现实的小事情着手，为老百姓办实事、做好事、解难事，创新实施“九小警务”制度，即整改队伍中存在的“小问题”、消除执法过程中的“小瑕疵”、纠正影响警察形象的“小毛病”、排除危及群众安全的“小隐患”、调处易发矛盾的“小纠纷”、查处影响群众生活的“小案件”、平息群众不满意的“小信访”、解决涉及群众切身利益的“小困难”、处理关系群众冷暖的“小事件”。“九小警务”的实施成为联系群众、服务群众的新模式，也是创新完善立体化社会治安防控体系建设的基层实践。

乌拉特前旗公安局实施“九小警务”以来，破案数和打击处理人数逐年上升，尤其是事关群众利益的“小案件”破案数增长 45%，侵财类案件发案数同比下降 41.2%，两抢案件发案数同比下降 72.4%，累计处理查办“小警务”案件 7000 余件，公安工作取得明显成效。乌拉特前旗公安局先后荣获公安部表彰 4 次，被公安部作为全国公安机关执法示范单位和“210 工程”示范单位，在打击假冒伪劣产品行动和清剿火患战役中荣获全国公安机关先进集体。执法规范化建设、信息化建设与应用、大情报系统应用工作先后被自治区公安厅作为示范单位，被自治区人民政府授予全区优秀公安局称号，荣获集体二等功 4 次、集体三等功 6 次，连续 7 年在全市公安机关绩效考核中排名第一，群众安全感和满意度全面提升。

二 “九小警务”主要做法

“事小不为、敷衍搪塞”，是群众对于公安机关反映较为强烈的问题。群众在关注影响较大的案件侦破的同时，更加关注与切身利益相关的“小问题”“小纠纷”“小案件”的处理，群众的诉求得不到解决，直接影响了群众对于公安工作的安全感和满意度。乌拉特前旗公安局从小处着手，有效履行了“有困难找民警”这一承诺。

（一）整改队伍中存在的“小问题”

面对队伍管理中发生的一些处于初始阶段、性质尚不严重，容易被人忽视，但疏于教育管理，有可能会引起规模扩大、性质变化，从而影响队伍建设的问题，乌拉特前旗公安局坚持“三个掌握”，即掌握民警每日的工作情况，掌握民警8小时外生活情况，掌握民警的思想动态和社会交往情况。采取发放一封致民警家属的信、召开一次现场观摩会、编辑一本内部民警违法违纪案例汇编、签订一份责任状、开展一次队伍内部问题隐患大排查等“十个一”工作法，整改队伍中存在的“小问题”。与此同时，出台《民警因公伤亡及重大疾病救助办法》，设立救助资金20万元，先后资助困难民警11万元。建成了民警文化健身中心，丰富民警业余生活，增强其归属感。

（二）消除执法过程中的“小瑕疵”

针对民警在执勤执法过程中普遍存在的、具有代表性的小差错，如接处警时，民警忘记出示警官证；执法语言不规范、执法行为不文明，制作笔录、法律文书忽略正确行文标准，书写存在错别字；使用警械时，疏忽细节，不能有效区别对象等“小瑕疵”，乌拉特前旗公安局坚持主办民警、基层法制员、部门领导、法制部门审核人、局领导审批人“三级五关”审核制，严格执法程序，以信息化促规范化建设。制定了《公安局接处警提示》和《350兆集群对讲机通话用语规范》，并将《接处警工作100问》以台历的形式印发给各部门，在制度上确立执法行为准则。同时，由局领导带领指挥中心、宣传、督察等部门民警，不定期对接处警单位进行模拟警情测试，对发现的接处警不规范问题严肃处理。

（三）纠正影响警察形象的“小毛病”

针对民警在日常生活、内务管理、纪律作风、工作秩序和规范执法等方面养成的一些“陋习”，如在办公场所吃零食、大声喧哗、吸烟，非紧急公务开警车随意鸣警笛问题，乌拉特前旗公安局制定出台了值班备勤、内务管理、警容风纪和接处警有关规定，实现了用制度管人、管事。纪检督察部门牵头开展网上和现场督察，发现存在的“小问题”，印发《督察通报》，并由分管领导蹲点督导，全部落实整改措施。按照“全警参与、重在基层、立足岗位、注重实践”的原则，持续开展了作风纪律教育整顿，注重民警严整警容、良好警姿、过硬警风的日常养成。

（四）排除危及群众安全的“小隐患”

针对老百姓反映强烈的网吧、游戏厅、涉黄涉毒场所和治安乱点、盲点，商场、宾馆、饭店、歌舞娱乐、易燃易爆场所的火灾隐患，以及下水井盖丢失，电线杆被折断、居民区线路老化、信号灯出现故障，犬只伤人事件等问题，结合“两口一屋”清查整顿专项行动，及时发现和治理危及群众安全的“小隐患”。先后开展了“假种子、假农药、假化肥”防范宣传、烟花爆竹安全检查、管制刀具清查、公交车安全检查、舆论场所安全检查、法制宣传进校园等活动，以排除“小隐患”促进“大稳定”。

（五）调处易发矛盾的“小纠纷”

实行值班领导信访接待制度，全天候开展日常信访接待工作，同时向社会公开局长、政委联系电话，建立了局长、政委受理群众信访“直通车”制度，通过领导下访接待、民警走访、考核评议、换位体验、角色转换等形式调处“小纠纷”、变“上访”为“下访”，切实将易引发矛盾的“小纠纷”调处化解在萌芽状态。2013 年 8 月，甘肃天水市清水县农民工因拖欠工资到公安机关求助，派出所民警多次进行调解，为其讨回全部工资。2013 年乌拉特前旗公安局共排查化解民间“小纠纷”2860 起，通过调处“小纠纷”构建“大和谐”。

（六）查处影响群众生活的“小案件”

严格执行“三到位、四必查、五落实”工作制度，即接到报警后，辖区派出所民警、刑侦技术人员和带班局领导必须第一时间到位；到达现场后必须查人、查事、查物、查监控；落实办案民警、办结时限、相关责任、反馈记录、回访意见5项内容，督察部门对案前、案中、案后适时跟进督导，切实将执法活动全程置于群众监督中。认真组织实施“打盗抢保民安”“两打”“扫毒害保平安”等专项行动，严厉打击“两抢一盗”、流窜作案和团伙犯罪，由“打小”到“打大”，破案率逐步提升，群众信心显著增强。2014年2月7日，乌拉特前旗公安局仅用9个小时，成功破获一起盗窃沿街商铺案，4名犯罪嫌疑人被抓获归案，带破系列盗窃沿街商铺、单位案件26起，涉案金额29万余元。

（七）平息群众不满意的“小信访”

“小信访”是指平息化解群众来信来访或投诉、举报案件，防止演化为非正常上访及群体性事件，如医疗事故、社保医保、提高工资待遇、土地纠纷、医患纠纷、环境污染、村社选举和内部涉法涉诉问题等。乌拉特前旗公安局积极参与并推进“三调联动”工作，将群众意见和诉求第一时间上报旗委、政府，为推动合理诉求的有效解决提供可靠的信息保障，同时通过社区警务预防、基层所队化解、旗公安局息诉“三道防线”，提升化解“小信访”案件的能力。2013年共化解因拆迁占地、社保医保、草场牧场矛盾、大中专毕业生安置等诉求引发的“小信访”案件675件，审结交通事故纠纷案件397件。

（八）解决涉及群众切身利益的“小困难”

在繁华商业区广场、治安复杂地域、人员密集场所设立集报警、求助、服务、管理、宣传功能于一体的移动警务车。解决涉及群众切身利益的“小困难”，如救助迷途、醉酒、失踪人员，为贫困学生捐资助学，为智障老人办理户口补录，解决低保、医保问题，为外地民工和沿街流浪乞讨人员提供食宿路费等。2013年夏天，强降雨致使乌拉山镇桥南十几户居民房屋全部进水。接到居民电话后，桥南派出所民警迅速到达现场并调来发电机、水泵等抽水设备进行排险，经过两个小时奋战，十几户居民家中积水被全部抽出，通过小困难的及时解决，赢得了“大民心”。

（九）处理关系群众冷暖的“小事件”

“小事件”是指一些相关职能部门不愿管并且涉及群众权益不大的事情。例如，常态化实施“护校安园”行动，平整维护破损路面，清理社区垃圾，疏通居民下水管道，帮群众联系开锁师傅，协调减少燃放烟花爆竹；为偏远农村群众以及老、弱、病、残等特殊群众开展“上门式”“预约式”办证服务等。针对以上问题，乌拉特前旗公安局创建“流动式警务”服务模式，推行集中办证和上门服务。规范精简审批程序，缩减办理时限，在办证窗口安装了“便民一键通”执法监督仪，为群众提供警务公开、法律咨询、服务指南，全面提升服务效能。2013 年累计为群众处理“小事件”3000 余件。

三 “九小警务”经验启示

在推进治安防控体系建设中，乌拉特前旗通过实施“九小警务”，实现了侵财类案件逐年下降、民生小案件破案率和群众满意度逐年提升的工作目标，真正解决了联系服务群众“最后一公里”的问题，以小困难的解决和小环境的和谐促进了社会大局的稳定，实现了民意民生警务与治安防控体系的深度融合。

（一）聚焦治安防控工作难点

“九小警务”实施以来，其内涵从最初的规范队伍管理、救助服务群众、依法履行职责，逐渐延伸到弥补治安防控大格局下的漏洞和不足，切实解决了治安防控体系无法触及的地区、部位和薄弱环节。针对农牧区防控密度小，民生案件破案率低，医患纠纷、校园治安秩序、草牧场、矿山企业矛盾复杂，基础工作薄弱，风险防控没有形成常态化等问题，切实整改小问题、消除小瑕疵、纠正小毛病、排除小隐患、调处小纠纷、查处小案件、平息小信访、解决小困难、处理小事件，促进了队伍正规化建设，提升了维护稳定与服务群众的能力和水平。

（二）补齐治安防控工作短板

“九小警务”是创新完善立体化社会治安防控体系建设的基层实践。创新制定了投入保障、督察奖惩和激励引导等一系列工作机制，促进队伍管理正规化、基础建设标准化、基层工作精细化、执法工作规范化、街面防控常态化、九小警务制度化的“六化”建设齐头并进，实现了改进工作作风、提升执法水平、深化预防处置、强化源头治理、提升群众安全感，打通了服务群众的“最后一公里”，实现了民意民生警务与治安防控体系深度融合。

（三）推动治安防控阵地前移

建立高标准的警务室和社区警务工作站，将责任区民警固化到社区，任居委会副主任，组织居委会干部、信访、计生等社区工作人员共同开展人口管理、信访维稳、安全防范、矛盾调解等工作，将社区基础信息和各类情报信息、社情舆情、上访人员动态动向等任务交叉，登记、管理重复的工作合并精简。着力查摆“九小问题”，创新实施“族群式”“长老式”“亲情式”疏导方式，及时将一大批矛盾和纠纷化解在了初始阶段，实现警力下沉和警务前移。

（四）助力治安防控体系建设

“九小警务”在治安防控体系建设中发挥了“警报器”和“防火墙”的作用。创新实施“防范力量社会化”管理，着眼基层治安工作的基础工作、防范细节，有效整合社区干部、嘎查村治保组织、保安员、出租车司机、环卫工人等社会力量，发挥民力优势。在全旗范围内建立治安网络控制和信息综合分析体系，不仅交通、消防、公安、司法信息联动，而且110接警指挥中心、手机每日警情通报、遍布全旗的监控视频及出租车、医院、银行、酒店、学校、运动场、网吧、保安、环卫等窗口服务单位信息形成“五级联动网”，形成可控、可防、可持续的平安环境。

不动产登记“五个一”工作模式

——呼和浩特市“放管服”改革的亮点

霍　燕*

不动产登记与人民群众生产生活息息相关，是“放管服”改革的重点突破领域。呼和浩特市作为内蒙古自治区首府，率先推出不动产登记“五个一”工作模式，以人民群众满意为第一标准，倒逼政府部门简政放权、简化程序、优化服务，致力于“最多跑一次”，减少办事环节，让人民群众获得实实在在的便利。

一　“五个一”工作模式案例背景

呼和浩特市为了深化“放管服”改革工作精神，切实方便企业群众办事，解决不动产交易登记时间长、手续繁、材料多，群众来回跑、反复跑等反映强烈的问题，2018 年 8 月，呼和浩特市国土资源局秉承“群众利益无小事”的服务宗旨，形成了“一次取号、一套材料、一个平台、一窗受理、一次办结”创新模式，即不动产登记“五个一”综合受理模式。“五个一”工作模式通过优化精简不动产登记办理流程，整合不动产登记和交易职能，使不动产登记服务更高效、更精准、更优质、更贴心，切实提升群众的获得感和幸福感。

呼和浩特市作为内蒙古自治区推行不动产交易登记“五个一”工作模式的试点地区，其“五个一”工作模式一直走在全区和全国前列，是内蒙

* 霍燕，内蒙古自治区社会科学院公共管理研究所副研究员。

古自治区“放管服”改革案例的亮点之一。截至2018年12月7日，呼和浩特市不动产登记共办结业务量113078笔，同比增长22.45%；共计发证115553本，同比增长29.26%。不动产日均受理各类登记业务615件，登簿623件，日均发证608本。[①] 2018年8月28日上午，国务院督查组一行到呼和浩特市不动产登记中心进行了实地督查。同年12月，在《国务院办公厅关于对国务院第五次大督查发现的典型经验做法给予表扬的通报》（国办发〔2018〕108号）中，对呼和浩特市实现不动产登记、交易、税务“一窗式”综合受理提出表扬。2019年1月17日，江西省人民政府办公厅党组成员、省政务服务办主任廖裕泉一行来呼和浩特市不动产登记中心调研。调研组表示，呼和浩特市不动产登记、交易、税务“一窗式”综合受理“五个一”工作模式的典型经验做法名副其实，化繁为简，便民利民。

二 “五个一”工作模式的主要做法

（一）简化不动产登记办理流程

“五个一”综合受理模式为减少环节，提高办事效率，将办理流程简化为问询、取号、预审、申请、缴纳税费和领证6个环节。这6个环节将不动产登记业务范围包括新建商品房买卖，存量房买卖，政策性住房，继承、受遗赠，互换、赠予，共有人增加或减少，不动产合并、分立，作价出资（入股），划拨国有建设用地使用权及房屋所有权转移登记，因人民法院、仲裁委员会的生效法律文书等导致权属发生变化10项内容全部包含在内。

1. 问询

设置综合或单项问询台，申请人如需要可到问询台了解不动产登记相关

① 《便民！呼和浩特这项改革创新获得国务院点赞！》，2018年12月7日，http：//www.sohu.com/a/280253769_649046。

事宜。解决群众不知晓办理流程、不知晓如何办理不动产登记业务的问题。

2. 取号

配置自助取号机，供申请人自助取号排队。同时，在自助取号处设立值班引导员，引导分流群众及解答问题，避免群众来回跑。

3. 预审

设置不动产登记、房产、税务综合预审台，对申请人的申请材料进行联合预审，以便正式申请时一次性申请成功。

4. 申请

设置不动产登记、房产、税务综合窗口，申请材料预审通过后，即到综合窗口提交。综合窗口受理后，出具受理通知单，并同时由申请人在《纳税申报表》上签字确认。涉及三部门办理的事宜进行内部流转，并联办理。

5. 缴纳税费

申请人持《纳税申报表》到交费窗口缴税和交不动产登记费。

6. 领证

在办证承诺时限内，登记部门通知申请人领证。申请人可采取 4 种方式领取证书：申请人自行领证、现场委托领证、公正委托领证、邮政快递送证。

（二）不动产登记交易“五个一”新模式

加强不动产登记、房产交易和税务等部门协调联动，形成“五个一”综合受理新模式。由原来的先交易、后核税、再登记串联式分窗口受理模式整合为一窗受理、并联审批、“五个一”综合受理模式，通过信息共享交换资料，不再让申请人重复提供，实现“数据多跑路，群众少跑腿”。

1. 整合取号程序，精简优化流程，实现“一次取号”

将不动产登记、房产交易、税务三部门原本各自独立的导服、取号流程进行归整合并，合三为一，构建三部门联合预审服务体系，在要件材料齐全的前提下，一次取号，可以办理三部门的业务，实现“一号叫到底”。

2. 减少前置环节，取消奇葩证明，实现“一套材料”

明确和规范登记申请材料，针对同一申请事项，将不动产登记、房产交易、税务三部门原本各自独立提交的要件材料整合为一套申请材料，剔除重复件，取消交易部门抵押确认环节，整合交易合同审核、备案、确认告知、合同网签、房源核验等环节，实现“一套材料全办结”。

3. 推动信息共享互认，数据互联互通，建立统一受理“一个平台”

将不动产登记、房产交易、税务三部门的不动产登记所需相关信息进行共享互认，数据达到互联互通，建立不动产登记、房产交易、税务统一受理的信息平台，实现“互联互通、数据共享”“数据多跑路，群众少跑腿”。

4. 整合审批职能，重组业务窗口，实现“一窗受理”

整合不动产登记相关职责，将不动产登记、房产交易、税务三部门原本各自独立的受理窗口整合为“品字形”综合受理窗口，不动产登记部门工作人员负责窗口统一受理，进行信息录入并实时推送到中间库。房产部门、税务部门工作人员并行办理各自部门业务并将结果实时推送到中间库，三部门结果互认归档。

5. 简化办事流程，压减办理时限，实现“一次办结”

制定不动产登记业务详细办理流程图，梳理内部业务环节运行机制，压减办理时限，对查封登记、解封登记、抵押权注销登记等实行当日办结，综合受理窗口一次办结三部门业务，群众可自主选择证书快递服务，实现“最多跑一次”。

（三）加强功能区划，规范窗口配置，提高利企便民程度

在推进“五个一”综合受理模式的基础上，进一步合理规划服务大厅布局，加强功能区划设置，设立不动产登记“五个功能区”，分别为不动产登记自助区，不动产登记便民服务区，纯不动产登记受理区，不动产登记企业、互联网受理区，不动产登记、交易、税务“一窗式”综合受理区。“五个功能区”有针对性地设置和布局，有效突出了引导分流群众的作用，避免了群众盲目排队、重复排队，排错队、排长队的问题。同时，重组原有窗

口，设立了纯不动产登记窗口和不动产登记综合窗口。纯不动产登记窗口标识为"不动产登记受理窗口"，驻窗口工作人员仅为不动产登记部门工作人员，受理类型为不涉及交易和税务两部门的业务，即土地首次登记、变更登记（更名、更址、夫妻更名等）、注销登记、更正登记、司法查封登记、抵押权登记、预告登记、异议登记、补换证登记等。不动产登记综合窗口标识为"不动产登记综合窗口"，受理类型为需房产交易网签且涉税的业务，也就是国有建设用地使用权及房屋所有权转移登记，包括商品房买卖、存量房买卖、房改房上市、继承或受遗赠、赠予、司法协助执行转移登记、企业转制、拍卖、经济适用住房上市交易等。此外，按照不动产登记的业务类型，进一步规范窗口配置，增设了不动产登记企业受理窗口、网上受理窗口、纪检查询窗口、权属注销窗口、抵押注销窗口、司法查解封窗口等，便于企业、群众有针对性地办理业务，达到"专事专办"、简约高效的目的，切实解决了群众办理小微业务排大队、候时长的问题。

（四）十项便民举措助推"五个一"工作模式

呼和浩特市深入贯彻落实中央、自治区关于"放管服"改革的要求，秉承"群众利益无小事"的服务宗旨，积极践行"放管服"改革工作，不动产登记"五个一"工作模式推出了"一窗受理、集成服务，违规证明、取消前置，简化流程、压缩时限，网络互通、信息共享，问询解答、公示流程，自助取号、引导分流，抵押登记、网上办理，企业窗口、疑难解答，作风建设、廉洁高效，特色服务、便民利民"的10项便民举措，企业和群众的满意度明显提升。

三 经验启示

通过推出呼和浩特市不动产登记"五个一"工作模式，可以总结出以下几条经验启示。

（一）加强部门联动

不动产登记涉及国土、住建、税务三个主要部门，要做到“一窗式”综合受理，各部门在保留原有工作职能的前提下，以“放管服”改革要求为指引，以切实方便企业、群众办理不动产登记及相关事项为目标，必须协调各部门，统一思想认识，打破部门藩篱，做好部门联动配合，形成工作合力，实现了不动产登记、交易、税务全流程的“一窗受理”。

（二）优化办事流程

原先国土、房管、税务三个部门分别执行登记、交易、税务职能，群众办事要分别跑三个部门，哪怕在相对集中的审批中心，也要到三个窗口排三次队，提交三套以上的材料。不动产登记“五个一”工作模式对各个受理窗口进行整合，出现了三个明显转变。一是办事环节明显减少。通过窗口重组、环节整合，改变了以往申请人多个窗口往返跑、重复排队、分别提交要件材料的局面，办事环节明显减少。如办理转移登记（存量房买卖），在实施不动产登记“五个一”工作模式前，要经过房源核验并发布、签订二手房网签备案合同、房屋套数查询、税务申报、税务征收、土地出让金缴纳、不动产转移登记7个办理环节，群众需往返4个窗口、排5次队，现取消涉税查询窗口并整合纳入“不动产登记综合受理”流程，群众只需在1个窗口、排1次队，即可完成登记业务的办理，实现群众办事“一号叫到底”。二是办事程序明显优化。通过精简要件材料，公布标准化的不动产登记申请要件材料清单。大厅醒目位置公布不动产登记业务指南，有效引导群众办理业务，申请人只需要件材料准备齐全，即可一窗受理、一次办结。如办理转移登记（存量房买卖），在实施不动产登记“五个一”工作模式后，提交材料数由原先的21份优化为5份。三是工作效率明显提高。通过实施不动产登记“五个一”工作模式，以往因串联办理模式导致的整体办理时限过长的问题得以解决。平均办理时间由法定的30个工作日压缩至5个工作日内，对抵押登记、预告登记、预抵押登记及更正登记业务由法定的10个工作日缩短至5个工作日内，办理转移登记（存量房买卖），受理时间由原先三个部门多个窗口至少两天时间缩短至三个部门一个窗口60分钟办结登记申请。办理时间大幅压减，工作效率明显提高，群众的满意度显著提升。

（三）提升服务能力

积极推出绿色服务、快递服务、特色服务、上门服务、延时服务，提升服务能力。为优化营商环境、方便企业办理不动产登记业务，呼和浩特市国土局专设“不动产登记企业受理窗口”。对业务量大的企业，可先由企业在外网自行批量起草录入业务，然后国土局不动产登记中心工作人员导入内网办理。对企业融资或资产处置申请办理不动产登记的无须排队，开通绿色通道，实现即来即办，方便快捷，提高办证效率。专设“不动产疑难问题咨询窗口”，对群众提出的复杂疑难问题，由专人负责接待并及时解答。如现场无法解答的不动产登记中心召开会审研究解决。如果不动产登记中心会审无法通过，将逐级上报，确保群众的切身利益。以群众便捷为目标，为群众提供邮政快递服务，减少了办事群众多次往返办事大厅的经济成本和时间成本。为老弱病残孕军等特殊群体提供“绿色通道服务、上门受理服务”等特色服务。对服务大厅人流猛增的特殊时期视情况启动延时服务。在服务大厅内设立区域引导标识，可有效引导群众办理业务，使群众办理业务时更清晰地知晓到什么窗口办理业务。在服务大厅入口及醒目处、服务大厅屏幕、不动产登记门户网站和微信公众号公布了不动产登记业务指南，方便群众办理不动产登记及相关事宜。这些优质服务，方便了群众办事，成为呼和浩特市一张亮丽的名片。

（四）积极探索创新

为深入推进“互联网+政务服务”“最多跑一次”的改革要求，积极探索“互联网+抵押登记”服务模式。开通外网申报端口，推行银行自助受理抵押登记服务，已与建设银行、华夏银行、工商银行和金谷银行制定了合作方案，并授权给予银行开设外网专用账户，抵押人和抵押权人共同申请，为办理抵押业务的群众提供便捷服务，切实做到“最多跑一次”即可办结。推出“互联网＋不动产登记”新功能——微信预约排号。在手机上关注“呼和浩特市不动产登记中心”微信公众号，即可享受资讯查阅、网点查询、在线预约、进度查询等多个便民服务功能。通过微信公众号，办事群众可以在线进行预约排队服务和查询不动产登记业务办理进度。微信公众号预约采取实名制，申请人通过公安部人脸识别身份验证后，可自主选择5个工作日内的预约申请，预约成功后，系统会反馈预约业务号，申请人按照约定时间到达所选择的呼和浩特市不动产登记中心业务办理的服务大厅，凭预约受理号即可到指定窗口办理业务。同时，可以随时随地方便快捷地了解呼和浩特市不动产登记中心动态信息。

（五）加强自身建设

加强自身作风建设，实现工作廉洁高效。建立了“不动产登记综合窗口”联合制度，保障“一窗式”受理模式的稳定运行。打击不法分子，要求工作人员断绝与一切社会不法分子进行权钱交易，并严格执行“一透明、二公开、三监督”的工作要求。一透明即业务号发放透明；二公开即收费标准和流程时限公开；三监督即自主监督、群众监督和投诉举报监督。在不动产服务大厅利用电子屏幕发布执纪公告，执纪问责，明确举报投诉渠道。对心存侥幸、顶风违纪，严重损害群众利益的，一经发现，立即严肃处理，绝不姑息。

紧密型县域医共体建设新探索

——以鄂尔多斯市准格尔旗医共体建设为例

苏　文*

县域医共体作为医联体四大模式之一，是以县级医院为龙头、乡镇卫生院为枢纽、村卫生室为基础，形成服务共同体、责任共同体、利益共同体、管理共同体的县乡村一体化、集团化运营的管理模式。作为我国基层医疗改革的重头戏，县域医共体对促进县域内医疗卫生资源合理配置、人员正常流动、提升基层医疗服务能力、推动基层医疗体系建设有着重大作用。近年来，准格尔旗自推进县域医共体建设以来，探索出了一条可推广、可复制的医改之路，坚持站在全局高度谋划推进，从体制上入手，从运行上出招，从管理上破题，初步探索出了一条城乡医疗卫生事业均衡发展的新路子，形成了具有准格尔特色的县域医共体建设经验，其亮点内容、特色工作及创新理念值得推广和借鉴。

一　准格尔旗县域医共体建设背景

基层医疗卫生技术人员缺乏、机构设备落后、服务能力不高一直是内蒙古医疗卫生事业发展面临的重大问题。为满足基层群众多层次多样化的医疗卫生服务需求，内蒙古自治区着力完善服务网络，创新服务模式，建立运行机制，引导优质医疗资源下沉，提高基层服务能力，为群众提供安全、有效、方便、价廉、连续的基本医疗卫生服务。根据国家深化医药卫生体制改

---

* 苏文，内蒙古自治区社会科学院公共管理研究所副研究员。

革的安排和部署，2015年内蒙古相继出台《关于开展区域医疗机构联合体建设试点工作的意见》、《全面推开旗县级公立医院综合改革实施方案》和《开展分级诊疗试点工作实施方案》，并配套医联体建设等相关政策，指导推进分级诊疗工作。2016年，自治区政府印发了《做好医疗联合体建设方案制定工作的通知》。2017年6月，在总结试点经验的基础上，自治区政府印发《推进医疗联合体建设和发展实施方案》，这标志着具有“立柱架梁”性质的关键性制度安排基本完成。

准格尔旗在探索基层医疗卫生体制改革方面一直走在全区前列，2010年在全区率先启动公立医院综合改革，2014年被国务院医改办、国家卫计委确定为国家第二批县级公立医院综合改革试点旗县，2016年成为自治区创建公立医院综合改革示范旗，2017年被确定为国家级创建公立医院综合改革示范旗。为进一步深化医疗卫生体制改革，提高基层医疗卫生机构的医疗服务能力、技术水平和管理水平，准格尔旗制定出台了《准格尔旗推进旗级医院直管基层医疗卫生机构工作建立医疗服务共同体方案》及相关配套文件，组建旗内医共体，优化整合县域内医疗卫生资源，逐步实现了旗、乡、村一体化管理由“松散型”向“紧密型”的过渡，群众在家门口即可享受到与旗级医院一样的医疗服务，群众获得感和满意度显著提升。从2015年到2017年的两年里，基层医疗机构总诊疗人次由35.97万增加到61万，增长69.6%；基层医疗机构医疗业务收入由2640万元提高到4253.7万元，提高了61.13%。截至2018年7月底，基层医疗机构共诊疗33.96万人次。

二　推进紧密型县域医共体建设的主要做法

2015年以来，准格尔旗充分发挥旗级医院龙头作用，由旗级4所公立医院分别牵头，联合全旗的14个苏木乡镇卫生院、6个社区卫生服务中心及所辖嘎查村卫生室（社区卫生服务站），组建4个旗内医共体。工作开展以来，以其独特的感知度和行动力，实现了医共体内优质医疗资源的有效衔接，大力引导医疗资源流向基层乡镇，推进医共体规范健康发展，让群众在家门口就能享受旗级医院的优质医疗服务。

（一）推改革、建体系，理顺医共体内部管理机制

1. 改革管理体制

从2015年开始，试行旗、乡、村一体化的“五统一”管理，即统一行政管理、统一人员管理、统一业务管理、统一财务管理、统一药品管理，实现了管理由“松散型”向“紧密型”的过渡。医共体的建立，有效推进了人事制度改革，2016年，由旗级4所公立医院对各自医共体内卫生院、社区卫生服务中心主要负责人进行了公开选聘；2017年通过政府购买服务方式公开招聘卫生专业技术人员177人，各公立医院自主招聘50人，所招聘人员全部在人社局、编委办进行了备案，实行旗管乡用，有效解决了基层医务人员短缺的问题。2018年拟招聘卫生专业技术人员180人。医务人员调动、调整、业务培训、双向流动由旗级公立医院统一调配。推行了财务管理制度改革，建立报账制，做到专款专用，接受总会计师监管。乡、村固定资产由旗级公立医院统一登记、记账、管理；明确责任人员，确保资产、设备不流失、不损坏。

2. 创新服务体系建设

医共体内加快推进家庭医生签约服务，整合旗、乡、村三级医疗资源，组建20个签约服务团队，以老年人、慢性病患者、妇幼、计生特困户等重点人群为切入点，制定签约服务标准，做细做实签约服务包，开展有针对性的治疗服务。截至2018年11月底，家庭医生签约服务累计签约151193人，签约率达到40.5%，0~6岁儿童、孕产妇、老年人、慢性病患者、严重精神障碍患者等重点人群签约率达到60%以上，建档立卡农村贫困人口和计划生育特殊家庭签约实现全覆盖。开展横向资源共享，实行同级医疗机构医学检查、影像检查互认制度，降低了医疗服务成本。创新基本公共卫生服务管理，农村基本公共卫生服务经费按人均60元拨付考核，城镇按40元拨付考核，保证了城乡居民都能享受到均等的基本公共卫生服务。

（二）强基层、补短板，提升基层医疗机构服务能力

1. 逐步加强基础设施建设

旗人民政府不断加大对旗、乡、村三级医疗卫生基础设施建设投入力度，2015年至今，医疗卫生累计投入约5.52亿元。2015年以来，新建卫生院7所，维修改造社区卫生服务中心、卫生院两所，建成标准化村卫生室117个。全旗所有苏木乡镇卫生院规范化建设基本完成，嘎查村卫生室工程已高标准完成建设，实现了标准化村卫生室全覆盖。

2. 筑牢基层网底

2015年至今，所有基层卫生院基本配齐了彩超、DR、全自动生化分析仪，能够开展常规检验、心电、超声等检查服务，开展远程诊疗。为60个村卫生室配备了健康一体机，4家公立医院累计支援医共体内基层医疗卫生机构的设备为1524台（件），价值185.38万元，基层整体医疗服务能力显著提升。

3. 加强医共体服务能力建设

旗级医院通过对基层卫生技术人员业务指导、接收进修培训，以及旗级医院专家到基层坐诊、业务查房等多种形式对基层专业技术人员开展培训，使基层医疗卫生机构的卫生技术人员业务水平不断提升。目前在医共体建设的运行下，内部成员实现了协同发展。2015年至今，旗级公立医院骨干医生到基层卫生院、社区卫生服务机构坐诊1426人次、接诊患者18089人次、技术指导319人次，旗级医院在基层开展培训725次，培训医务人员1653人次，基层医疗卫生机构人员到旗级医院进修培训116人次。2017年开始在3个基层卫生院开展了外科手术。

（三）建机制、强考核，激发医共体规范发展内生动力

1. 完善医共体各项制度

旗卫生计生局作为行业主管部门，工作重点是规划、监管、指导、考核，制定了医共体实施细则。旗级医院作为实施主体，根据各自实际制定了工作方案，明确了旗级公立医院和基层卫生院各自的业务范围，帮助基

层医疗卫生机构完善各项规章制度 549 个，有效促进了基层的规范化管理。

2. 推动建立分级诊疗和双向转诊机制

准格尔旗政府制定了《医疗机构分级诊疗双向转诊管理实施方案》，强化基层的诊疗量，引导提供连续整合的基本医疗和健康管理服务，实现了小病在社区，常见病、多发病在卫生院，大病到旗级公立医院，康复回基层医疗机构的就医格局。初步建立了分级诊疗和双向转诊规范开展的长效工作机制，将旗、乡、村三级医疗机构联系起来，各取所长，实现了预防、治疗和康复的联动机制。2015 年至今，旗内双向转诊 3849 人次，其中转入旗直公立医院 1907 人次、转入基层医疗卫生机构 1942 人次，有效化解了“上转容易、下转难”的双向转诊困局。

3. 强化医共体绩效考核

各医共体医院均成立考核领导小组，每季度组织各职能科室负责人、分管公共卫生服务项目的责任人组成督导考核小组，对基层医疗卫生机构的基本医疗卫生服务和基本公共卫生服务进行督导考核。重点考核分级诊疗、医疗能力提升及规范服务等情况，并依据考核结果指导基层医疗卫生机构进行整改，有效地促进了基层医疗机构服务能力的提升，同时通过考核进一步规范了基层医疗机构诊疗过程，控制医疗费用不合理增长，推动医共体工作持续健康发展。

（四）保基本、惠民生，提升基层民众健康获得感

适龄妇女“两癌”综合防治项目、65 周岁及以上老年人免费体检、35 周岁及以上成年人免费体检、心血管病高危人群筛查、健康扶贫等惠民项目在基层医疗卫生机构得到了有效实施。

1. 巩固“两癌”筛查成果

2015 年建立医共体后，整合旗乡妇科、乳腺专家组成专家团队，为全旗 6 个偏远苏木乡镇 15215 名已婚适龄妇女进行了免费“两癌”筛查，查出宫颈癌癌前病变和早期癌症患者 114 人，全部给予手术治疗。从 2011 年

实施免费“两癌”筛查以来，已累计筛查73610余人，覆盖全旗86%的已婚适龄妇女。2016年“两癌”筛查工作获得世界卫生组织专家高度评价，认为准格尔旗“两癌”综合防治经验成熟，可广泛推广。

2. 集中开展免费体检

2015年起，准格尔旗集中开展65周岁及以上老年人免费体检。4家旗级医院组建专家团队帮助基层医疗卫生机构集中开展65周岁及以上老年人及慢性病患者免费体检，2015年至今，累计体检52740人，查出病患22813人，均给予了相应的治疗及诊疗建议。由旗级医院和相应的基层成员单位组成专家团队每隔两年免费为准格尔旗户籍35周岁及以上的居民、城镇医保职工和已婚育龄妇女进行免费体检。

3. 将健康扶贫工作做到实处

经过精心调研和多方征求意见，制定了贫困人口就医优惠政策，实施“先看病、后付费”和医保、医疗救助“一站式”服务，组织旗级医院到帮扶的地区开展“送医送药送健康”活动，上门为贫困患者免费义诊和送医送药，建立健康档案，提供健康咨询与指导。为每户贫困户配备了1个“小药箱”，并根据贫困人口患病情况，有针对性地配置小药箱中的药品，配备了部分医疗器械，包括血压计、血糖仪等，并结合签约服务对小药箱进行了针对性的药品补充。

4. 加快推进“互联网＋医疗健康”发展

线上、线下双通道，远程医疗实现“实时诊断”。为提升医共体卫生院医疗服务水平，推进分级诊疗，促进优质医疗资源下沉，通过远程会诊平台，患者在医共体内基层卫生院做DR、实验室检查及心电图检查，旗级医院超声专家与医共体卫生院超声人员视频通话，面对面指导基层卫生院人员完成超声检查，协助其明确超声诊断，保证旗级医院影像及心电图专家的实时阅片、实时会诊、实时诊断。同时，通过微信群架起村医与旗级医院专家“面对面”沟通的桥梁。搭建起村医与苏木乡镇卫生院和旗级综合医院沟通交流的平台，实现了村卫生室、基层医疗机构与旗级医院的有效衔接。

三　准格尔旗紧密型县域医共体建设的经验和启示

（一）大胆探索基层医改新模式

基层医院医改以来，借助医改试点和示范旗的创建，准格尔旗力求在管理上破题，创建并创新公立医院、乡镇卫生院、村卫生室一体化的“五统一”直管模式，得到基层患者的广泛认可。准格尔旗卫生系统公立医院直管基层医疗卫生机构目前已形成旗级中心医院、中蒙医院、人民医院和大路医院 4 家公立医院分别直管全旗 14 个乡镇卫生院、6 个社区卫生服务中心，乡镇卫生院和社区卫生服务中心下辖 127 个村级卫生室、7 个社区卫生服务站的直管格局。通过直管，架构起旗级公立医院与基层医疗卫生机构之间双向转诊、人员合理双向流动、优势互补、资源共享的协作新机制，提高了基层医疗机构的综合服务和医疗救治能力，实现了医疗资源共享，推动区域内检查检验结果互认，形成利益和责任共同体，基层乡镇患者就近就能享受到与旗级医院同样的医疗救护。

（二）扎实推进健康教育与促进工作

在深化医改中把工作重心从疾病治疗转向健康管理，重点做好基本公共卫生服务、家庭医生签约服务、中医药服务、分级诊疗、健康教育与促进等工作，将防病治病的关口前移，从源头做好预防，让群众少得病、不得病，倡导健康的生活方式。建成健康主题公园 1 处、健康步道 2 条、健康教育文化街 1 条、健康文化广场 1 处。全旗 6 个苏木乡镇、75 个嘎查村、24 个社区均建有全民健身活动点，各苏木乡镇街道均建成不同类别的健康教育墙、长廊、步道等健康环境及场所。开展慢性病防控示范区试点项目建设，着力推进烟草控制、体育健身、中医养生等工作，切实加强了重点人群主题宣传活动，组织开展以《健康素养 66 条》《科学健身》等人群的健康管理。强化健康知识宣传引导，启动以“健康中国行科学健身”

为内容的健康巡讲活动，倡导健康文明的生活方式，营造健康促进行动全民参与的浓厚氛围。

（三）充分调动医务人员工作积极性

医院和医务人员没有积极性，医改的制度设计肯定悬空，医改措施难以落地，医改的成果就无法传递与体现。真正把权力下放给医院，不断提高医务人员待遇，改革工作才能深入持久。按照自治区“两个允许”的要求，准格尔旗完善绩效分配办法，开展公立医院薪酬制度改革试点工作，实行全员聘用，财政补助资金达到90%以上，全旗医务人员年平均收入由6.8万元增加到8.62万元。出台《准格尔旗公立医院领导人员管理暂行办法》《准格尔旗旗直医院院长年薪制实施方案》等，公开选拔聘任了旗级公立医院院长、副院长，按照医疗机构等级确定了40万元和35万元的院长年薪。制定并实行《村医备案管理考核制度》，村医的管理考核更加规范科学，乡村医生的基本报酬得到有效落实。

（四）协调用好外力助发展是关键

建立了旗级公立医院与上级医院协作机制，旗级公立医院与白求恩医科大学北京校友会专家委员会、北京煤炭总医院、内蒙古医院、内蒙古医科大学附属医院等11所知名医院建立了医疗协作关系，并实现了常态化，上级医院提供技术支持、人员培训、管理指导、预约挂号、网上远程会诊、转诊等便利服务。2017年聘请7名准格尔旗籍知名专家为旗级公立医院的客座教授。旗级四家公立医院通过远程会诊平台，实现了与北京、内蒙古等多家上级医院远程单、多科会诊，也同时开展了与医共体卫生院之间的远程会诊服务，畅通医疗服务双向通道。达成真正把“大医院”搬到百姓身边，把“好医生”请到百姓面前的美好愿景。

数字文化走进蒙古包

——打通公共文化服务“最后一公里”

任丽慧*

“数字文化走进蒙古包”工程是内蒙古图书馆结合内蒙古的人文地理环境状况首创并实施的一项创新型数字文化服务模式。从2012年8月开始，在内蒙古巴林右旗、翁牛特旗、苏尼特右旗、达尔罕茂明安联合旗、托克托县等6个地区开展了试点。工程是充分利用Wi-Fi和4G网络，在全区构建广覆盖、高效能公共数字文化服务网络，通过智能手机、平板电脑、笔记本电脑等移动服务终端，采用设备流动、资源流动的服务模式，为基层广大农牧民提供不受时间和空间制约的24小时公共数字文化服务。让基层的农牧民享受到丰富实用的数字文化资源，进一步丰富了农村牧区尤其是偏远地区农牧民的文化生活，有效破解了农牧民文化资源匮乏的难题，有力保障了基层农牧民的基本文化权益，打通了公共文化服务的“最后一公里”。

一　“数字文化走进蒙古包”工程实施背景

内蒙古自治区地处我国北部边疆，全区土地总面积118.3万平方公里，由东北向西南斜伸，呈狭长形，东西直线距离约2400公里，南北跨度1700多公里。截至2019年末全区常住人口2539.6万人，城镇人口1609.4万人，乡村人口930.2万人，地广人稀且分布不集中，近800万的基层农牧民生活的地方都远离城镇、远离人口聚集区。这些区域通信条件差，网络覆盖率

* 任丽慧，内蒙古自治区社会科学院公共管理研究所副研究员。

低，传统的文化站等定点式公共文化服务方式不能很好地满足农牧民的文化需求，农牧民几乎没有获取网络信息和网络知识的途径，享受不到共享工程十年来取得的数字文化资源成果。为解决这些地区服务不到位的问题，扭转农牧民数字信息资源匮乏的状况，内蒙古图书馆依照文化部全国公共文化发展中心的“边疆万里数字文化长廊”的要求，结合自治区特殊的人文、地理环境，创造性地实施“数字文化走进蒙古包”这一工程。

内蒙古图书馆自2012年8月启动实施“数字文化走进蒙古包”工程以来，受到了文化部的高度重视和肯定。截至2018年底，已在全区11个盟市中的35个旗县共建设了242个一级数字加油站、2个二级数字加油站、1650个移动数字加油站，服务地域面积达40余万平方公里，累计服务农牧民达200余万人。

二 “数字文化走进蒙古包”工程的主要做法

（一）建设“数字加油站”，实现文化资源共享

“数字文化走进蒙古包”三级数字加油站的站点建设是整个工程的基础，内蒙古图书馆采取了前期选点、基础施工、设备安装三个步骤进行了站点建设。工程通过在互联网可以达到的乡镇苏木，充分利用共享工程已搭建的硬件平台设立大型“一级数字加油站”，增设定向式Wi－Fi设备和“一级数字加油站”集成一体机。在此区域的农牧民可以借助无线网络，用智能手机、平板电脑和笔记本电脑直接访问内蒙古图书馆主站的移动数字资源平台。在距离共享工程各级站点较远、无法连入互联网且农牧民相对集中的定居点，设立大型“二级数字加油站”。如果嘎查与苏木之间距离更远，增设大型“中转数字加油站”，可以实现数字文化资源共享。对于因游牧而居住分散、不固定的牧民，采用一种集Wi－Fi设备、服务器、存储于一体的、便携的、可移动的小型“移动数字加油站”。每一个可辐射120度，3个就实现了360度无死角全覆盖，在无遮挡物的情况下，辐射距离最远可达到5

公里，24 小时不间断运行。每级数字加油站都存储有 2～4T 的数字资源，相当于一个小型图书馆，农牧民只需要有一部智能手机，下载一个“数字文化走进蒙古包”的平台软件，利用形成的局域网络，就可以 24 小时不间断地享受到数字信息综合服务，让阅读不再受地域、交通、网络的限制，使“数字文化走进蒙古包”工程成为一项长久的基础性文化惠民服务项目。

（二）提供免费、全天候、“人人通”的公共文化服务

1. 免费服务

所有的数字文化资源都是免费为基层农牧民提供，目的在于提高基层公共文化供给的有效性，提升农牧民的文化获得感，实现公共文化服务供给的均等化。

2. 全天候服务

“数字文化走进蒙古包”工程的每一级数字加油站均为区域内广大基层农牧民提供不受地域、时间限制的全天候公共数字文化服务。以前乡镇文化站提供的是 8 小时服务，现在通过构建旗县—乡镇（苏木）—村（嘎查）信息传输路径，实现无线网络覆盖，为基层农牧民提供不受时间、空间限制的全天候数字文化服务。

3. 实现了“人人通”的服务模式

“数字文化走进蒙古包”工程的实施，让优秀的文化资源“进包入户”。以前要到乡镇才能看到，现在在家就能看到各种文化资源。农牧民只要通过手机等移动终端，就能获取文化信息，由过去的“点线服务”方式向“网面服务”方式转变，达到公共文化网络服务“人人通”的目标。

4. 提供蒙汉双语资源

针对服务区域的群体特点，分别提供不同类型的蒙汉双语数字资源。目前，数字文化资源库里有视频资源 1 万余部（蒙语视频 2000 余部）1 万小时、电子图书 4 万余册（蒙文图书 2300 册）、音频资源 2 万余首 3.4 万小时，相当于一个小型的公共图书馆。

（三）根据农牧民的文化需求特点建设资源平台

“数字文化走进蒙古包”工程能够被基层农牧民认可，资源平台建设起到了关键作用。内蒙古图书馆研发的操作简单智能、界面美观简洁的 App 客户端，集农村牧区公共文化服务、农村牧区科技服务、农村牧区信息服务、农村牧区金融服务、农村牧区商品流通服务、农村牧区基础设施服务、党员远程教育服务于一体，并且推出了个性化定制服务，以“缺什么、补什么，喜欢什么、推送什么”为原则，通过“定向式”和“订单式”推送、回传资源，整合、构建集文化服务、科技服务、信息服务、金融服务等于一体的公共文化服务，达到公共文化服务进村、入户、到人，丰富了边疆偏远地区无网络覆盖农牧民的业余文化生活和急需的实用技术信息，满足基层农牧民对数字文化资源的需求。

内蒙古图书馆精心制作了蒙汉语两个版本的“数字文化走进蒙古包使用手册”，在对农牧民的培训和工程的宣传方面起到了事半功倍的效果。为了更好地服务基层农牧民，通过在乡镇苏木文化站配备“数字文化专管员”进行维护管理，在村嘎查聘请当地热心农牧民担当“数字文化加油员”和“数字文化辅导员”，负责数字资源更新和开展传帮学带，通过这支队伍的言传身教带动当地群众尽享数字文化新生活。内蒙古图书馆主要从相关人员聘请、站点规章制度、人员岗位职责三个方面进行了运行管理制度建设，规范了各级站点的日常管理，保证了设施设备的正常稳定运行。

三　“数字文化走进蒙古包”工程的经验与启示

2013 年 10 月，内蒙古自治区政府将“数字文化走进蒙古包”写入《内蒙古自治区农村牧区综合改革示范试点实施方案》，作为重点工作加以推进，着力构建集文化服务、科技服务、信息服务、金融服务等于一体的公共文化服务体系。2014 年 5 月，文化部在内蒙古自治区包头市召开“边疆万里数字文化长廊建设试点现场工作会”，在全国借鉴推广这一服务模式。

2014 年 7 月，内蒙古自治区党委组织部将“数字文化走进蒙古包”工程写入《关于进一步发挥党员干部现代远程教育网络体系作用的意见》。2015 年 1 月，内蒙古自治区十二届人大三次会议上，“数字文化走进蒙古包”被写入政府工作报告。报告提出：大力发展文化事业，扩大“数字文化走进蒙古包”工程覆盖面。

“数字文化走进蒙古包”工程的实施和推广，创新了基层农牧民公共文化供给模式，取得了实际的成效。2015 年“数字文化走进蒙古包”工程获文化部“科技创新奖”和自治区“第五批草原英才创新人才团队奖”；2016 年获自治区党委宣传部“工作创新奖”。

（一）以解决基层农牧民的实际问题为目标

“数字文化走进蒙古包”工程最大限度地使现代公共文化服务体系的制度末梢与人民群众的文化生活实际和文化需求意愿紧密联系在一起，做到接地气、送实惠、有活力、能持久、受欢迎。根据试点区域特点，分别提供大量农牧业养殖种植技术方面和大家喜闻乐见的文化艺术方面的蒙汉文电子图书和视频资料，使农牧民逐步掌握新知识、新技术、新科学，让文化共享工程优秀的数字文化资源深入到基层群众中，受到广大基层农牧民的广泛赞誉和一致好评，切实改变当地农牧民的文化生活面貌和阅读习惯，有效满足了农牧民的实际需求。

（二）为边疆数字文化长廊建设提供有效的经验借鉴

“数字文化走进蒙古包”这一基层公共文化服务供给模式的创新，主要是采用设备流动、资源流动的服务模式，把方便快捷的文化服务延伸到基层。项目的创新之处不仅在于提供免费、全天候服务，更是让优秀的文化资源“进包入户”，广大基层老百姓通过手机等就可以获取信息，由过去的“点线服务”向“网面服务”转变，达到了公共文化网络服务“人人通”的目标。这种模式有效破解基层尤其是偏远牧区共享文化资源受限的难题，打通公共文化服务的“最后一公里”。同时，也为边疆数字文化长廊建设提供有效的经验借鉴，并可将这一成熟的服务模式在其他边疆民族地区实施推广。“数字文化走进蒙古包”工程之所以在短期内迅速发展，取得显著成效，得益于充分调动全社会力量参与公共文化建设，创新文化管理体制，形成以政府为主导，社会力量参与、市场调节，共同兴办社会文化的新格局，构建成一个结构合理、发展平衡、网络健全、运营高效、服务优质的覆盖全社会的公共文化服务体系。

（三）保障农牧民基本文化权益，提升文化获得感

“数字文化走进蒙古包”工程进一步扩大了公共文化服务的有效覆盖面，提高了基层特别是老少边穷地区的公共文化服务水平，使广大农牧民群众免费便捷地享受到公共文化服务。根据农牧民的需求特点，工程有针对性地提供大量农牧业养殖种植技术方面的知识和文化艺术方面的蒙汉文电子图书和视频资料，极大丰富了边疆偏远地区无网络覆盖农牧民的业余文化生活，并提供了急需的实用技术信息，丰富了基层农牧民的文化娱乐生活，让农牧民足不出户就可以学习掌握新知识、新技术，农牧民的基本文化权益得到有效保障，让更多的农牧民早日享受到公共数字文化的优质服务，文化获得感得到了提升。

（四）为推进城乡公共服务均等化提供有效的服务路径

内蒙古的地域特征和农牧民生活方式，在一定程度上使传统的公共文化服务供给模式难以有效发挥作用。在一些乡镇综合文化站，农家书屋（草原书屋）、棋牌室、阅览室、农村党员远程教育等文化设施配备齐全，但是利用率普遍不高，这么完善的文化设施，农牧民不经常使用。原因是这些文化设施一般设在乡镇政府或村委会里，农牧民一般不会去乡镇政府，而且农牧民白天也要干活，没有闲暇时间，再加上冬季太冷，有的基层文化站因为缺少取暖费，就不开放了。因此，大量的文化供给产品和服务，到了乡镇就等于到了末端。要想解决广大农牧民享受优质公共文化服务“最后一公里”的问题，必须想新的办法。“数字文化走进蒙古包”工程为解决公共文化服

务的“末端瓶颈”制约问题提供了有效的途径，农牧民通过手中的手机，借助数字加油站，就可以在家中享受各种文化资源。文化资源直接送到了农牧民的手中，是一种公共文化供给的有效模式。

“数字文化走进蒙古包”工程把大量优秀的数字文化资源投向基层，把方便快捷的文化服务延伸到基层，为广大基层农牧民提供了适合生产生活需要的文化产品和服务；将先进文化潜移默化地渗透到基层农牧民的思想、工作及生活中，有力推进了基本公共文化服务标准化、均等化，保障了人民群众基本文化权益；让广大农牧民共享文化改革发展的成果，进一步促进民族团结、文化繁荣、和谐稳定，成为内蒙古各民族幸福生活的亮丽风景线。

民族教育优化路径选择

——基于内蒙古自治区通辽市民族教育的调查

王哈图*

民族教育是我国教育事业的重要组成部分，是我国民族工作的重要内容。搞好民族教育，对于巩固和发展我国平等、团结、互助的社会主义民族关系，实现各民族共同繁荣，保持国家的长治久安，具有重要战略意义。

一　内蒙古民族教育发展背景

改革开放40年来，内蒙古自治区坚持“优先重点”发展民族教育方针，推行“两主一公”办学模式，民族教育已经形成了从学前教育到高等教育，从普通教育到职业教育层次结构合理、具有鲜明民族特色和时代特征的完整的办学体系，走出了质量、效益、特色相统一的发展之路。全区各学段少数民族在校生所占比例均超出其人口所占比例，各项主要教育指标均高于全区平均水平，少数民族受教育规模和程度达到历史新高。

内蒙古建立完善了“双语教学”体系。多年来，内蒙古明确中小学加强民族语言文字和国家通用语言文字教学，并适时开设外国语课程，使完成基础教育学业的毕业生蒙汉兼通；推行双语教育，高中毕业生考入区内高校后，加强蒙汉两种语言文字学习，毕业后能够熟练应用蒙汉两种语言文字，增强社会适应能力。以蒙汉兼通为基本目标，不断规范蒙古语言文字和国家通用语言文字教育教学工作，建立健全了从学前到

* 王哈图，内蒙古自治区社会科学院公共管理研究所助理研究员。

中小学和高等学校各阶段有效衔接、师资队伍和教学资源满足需要的双语教育体系。

加大经费投入力度，有效改善民族教育办学条件。多年来，自治区各级党委、政府以及相关部门在发展民族教育工作中本着事业发展规划优先谋划民族教育、财政资金投入优先保障民族教育、公共资源配置优先安排民族教育的原则；坚持实行“两主一公”办学模式，从政策设计、经费支持、资源配置等方面向民族教育倾斜，切实保障了少数民族学生有学上、上好学。从2003年至2006年，自治区财政每年安排民族教育专项资金200万元，2007年增加到每年2000万元，2013年增加到每年6000万元。各盟市财政安排了从30万元到1500万元不等的专项资金。各级财政克服财力困难，支持民族教育事业发展投入的专项资金由“十五”时期的近1亿元、“十一五”时期的近12亿元，提高到“十二五”时期的近20亿元，使各级各类民族学校软硬件条件走在了当地同级同类学校的前列。从2000年起对考入区内高校的蒙古语授课学生实行减收20%学费的政策；2007年起对蒙汉双语教学义务教育学校寄宿制学生实行生活费补助政策（其中小学生每人每学年1080元、初中生每人每学年1350元）；2011年起率先对蒙（朝）汉双语教学中小学生实行12年免费教育，多数盟市还对蒙汉双语教育学前幼儿实行了免收保教费、补助生活费政策；2012年起进一步将补助范围扩大到全区蒙（朝）汉双语教学寄宿制中小学生，小学生补助标准提高到每人每学年1350元、初中生每人每学年1620元、高中生每人每学年1890元。各类教育工程项目重点向民族教育倾斜，有效地促进民族学校走在了当地同级同类学校的前列。近年来，安排4780万元专项资金为239所民族中小学建设科技活动室，投入5259万元组织实施了近2万人次的民族校/园长和各学科骨干教师免费培训，每年安排180万元全面完成了现行近500种大中小学蒙古文教材编审修订工作；2016年投入5亿元，启动实施了“民族学校和民族语言授课学校标准化建设工程”；2018年安排140万元开发拓展蒙古文教学资源内容。另外，还突出了民族职业教育的办学特色，加强了适合学生个性发展和农牧业生产需要，促进民族文化艺术、民族工艺、民族生产生活用品繁荣发展等类别的专业建设。

多年来，通辽市政府一直坚持优先、重点发展民族教育。目前，全市蒙古语授课学校有250所，学习使用少数民族语言文字的中小学在校生75721人，教职工9918人。民族教育形成了以城市和旗县为龙头、以乡镇苏木为基础、从幼儿教育到高等教育较为完善的现代化国民教育体系，在民族教育发展过程中发挥着重要作用。

二　通辽市发展民族教育的主要做法

（一）优先重点发展民族教育

通辽市委、市政府高度重视民族教育发展，出台了《通辽市关于进一步加强民族教育工作实施方案》，制定了《通辽市民族教育“十三五”发展规划》。全市公办蒙古族幼儿园由原来的6所发展到128所。2013年出台了《通辽市人民政府关于全市蒙古语授课学前儿童补助政策的实施意见》，对蒙古语授课学前儿童每人每月补助300元保教费和管理费。从2011年起，还设立了民族教育专项资金。“十二五”时期，通辽市民族教育的规模与质量都有显著提升。

（二）坚持提升民族教育质量

一是强化德育工作。通辽市以深入开展社会主义核心价值观教育为主要载体，组织各学校不断加强德育工作。把民族团结教育作为学校德育工作的重点之一。二是推进新课改。在中小学全面推广和普及了“有效教学”“高效课堂”的途径和方法，有效加快了新课程改革的步伐。2014年起，在全市所有义务教育阶段学校启动实施了“读标准音、写规范字”三年行动计划。在普通高中，突出抓了教学模式构建、尖子生培养、科技创新教育。目前，通辽市各所蒙古语授课高中均建立了基于新课改的教学模式。在科技创新教育方面，组织各个民族学校配备了科技创新活动室，为有兴趣有潜质的学生开展理化生探究性实验、小发明、小制作提供了条件；同时，开展了丰富多彩的活动。目前，全市各个民族学校已开设了蒙文书法、科尔沁刺绣等 20 多门校本课程。三是促进合作与交流。通辽市创建了全市蒙古语授课高中“教育研究”年会、义务教育阶段“教育研究”年会、义务教育阶段民族学校联盟三个载体。截至目前，高中“教育研究”年会已经举办了 6 届；义务教育阶段“教育研究”年会全市统一举办过 3 届。义务教育阶段民族学校联盟建设工作开始于 2014 年，目前，全市已经建立义务教育阶段民族学校联盟 28 个，全市 95 所小学、27 所初中全部纳入了联盟中。各个联盟已开展各类活动 157 次。在对外交流方面，全市共有 33 所蒙古族学校（幼儿园）分别与北京西城区、吉林延边州和辽宁沈阳等区外教育先进地区的学校（幼儿园）结对子，组织环节以上干部挂职锻炼达 156 人，累积 780 天；组织了 890 名教师跟班学习；开展学生手拉手活动 30 次，参与人数 5200 人次。通辽市还加强了与国外的教育交流。近几年，先后邀请蒙古国教育界知名人士刚 · 巴图、苏布道等到通辽市开展教育交流活动，先后有 60 多名蒙古国教师到通辽市参加教研活动。通辽市 3 所民族学校的 20 多名教师也赴蒙古国进行了考察学习。此外，还向日本、俄罗斯等国先后派遣 120 名师生考察学习。四是注重体育艺术工作。着重抓了校园足球，普及性的活动与竞技比赛已经能够经常性开展。组织民族学校自创了安代健身操，并在全市推广。在农村牧区学校还推广了跳绳运动，促进了广大学生体质健康水平的提升。在艺术教育方面，举办了全市“哲里木杯”中小学师生书画大赛等艺术活动，按年度组织各学校开展了乌力格尔艺术节、校园那达慕、民歌大赛、民歌合唱、民族舞蹈比赛等活动。五是努力提升高考升学率。2010 ~ 2016 年，通辽市蒙古语授课高中高考升学率逐年提升。文科一本从 2010 年的 24. 33% 提升到 2016 年的 44%，二本以上从 2010 年的 43. 69% 提升到 2016 年的 93. 5%。理科一本从 2010 年的 34. 84% 提升到 2016 年的 64. 4%，二本以上从 2010 年的 70. 54% 提升到 2016 年的 98. 1%。6 年间获得 4 次自治区文科状元、2 次理科状元。

（三）坚持推进教师专业化发展

“十二五”时期，通辽市共为民族学校考录教师 1112 人，及时为民族学校补充了新力量，优化了教师队伍结构。在教研员队伍建设方面，通辽市配齐配强了市、旗两级教研室的蒙古语授课教研员。先后为市教研室配备了 10 名蒙古语授课教研员，各旗县教研室先后配备了 93 名蒙古语授课专兼职教研员。在教师培训资源开发方面，通辽市的蒙古语授课教师培训资源开发工作也取得显著成果，得到教育部领导的褒奖，被誉为“全国地方性教师培训课程开发的典范”。

三　经验与启示

（一）注重基础教育，促进民族教育均衡发展

一是强化基层薄弱学校配套建设，合理配置教育资源，尽快完善各种设施设备。二是推进基础教育办学体制改革，深入实施义务教育区域校际协作、学前教育联盟集团化管理。三是推进城乡教育一体化进程。按照全面实现小康社会的总体要求，加强高素质人才引进与培养，强化条件保障，完善发展链条，优化教育体制，着力推进偏远民族地区率先实现教育现代化。

（二）加大投入力度，改善民族学校办学条件

政府重视、政策倾斜、增加投入，把发展民族地区义务教育作为最大的扶贫工程来抓，落实和完善民族地区义务教育优惠政策，在经费投入、资金安排、人力调配等方面要始终坚持向民族地区倾斜。一是进一步加大上级专项资金匹配力度。加快农村牧区薄弱学校设施建设，提高民族学校信息化水平，促进民族教育持续健康发展。二是强化薄弱民族学校经费保障机制。设立薄弱民族学校专项补助经费，适当提高生均公用经费补助标准，提高农村牧区薄弱学校取暖费补助标准，切实解决规模较小的民族学

校因经费不足而导致学校发展受限的问题。三是广泛动员社会力量，扶持民族地区基础教育，鼓励单位和个人资助民族地区学校基础建设及家庭经济困难的学生就学，通过各种途径募集资金，确保民族地区义务教育能够实现优先发展。

（三）加强教师队伍建设，增强民族教育发展内生动力

首先要真正关心教师，特别是偏远民族地区一线教师，落实民族地区教师津贴补贴等待遇，改善教师生活环境，提高教师生活质量，保证基层民族教师留得住、干得好、受尊重。其次是尽快补齐补全学科教师缺口，同时建立民族学校教师培养、培训机制，在城市招进的师资中筛选优秀的教师先到民族学校锻炼1～2年，同时加大对民族教师培训的投入力度，建议设立教师培训专项资金，每年选派民族学校的教师和教育行政管理人员到教育发达地区挂职学习等，不断提高民族学校师资队伍素质，缩小城乡师资差距，提高边远民族地区的教育教学质量。

（四）强化民族职业教育，促进民族地区经济发展

要促进民族地区经济的发展，首先就要提高民族地区的教育水平。而作为现代国民教育体系重要组成部分的职业教育，其与经济发展的关系最为直接和密切。因此，大力发展职业教育，提高民族劳动者素质，将是促进民族地区经济发展和社会进步的有效途径。一是大力发展中等职业教育。蒙古族学生高中毕业后有的由于家庭贫困等无法进入高等学校学习，他们具备了一定的文化知识不愿回农村牧区从事生产，但他们所拥有的这些知识还不足以使他们在城市中稳定就业或技术创业。如果高中毕业的民族学生能学到一门或几门实用的专业技能，就能拓宽他们创业求职之路，能够让他们走上致富之路。二是开发特色产业，加强对相关专业人员培养，谋求民族职业教育产教配合、校企合作。民族地区具有丰富的独具特色的人文资源、环境资源、自然资源和劳动力资源，从经济发展实际出发，因地制宜，发展特色产业，可以更好地推进民族

地区经济的发展，如民俗旅游资源开发、特色农副产品生产加工、民族饮食文化推广等方面。民族职业教育应该做到产教配合、校企合作，积极主动地去培养适合自身需要的特色人才，满足通辽市特色产业发展对特殊人才不断增长的要求。

（五）落实民族政策，拓宽民族教育学生升学就业渠道

认真执行《民族区域自治法》《内蒙古自治区人民政府关于进一步做好普通高等学校毕业生就业工作的意见》，落实好国家、自治区有关规定，拓宽蒙古语授课高校毕业生升学和就业渠道。一是行政、事业等用人单位录用人员时，为蒙古族学生提供更多的就业岗位。在与少数民族生产、生活密切相关的城镇各级综合、计划、经济管理部门配备少数民族干部，使少数民族工作人员与少数民族人口总数相适应。二是加大对蒙古族学生自主创业、职业技能方面的教育和培训力度，使他们有一技之长，具备强烈的自主创业意识和能力。三是采取有力措施，建立起相应的、有所区别的信贷机制，在大学生无息创业贷款中优先照顾蒙古族大学生，特别是蒙古语授课大学生，使更多蒙古族青年人能自谋职业，实现人生价值。四是大胆使用民族干部，充分发挥民族干部在通辽市经济社会建设中的应有作用。

（六）要设置可持续发展的社会基础完整的教育体系

进一步完善民族教育从幼儿园、小学到初中、高中及职业技术教育的合理设置，要扎扎实实、顺顺利利走好每一步，要能根据民族学生的实际情况做好平稳过渡、顺利衔接，促进民族教育健康发展。要统筹施策，激发民族教育发展活力，不断深化教育教学改革，增强办学活力，深化办学体制、管理体制改革，通过改革提高自身发展能力。要强化外部支持，制定出台支持和发展民族教育的政策，比如资金投入、经费拨付、教师配备等方面都应高于普通学校，同时积极调动社会各界关心民族教育、支持民族教育，通过整合民族教育资源，把蒙古族传统文化的精髓与学校教育教学相结合，创建一所所有特色、有品位的文化魅力学校。

农牧区互助型居家养老模式探析

——以乌兰察布市“幸福院”工程为例

张　敏*

进入21世纪以来，内蒙古人口老龄化进程逐渐加快，预计到2020年，自治区60周岁及以上人口将达到550万人，占人口总数的比例将超过20%。随着工业化、城镇化的快速推进，农村牧区大量青壮年劳动力进城务工，农村牧区人口老龄化呈现快速化、高龄化、失能化、空巢化和贫困化“五化”叠加的特点。农村牧区留守老年人的养老问题，成为自治区社会事业建设中亟须面对和解决的热点难点问题。近年来，自治区各个盟市从实际出发，针对如何破解农村牧区养老难的问题进行了积极探索和有益尝试，开创出各具特色的农村牧区养老之路，乌兰察布市的“幸福院”模式就是其中的代表之一。

一　乌兰察布市“幸福院”工程案例背景

乌兰察布市位于内蒙古自治区中部，下辖11个旗县（市、区），农村牧区60周岁及以上老年人37.4万人，占全市老龄人口的73%。农牧业人口多、贫困人口多、老龄人口多成为当地人口的主要特征，大量分散居住在农村牧区的空巢家庭缺少劳动力和增收渠道。针对这一问题，乌兰察布市于2009年在化德县开展了互助养老“幸福院”试点工作，将农村60周岁及以上、无生产能力的五保户、低保户搬迁到中心村的“幸福院”集中居住，

* 张敏，内蒙古自治区社会科学院公共管理研究所副研究员。

统一纳入社会保障体系集中供养，形成了一种适合农村牧区的新型居家养老模式，解决了农村牧区老年人老无所养问题。“幸福院”工程作为农村牧区和谐稳定的重点民生工程得到了民政部和自治区民政厅的认可和肯定。

从2012年开始，乌兰察布市将互助幸福院建设列为全市头号民生工程和“一把手”工程，将化德县“幸福院”取得的经验在全市范围内推广。将农村牧区养老问题同危旧房改造、调整农村产业布局、脱贫攻坚相结合，利用撤并后闲置的学校、乡镇办公场所等现有设施，集中建设生活、医疗、文化设施齐全的互助幸福院。按照自治、自愿、自理、自助的原则，采取“集中居住、分户生活、社区服务、互助养老”的模式，让农村60周岁及以上有生活自理能力、无生产能力的五保户、低保户、贫困户就近搬迁到中心村的“幸福院”居住。老人既不脱离当地生活环境，又方便政府集中提供服务。经过几年的运行，互助幸福院有效解决了农村牧区空巢、留守、独居等生活困难老人的养老难题，被称为民心工程、富民工程、安民工程和德政工程，形成了共赢多赢的局面。2014年，乌兰察布市的农村养老政策被民政部评为“中国十大创新社会福利政策”。

2012～2018年，乌兰察布市投入超过12亿元，共建成互助幸福院458处，入住43046户，惠及了农村牧区8万多名老年人，其中低保户27894人，农村牧区孤寡留守老人、空巢老人、因伤因病丧失劳动能力老人和60周岁及以上贫困老人的住房安全和养老问题得到有效解决。老人入住幸福院后，市、旗（县、区）两级财政还按照每户每年500元的标准为幸福院提供运转经费，涉及五保户3000余人，建档立卡1.1万余人，进一步加大了全市民政领域兜底保障工作力度，巩固了脱贫攻坚工作成果。

二　乌兰察布市“幸福院”工程的主要做法

化德县是最早的“幸福院”工程试点，当地政府在尊重农牧民意愿的前提下，依据新农村建设要求，抓住农村危房改造项目实施的机遇，实施了农村互助幸福院建设工程。

（一）注重整体设计，高起点规划布局

化德县政府在摸清家底和广泛征求各方面意见的基础上，聘请了相关规划设计部门编制了《化德县村镇体系规划》，制定了《幸福院工程预算书》和《幸福院规划设计方案》，为互助幸福院建设提供了原则指导和具体操作依据。将互助幸福院建设纳入县域乡镇统筹发展总体规划，综合考虑宜居因素和公共服务布局，优先将幸福院建在各乡镇所在地、新农村示范点和中心村，并使幸福院与村委会相邻，使得幸福院和村委会活动室等公共设施实现共享共用。

（二）调集各方力量，创新建设机制

在幸福院建设中，化德县坚持“项目围绕幸福院整合，资金围绕幸福院集中”的原则，采取整合项目、捆绑资金、盘活集体闲置资产和公共资源共享等方式，由住建、民政、财政等部门负责主体建设，农业、水利、林业、交通、文广、卫生等部门负责基础配套建设，民政部门负责服务指导，村委会负责日常管理，较好地解决了建设资金不足、部门协调配合不畅等问题。同时，按照公共事业政府主导、全社会参与的原则，积极鼓励社会组织、企业家、社会爱心人士和老人子女参与幸福院建设，设立幸福院建设管理发展基金，号召大家有钱出钱、有力出力，营造了全社会参与互助幸福院建设的良好氛围，促进了互助幸福院工程建设的顺利开展和健康发展。

（三）以人为本，丰富完善幸福院设施

为增强幸福院的吸引力，化德县在最早设计幸福院工程时，坚持以生活化、方便化为标准配套完善幸福院基础设施。设定入院老人户均住房面积为32 平方米，全部实现了水、电、暖、仓房、晾衣架、太阳能等设施配套。还配齐了文化活动室、健身休闲广场、图书阅览室、医疗卫生室、便民小超市和理发室等服务设施。在院内及周围实施了“硬化、绿化、美化、亮化”工程，以利于老人的活动和出行。同时，在有条件的地方，为老人们搭建了温室蔬菜大棚，在提供休闲劳动场地的同时，也丰富了他们的餐桌。

（四）做好服务保障工作，推动幸福院民主管理

在幸福院运作过程中，化德县政府并没有大包大揽，而是采取了“集中居住、分户生活、社区管理、互助养老”的运行模式。“集中居住”是指将五保户，“空壳村”“老龄村”的老人就近搬迁到互助幸福院集中生活。“分户生活”是指老人们单独分户生活，分灶饮食，粮食蔬菜自给，保持原有的生活方式不变。“社区管理”是指幸福院实行院长负责制，院长由入住老人民主选举产生，负责幸福院的日常管理工作。同时，将党支部建在幸福院，党支部书记及成员由威望高、身体相对好的老党员组成，他们在联系群众、协调关系、化解矛盾和日常管理等方面发挥着先锋模范作用，逐渐形成并推动了幸福院“自我管理、自我完善、自我提升”的运行模式。“互助养老”是指互助幸福院不设专职服务人员，由互助幸福院协调安排老人们结对互助，彼此帮忙，共享晚年。

三　乌兰察布市“幸福院”工程的经验与启示

习近平同志在党的十九大报告中指出，“坚持全面深化改革”，“积极应对人口老龄化，构建养老、孝老、敬老政策体系和社会环境，推进医养结合，加快老龄事业和产业发展”，为老龄事业和产业发展描绘了蓝图，为构建系统完备、科学规范、运行有效的制度体系，充分发挥我国社会主义制度优越性提出了指导思想。乌兰察布市立足市情，在基础弱、条件差、地域广、人口少地区探索出的集中养老新模式，为基层老龄人口老有所居、老有所养提供了可以借鉴的样本和经验，是建设养老、孝老、敬老政策体系的有力补充。

（一）立足县情，创新思路

将幸福院建设与其他工作相结合是化德县政府的创新举措。化德县地域辽阔且自然条件较差，分散居住的贫困家庭比重大，传统的家庭养老和零星

的社会捐助都无法真正破解农牧民“养老难”的问题。因此，化德县从宏观规划，将幸福院建设与城乡整体规划相结合，与调整优化村镇布局、推进新农村建设相结合，与加快农村危旧房改造、扶贫开发和生态移民等工程相结合，通过幸福院这种养老模式较好地解决了农村土地荒芜、使用率不高的问题。利用农村宅基地置换和土地流转，盘活农村闲置国有资产，将分散居住的老人集中起来后部分“空壳村”自然消失，腾出的土地、宅基地空间便于乡村的统一规划，既改变了村容村貌，又有利于生态恢复、经济发展和社会主义新农村建设的整体推进，使各项工作良性互动，较好地统筹了农村牧区的各项工作，达到了“落棋一子，满盘皆活”的效果。

（二）尊重民意，注重细节

与传统的政府开办的各类敬老院、养老院比较，化德县“幸福院”的成功之处在于自始至终的人性化考量。乌兰察布市先后制定出台了《乌兰察布市农村牧区互助幸福院建设实施方案》《乌兰察布市农村牧区互助幸福院管理办法》等相关文件，从入住老人的生活习惯到日常需求，从幸福院的物质条件到精神慰藉，从民主管理到自我管理，乃至老人故去前的临终关怀，无不考虑详尽。例如，幸福院大多建在村中心或村委会旁边，主要是考虑到乡村干部可以经常到幸福院与老人们沟通交流，及时解决矛盾和难题。实践中不仅理顺了干群关系，也使家庭乡里的纠纷、冲突大为减少。幸福院还通过发放流动红旗的形式，进行“五好文明家庭”评选，使乡村文明程度不断提高，促进了农村社会的和谐稳定。努力做到让老人感到温暖快乐，让家属放心满意，使幸福院工程成为当地居民交口称赞的好事、实事。

（三）整合项目，资源共享

按照乌兰察布市的整体规划，在全市推广建设幸福院资金需求量每年都在 10 亿元以上。在既没有项目投资主渠道，又缺乏自筹能力的情况下，乌兰察布市政府创新投入理念，按照“渠道不乱，用途不变，各负其责，各计其功”的原则，整合所有涉农项目资金集中投入。由住建委牵头将农危房改造、生态移民、扶贫移民、生态保护补奖、一事一议等项目资金集中起来用于住房建设。水、电、路、广播电视、文化、卫生等基础和公共服务设施，由相关部门安排项目资金，避免了以往“撒胡椒面”式投资，扩大了资金的使用效益，达到了小资金办大事、多办事的效果。2012 年以来，乌兰察布市共投入建设资金 20.5 亿元，其中整合各类涉农资金 10.1 亿元。

（四）组织保障，狠抓落实

乌兰察布市在化德县幸福院试点成功后，仅用了两年多时间就将化德县的经验推广并落地到全市，靠的就是加强领导和组织保障。乌兰察布市委曾于 2012 年出台“一号文件”，把互助幸福院建设作为解决农村老年人老无所养问题、促进农村牧区和谐稳定的重点民生工程来抓，并将其列入 2012 年干部的考核实绩中。在实际操作过程中，首先，增加幸福院建设和管理服务工作的考核权重，通过强化考核，推进工作深入落实。其次，明确牵头单位和责任人，形成了由住建委牵头，民政、扶贫、财政等多个部门协调配合的工作格局，要求各部门切实担负起各自的职责，把工作做细做实做好。最后，建立激励机制。哪个旗县幸福院工作做得细、做得好，就在资金和项目上向哪个旗县倾斜。这些措施极大地激发了广大干部的工作热情，有效地加快了幸福院工程建设进度。

（五）完善管理机制，保障运行

乌兰察布市幸福院以乡镇政府作为管理责任主体，民政部门负责互助幸福院的业务指导和监督，并指派专人定期到各互助幸福院对落实管理人员待遇、规章制度、日常规范管理进行指导，对出现的问题及时处理化解，并督促各旗县民政部门及时足额为幸福院老人发放低保、五保、现金直补、高龄津贴等各类社会救助、生活补贴。各乡镇政府负责协调文化、卫生、红十字会等相关单位，到互助幸福院开展送医送药、文化下乡、慰藉关怀等活动。对领取各类生活补贴后仍生活困难的家庭，利用红十字会、扶贫等资金给予救助，用社会救助和社会保障全覆盖的形式，让入住老人的生活得到有效保障。

搭建草原智慧就业云平台

——提升内蒙古人力资源公共服务效能

谢遵国*

在信息技术的大背景下，公共就业服务的规模和效益已经不再取决于建筑面积、摊位数量、人员规模，而与人才信息储备、信息处理、信息使用紧密相连。从2012年开始，内蒙古自治区人力资源公共服务中心以人社部《人力资源和社会保障信息化建设“十二五”规划》为指导，结合内蒙古实际情况，坚持走信息化发展之路，依托先进的通信技术、便利的网络通道，不断加强信息化平台建设。目前，已经建成的内蒙古草原智慧就业云平台体系，全面形成了现场服务和网络服务、用人单位和求职者、服务状态与数据统计、服务内容与服务需求“四联四通”的公共就业服务信息化格局，促进了人力资源公共服务的转型升级，提高了创业就业服务水平，为构建“数字人社”新格局做出了积极贡献。

一　“草原智慧就业云平台”建设背景

改革开放40年来，内蒙古人力资源公共服务在实行标准化管理方面已经取得了一定成绩，在人才流动、档案保管、就业培训、流动党建等方面，较之以前有很大进步。全区先后设立各类人力资源服务机构318个，其中政府人社部门公共就业和人才服务机构179个、国有人力资源服务机构1个、民营人力资源服务机构138个。但受体制、管理、观念、地域等各种因素影

---

* 谢遵国，内蒙古自治区人力资源公共服务中心主任。

响，人力资源公共服务信息化建设还存在部门间职能交叉、重叠，机构设置和办事流程不合理等问题，特别是在平台的建立过程中，各盟市、旗县出现大量基础设施重复建设的情况。

为彻底改变传统就业服务模式，响应党的十八届三中全会“以行业信息化建设为改革助力”的要求，自2015年以来，自治区相继印发了《关于加快推进“互联网+”工作的指导意见》（内政发〔2015〕61号）、《关于印发自治区简化优化公共服务流程方便基层群众办事创业工作方案的通知》（内政办发〔2016〕8号）、《关于加快推进“互联网+政务服务”工作的实施方案》（内政发〔2017〕40号）等一系列规范性制度文件，从标准规范、资源整合、机制创新、试点带动等多个方面对全区公共服务信息化协同推进做出了明确安排。2016年10月，人社部办公厅下发了《关于加快推进公共就业服务信息化建设和应用工作的指导意见》，将就业创业工作的新目标、服务对象的新需求和信息技术的新发展深度融合，强调以“互联网+”思维引领、支持就业服务和就业管理工作的理念创新、模式创新和技术创新，并提出到2020年全面建成系统省级集中、信息全国共享的公共就业服务信息化格局的总体要求。这为人力资源公共服务中心提升就业服务和就业管理工作能力，进一步做好新形势下的就业创业工作提供根本保障。

为了贯彻落实国家和自治区的总体布局，充分运用现代信息技术手段，提升人力资源公共服务业务功能，自治区人力资源公共服务中心运用云服务理念驱动信息化平台建设创新作为信息资源整合共享的主要抓手，将为服务对象的便捷服务作为信息化建设的重要目标，将提高服务的科技含量作为转型升级路径，开展了草原智慧就业云平台的开发和运作。近年来，草原智慧就业云平台创新成果受到政府科技部门关注和认可，先后获得了国家专利2项、著作权登记3项、被受理科技成果鉴定2项；工作成效被人社部和自治区主要媒体发表原创报道78篇，继而又被各类媒体转发219次，阅读点击量达数百万次，收到了较好的社会效益；2016年1月26日，草原智慧就业云平台被人社部评为“2015年中国就业十件大事及地方就业创新事件”；全区各级人力资源公共服务机构线上服务达6100多万人次。

二 草原智慧就业云平台建设的主要做法

内蒙古草原智慧就业云平台的建设经历了调研—立项—开发—使用—调整—融合等过程。在经过多次调试、开发、使用、再调试的循环往复后，最终形成了较为完善的“一厅”+“三网”+“一图”的草原智慧就业云平台。

（一）“一厅”集六位于一体

2013年9月，以“云服务、微应用、大数据”理念为指导的“六位一体”的内蒙古草原智慧就业云平台正式投入使用。“云服务”是指其运行依托了先进的通信技术和便利的网络通道；“微应用”是指运用创新的服务理念，为求职者提供真实的人才招聘信息；“大数据”体现了云平台具有操作人性化、科技含量高、现代气息浓、安全系数高等特点。服务大厅的6个功能板块，分别是“两个超市”“两个平台”“两个终端”。“两个超市”是指高校毕业生及各类人才现场求职超市和网上求职超市；“两个平台”是指社会化人才服务平台和远程面试服务平台；“两个终端”是指“人才E站”求职自助终端和智能手机求职客户端。通过这6个功能板块的关联与互动，创建了“六位一体”的公共服务平台。

1. 现场求职超市

现场求职超市由服务台、信息化智能展位和高清大屏幕组成。信息化智能展位是一个集合多种功能的招聘平台，主要用于用人单位招聘信息的发布、与求职者的洽谈对接和简历投递。展位配备有液晶电视机、计算机、桌面触摸屏、身份证读取器。用人单位可以通过展位上的液晶电视机公布招聘信息或者播放企业文化的视频和图片。高清动态电子屏幕可以分区域滚动播放用人单位招聘信息及相关政策。

2. 网上求职超市

内蒙古大学生就业服务网是内蒙古人力资源和社会保障厅在建的综合性

就业服务网站。网上求职超市是内蒙古大学生就业服务网的重要分支平台。参会人员使用身份证实名登录就可以浏览网站，每人每天最多使用20分钟。求职者可以向招聘单位投递简历，投递方法和智能化展位相同，用人单位可以现场看到简历，求职者可以收到简历投递成功的提示短信。

3. 社会化人才服务平台

各级服务大厅设置人才服务窗口，分别是政策咨询、流动党员窗口，创业培训、就业见习窗口，档案管理、转正定级窗口，户口管理、就业签章窗口，网络招聘窗口和现场招聘窗口。

4. 远程面试服务平台

远程面试服务平台安装了远程视频系统，求职者可以通过网络和心仪企业的HR面对面地洽谈就业，免去奔波的辛苦，省去等待的时间。

5. “人才E站”求职自助终端

“人才E站”平台共有6个，设有8个功能模块，分别是招聘求职、通知公告、政策法规、办事指南、社保信息、职业技能、人事人才、劳动关系。政策法规和办事指南模块，基本涵盖了人力资源公共服务所有业务。社保信息模块可以通过扫描身份证对养老保险、医疗保险等社保信息进行查询。职业技能、人事人才和劳动关系这3个模块，可进行各类考试、鉴定成绩、档案情况等查询。

6. 智能手机求职客户端

求职者安装个人求职客户端后，可以实名登录手机客户端后完善个人简历，选择应聘职位后投递简历。关注内蒙古人才网官方微信，随时随地获得招聘会信息。使招聘和求职双方真正体验“云在网络、微在手机、服务在身边”。

（二）“三网”融合，实现一网通办

“三网”即内蒙古人才网、内蒙古劳务网和内蒙古大学生就业服务网。内蒙古人才网是高校毕业生及各类人才择业就业的服务平台，现已成为内蒙古最大的招聘求职网站。网站现拥有全区最大的人才储备库并建立了独立的现场招聘会数据库，逐步与内蒙古教育厅大学生数据库、内蒙古质检总局企业数据库和内蒙古公安厅居民身份证数据库进行数据的连接共享。内蒙古劳务网是内蒙古职业介绍信息服务平台，是面向基层、覆盖全区、服务百姓的职介网站集群。内蒙古大学生就业服务网是集信息发布、就业服务、实名制统计和政策咨询等功能于一体的专门面向高校毕业生的就业网站。按照《内蒙古自治区人民政府办公厅关于进一步加强政府网站管理的通知》“关于自治区和盟市政府部门可根据需要开设部门网站，原则上 1 个单位最多开设 1 个网站”的要求，现已完成三网融合，三个网站业务统一在内蒙古人才网上运行。

（三）“一图”网罗公共服务圈

“地图搜索找工作”是草原智慧就业云平台创新服务的又一大亮点。求职者可以利用“单位地图”查找到本场招聘会参展单位的招聘信息、地理位置和联系方式，满足部分求职者想在居住地就近找工作的需求。“机构地图”显示的是自治区所有政府所属人才交流服务机构的所在位置和联系方式，这也是配合内蒙古人力资源和社会保障厅打造“十五分钟公共服务圈”做出的重要举措之一。这些功能设置以多平台、多渠道保证求职者享受到无微不至的求职服务。

“一厅” + “三网” + “一图”的草原智慧就业云平台的搭建，一是实现了在全区范围内的数据实时互通的全区招聘会“云平台”，为各级各类现场招聘活动提供信息化服务。二是运用“互联网 +”推进网上服务。研发了全区现场招聘会云平台 App 应用企业版、个人版。App 与内蒙古 12333 民生钱包实现了数据对接，使用双方各自 App 均可直接享受求职招聘、电商创业、查询社保余额等便民服务。三是运用“互联网 +”对接多边平台服务。充分发挥“互联网 +”的集成和优化作用，运用现场招聘会将政策咨询平台、就业服务云平台、人才交流平台、招工求职微平台、中小企业服务平台、创业实训培训平台、技术引领平台、融资平台等 11 个平台有机对接，形成复合功能多边平台，为高校毕业生及各类人才提供创业就业服务。

2019 年 3 月 2 ~ 3 日，自治区利用草原智慧就业云平台系统整合了

“1+14”现场招聘会（“1”指自治区本级，“14”指12个盟市和2个计划单列市），在内蒙古国际会展中心设主会场，各盟市设分会场，举办了“2019年全区高校毕业生就业洽谈暨春季人才云服务交流大会”，招聘会主会场共组织用人单位802家，提供就业岗位32186个；全区共组织单位1607家，提供岗位34972个，入场求职48332人次，达成意向34740人次。实现了全区招聘会实时信息互联互通和现场可视互动，促进用人双方洽谈与交流。

三　草原智慧就业云平台建设的经验和启示

便捷式求职超市平台和活动折叠展位架获得国家实用新型专利；“人才E站”多功能服务系统、现场招聘会进场人数统计分析管理系统和现场招聘智能求职系统获得计算机软件著作权；人才市场网络综合服务系统的研究与应用和内蒙古自治区大学生就业网络服务进校园、进社区系统研发与应用被自治区科技厅鉴定为达到国内同行业领先水平。

（一）全区布局，区域协作共进

草原智慧就业云平台建设贵在坚持科学谋划，搞好顶层设计，草原智慧就业云平台建设之初，就从自治区本级先行应用，所属盟市人社部门和各高校纷纷要求跟进时，自治区本级人力资源公共服务中心及时提出了信息化平台建设规划方案，实施区域整体推进和区域协作共进相结合，加大了平台体系建设的推进力度。网上求职超市覆盖了全区高校48所，“人才E站”覆盖了12个盟市和2个计划单列市、103个旗县（市、区）人力资源公共服务机构，并进入151个社区。随着人力资源公共服务信息化平台在内蒙古各地纷纷建立并落地生根，内蒙古逐步实现人力资源公共服务的规模扩展、功能延续和群体覆盖，平台体系将形成涵盖自治区、盟市、旗县（市、区）、苏木乡镇（街道）和嘎查村（社区）5级的人力资源公共服务模式，使全区人力资源公共服务工作在服务能力、服务手段、服务效率上实现质的提升。

（二）统一标准，建设规范应用平台

全区各级人力资源公共服务机构正在推进统一、规范的业务流程，以适应计算机网络的信息处理、传递和共享。在网络建设上，建立统一的应用平台，整合资源，避免重复建设；在数据库建设上，要利于检索更新、利于更新创新；在软件开发上，着力应用开发，统一的软件能够顺利实现信息共享。平台建设直接面向公众服务，尤其要规范业务流程，简化工作环节，让服务对象真正享受到信息化建设带来的便利和实惠。

（三）注重培训，培养复合型业务人才

平台建设的发展在很大程度上取决于高素质的人才队伍，建设的发展方向也要求全员掌握网络基础知识和信息应用技术。因此，要把人才队伍的建设作为推进信息化进程中的重中之重。利用在职培训，培养一批既熟悉业务又熟练掌握信息技术的管理者和业务骨干。培养一批复合型的、实际操作能力强的应用型人才，进行有针对性的培训，在领导干部和工作人员中加强信息技术的应用性培训，普及信息化知识，全面提高就业服务管理者和工作人员的业务能力和整体素质。

（四）强化管理，建立综合协调管理机构

信息化建设的基础，应该有一个层次高、权威性强和专业性强的专门机构进行综合协调管理，使终端、网络、数据库既能产生各自的规模效益，又能发挥出对经济的整体推动作用。自治区本级人力资源公共服务机构在平台的建设、推广中肩负着重要职责，协调工作既要突出整体，又要针对各地区特点区别推进；既要当好领路人角色，又要做好监督工作。

（五）创新结构，强化信息分析的利用和应用

随着人力资源市场的发展，信息收集，市场的分析、预测，职业指导三类岗位将日益凸显，需要设立专门机构，工作制度化、专业化，组成人员包

括信息技术人员、专业技术人员、各方面经济专家顾问，他们根据国民经济发展的宏观经济指标和人力资源市场的主要指标，对公共服务进行分析和预测，向社会公布报告，并以此影响政府的就业政策。形成以网络数据中心为核心的区域整体，各级管理者将主要通过信息网络对区域进行监测，随时掌握人力资源公共服务发展的动态。

调　研　篇

Research Reports

内蒙古城市基本公共服务满意度调查报告

苏 文　包娜娜*

基本公共服务是新时代保障和改善民生的重要内容。党的十九大报告明确指出，“在发展中补齐民生短板、促进社会公平正义，在幼有所育、学有所教、劳有所得、病有所医、老有所养、住有所居、弱有所扶上不断取得新进展”。改革开放40年来，内蒙古区域经济实力迅猛发展，公共服务投入力度不断加大，覆盖全民的基本公共服务制度基本建成，各级各类基本公共服务设施持续改善，保障能力和群众满意度逐步提升。但是，仍然存在着发展不平衡不充分、质量参差不齐、服务水平与经济社会发展不适应等问题。因此，系统了解民众对当前各项基本公共服务的满意度，科学评估其整体状况，对于构建一套科学、有效、民众满意的基本公共服务体系具有重要意义。

* 苏文，内蒙古自治区社会科学院公共管理研究所副研究员；包娜娜，内蒙古自治区社会科学院公共管理研究所助理研究员。

一　问卷调查基本情况

本次调查结合实地问卷调查和网络问卷调查两种方法，于2018年8月至11月间在内蒙古12个盟市和2个计划单列市政府所在地城市进行，主要考察各城市居民（18周岁及以上）对所在地政府提供的公共交通、公共安全、公共住房、基础教育、社会保障、医疗卫生、公共就业、城市环境、文化体育以及行政服务10项基本公共服务的满意情况。问卷调查中采用李克特五级量表将基本公共服务满意度划分为“非常不满意”、“不满意”、“一般”、“满意”以及“非常满意”。为确保调查数据的有效性和真实性，对满意度调查问卷中所有问题的设计力求简单易懂，使不同受访居民都能够清晰理解。本次调查共回收有效问卷4539份，其中实地调查问卷1473份、网络调查问卷3066份。调查样本基本情况见表1。

表1　调查样本基本情况

单位：%

统计指标		比例	统计指标		比例
性别	男	49.37	民族	汉族	67.25
	女	50.63		蒙古族	28.31
月均收入	2000元及以下	14.29		回族	0.46
	2001～3000元	12.93		三少民族	1.37
	3001～4000元	14.89		其他	2.61
	4001～5000元	20.22	年龄	18～25岁	14.81
	5001～7000元	24.96		26～35岁	27.36
	7001～10000元	9.36		36～45岁	28.45
	10000元以上	3.35		46～59岁	25.49
单位性质	行政机关	17.99		60岁及以上	3.90
	事业单位	38.47	文化程度	初中及以下	4.68
	国有企业	10.17		高中(中专/技校)	12.23
	私营企业	10.88		大专	20.43
	外资或合资企业	1.17		本科	47.34
	其他	21.32		研究生及以上	15.32

从调查样本总体情况看，受访者性别比例相对均衡，男性占比为49.37%，女性为50.63%；从受访者月均收入来看，5001~7000元占比最高，达到24.96%，其次为4001~5000元，占比为20.22%，10000元以上占比最低，仅为3.35%；从受访者所在单位性质看，事业单位占比最高，达到38.47%，其次是其他，占比为21.32%，外资或合资企业占比最低，仅为1.17%；从民族构成看，汉族受访者最多，占比达到67.25%，其次为蒙古族受访者，占比为28.31%，汉族和蒙古族受访者占比之和达到95.56%；受访者主要集中在26~59岁，占比达到了81.3%；从受访者文化程度上看，本科占比最高，达到47.34%，其他文化程度分布较为均匀，高中（中专/技校）占12.23%，大专占20.43%，研究生及以上占15.32%。

二 全区基本公共服务满意度总体评价

参考市场调查行业中常用赋值方法，我们采用“非常满意=100”、“满意=80”、“一般=60”、“不满意=40”以及“很不满意=20”的等距赋值原理，通过计算满意度五个量级的加权平均值的方式测度某项基本公共服务的满意程度。在此基础上，运用简单算术平均方法测量总体基本公共服务的满意度。同时，为考察居民对基本公共服务满意度的分布情况，反映满意度内部结构的变化，对基本公共服务的满意率也进行了阐述分析。

调查结果显示，全区基本公共服务平均满意度指数为65.42。从满意度分布结构看，受调查民众中有15.12%的民众对政府提供的基本公共服务表示“非常满意”，26.17%的民众表示“满意”，两者合计比例达到41.29%，仅有19.93%的受调查民众表示“非常不满意”和“不满意”（9.36%的民众表示“非常不满意”，10.57%的民众表示“不满意”）。此外，多达38.79%的受调查民众对基本公共服务持中立态度，选择“一般”(见表2)。总体来说，绝大多数受调查民众对基本公共服务做出了正面（非常满意和满意）和中性（一般）的评价，此三项的满意率比例达到80.08%，这与内蒙古近年来顶住地方财政压力，不断完善基本公共服务体系，逐年增加民生

表 2　全区基本公共服务的总体满意度

基本公共服务	满意率(%)					满意度指数
	非常不满意	不满意	一般	满意	非常满意	
公共交通	11.57	9.98	34.77	25.03	18.64	65.84
公共安全	8.60	9.20	34.40	31.13	16.67	67.61
公共住房	11.14	11.43	42.65	21.64	13.13	62.84
基础教育	12.59	13.36	38.35	23.07	12.63	61.96
社会保障	7.50	9.14	41.69	26.75	14.92	66.49
医疗卫生	12.77	14.07	42.58	20.23	10.35	60.26
公共就业	9.52	11.99	47.95	19.90	10.64	62.03
城市环境	5.52	7.42	29.12	35.59	22.34	72.36
文化体育	5.07	8.25	34.97	32.21	19.50	70.56
行政服务	9.33	10.81	41.39	26.12	12.34	64.27
平均	9.36	10.57	38.79	26.17	15.12	65.42

财政投入息息相关。同时，我们也应看到，受调查民众中表示“非常满意”和“满意”的占比较低，持中立态度民众的占比较高，这也说明当前内蒙古自治区基本公共服务的供给质量和水平与民众日益增长的多元且异质的公共需求间仍存在一定差距，意味着地方政府基本公共服务的供给效果还有较大改善空间。全区各基本公共服务满意指数如图 1 所示。

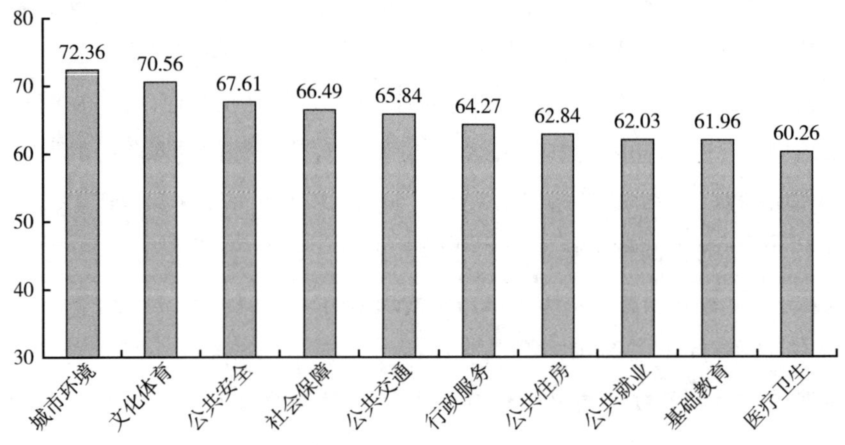

图 1　全区各项基本公共服务满意度指数

从全区各项基本公共服务满意度排名看，排名第一的是城市环境，满意度指数为72.36；文化体育、公共安全分别以70.56、67.61的满意度指数排在第二位和第三位。而医疗卫生满意度指数为60.26，排最后一位，相比排第一位的城市环境满意度指数低了12.1；基础教育、公共就业分别以61.96、62.03的满意度指数排在倒数第二位和倒数第三位。

从全区各调查城市基本公共服务满意度排名看，排第一位的是鄂尔多斯市东胜区，满意度指数达到75.45；阿拉善盟巴彦浩特镇排在第二位，满意度指数为70.75；兴安盟乌兰浩特市排在第三位，满意度指数为69.85。而呼和浩特市排在全区最后一位，满意度指数仅为60.15，相比排名第一的东

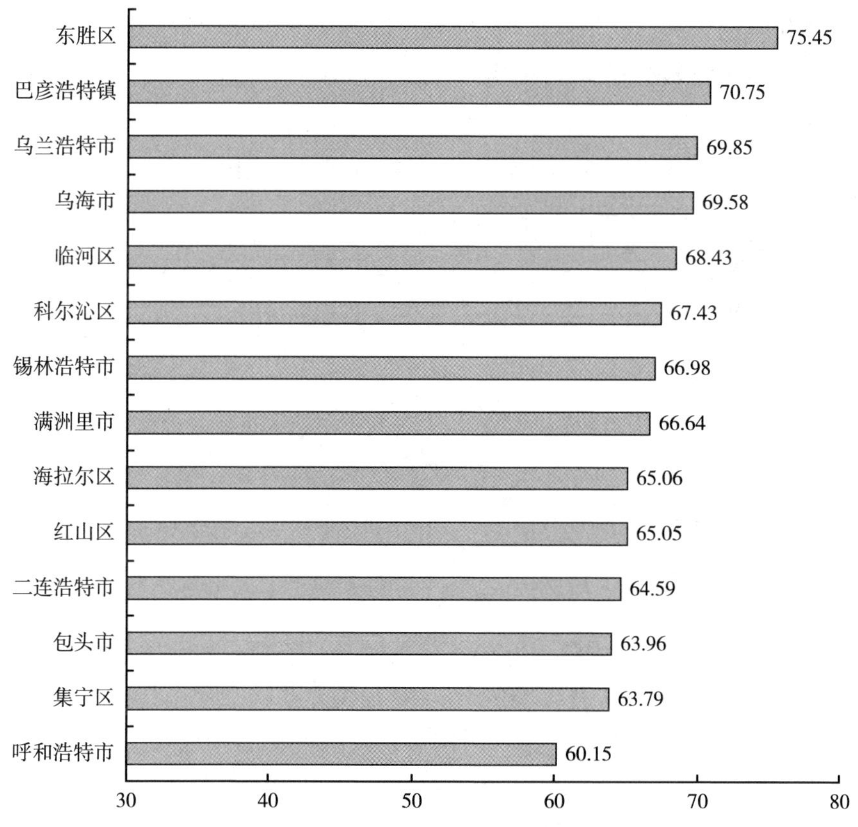

图2　全区各调查城市基本公共服务满意度指数

胜区满意度指数低了15.3；乌兰察布市集宁区、包头市分别以满意度指数63.79、63.96排在全区调查城市的倒数第二位和倒数第三位（见图2）。

三　各调查城市基本公共服务满意度评估分析

（一）东胜区基本公共服务满意度评估分析

东胜区基本公共服务满意度平均指数达到75.45，在调查的12个盟市和2个计划单列市政府所在地城市中排第一位。从城区内民众评价看，城市环境评价最高，满意度指数达到88.26，公共安全和公共交通排第二位和第三位，满意度指数分别为81.95和77.28，医疗卫生排名最后，满意度指数

表3　东胜区基本公共服务满意度各要素指数排名

项目	公共交通	公共安全	公共住房	基础教育	社会保障	医疗卫生	公共就业	城市环境	文化体育	行政服务	平均满意度
指数	77.28	81.95	71.83	73.87	74.04	68.26	69.53	88.26	77.11	72.41	75.45
排名	1	1	1	1	1	1	1	1	1	1	1

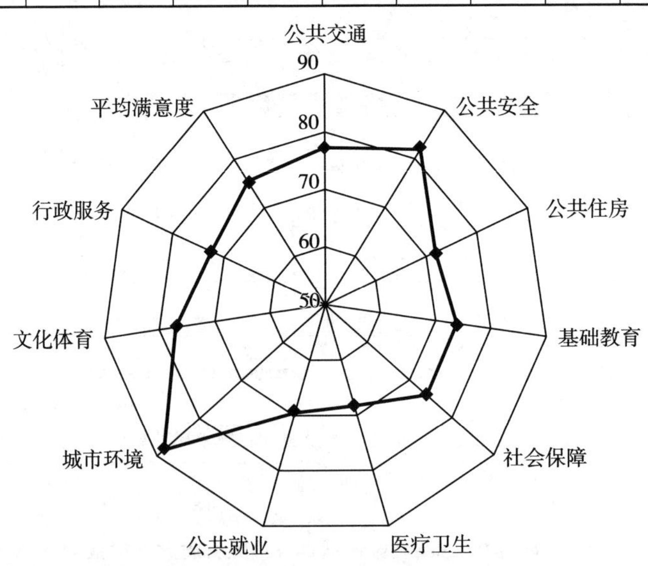

图3　东胜区基本公共服务满意度各要素指数

仅为68.26。从全区来看，东胜区各项要素均排在14个城市的第一位。其中，城市环境和公共安全两项满意度指数均超过80，分别达到88.26和81.95，在全区表现突出；公共交通、文化体育、社会保障、基础教育、行政服务和公共住房6项满意度指数均超过70，满意度情况整体优秀且均衡（见表3和图3）。从满意度的内部结构看，东胜区民众对基本公共服务评价“非常满意”的平均占比达到28.26%，在14个城市中排第一位，“满意”的平均占比也达到33.60%，在14个城市中仅次于巴彦淖尔市临河区，排第二位。其中，城市环境的“非常满意”占比更是达到了54.04%，远远高于其他城市。

（二）巴彦浩特镇基本公共服务满意度评估分析

巴彦浩特镇基本公共服务满意度平均指数达到70.75，在12个盟市和2个计划单列市政府所在地城市中排第二位。从镇内民众评价看，城市环境评价最高，满意度指数达到81.35，文化体育和公共安全排第二位和第三位，满意度指数分别为76.17和74.38，医疗卫生排名最后，满意度指数仅为60.14。从全区来看，城市环境、文化体育、公共安全和社会保障4项在14个城市中均排第二位，其满意度指数均超过70，其中城市环境更是超过80；行政服务、基础教育和公共住房3项排第三位，公共交通和公共就业2项排第五位，仅有医疗卫生排名较为靠后（第八位）。除医疗卫生外，满意度情况整体较为优秀（见表4和图4）。从满意度的内部结构看，巴彦浩特镇民众对基本公共服务评价满意（“满意”和“非常满意”）的平均占比达到52.54%，在14个城市中仅次于东胜区和临河区，排第三位，评价“一般”的平均占比达到34.01%，可以看出民众对于政府提供的基本公共服务较为认可。

表4　巴彦浩特镇基本公共服务满意度各要素指数排名

项目	公共交通	公共安全	公共住房	基础教育	社会保障	医疗卫生	公共就业	城市环境	文化体育	行政服务	平均满意度
指数	71.28	74.38	68.26	69.43	71.35	60.14	65.12	81.35	76.17	70.00	70.75
排名	5	2	3	3	2	8	5	2	2	3	2

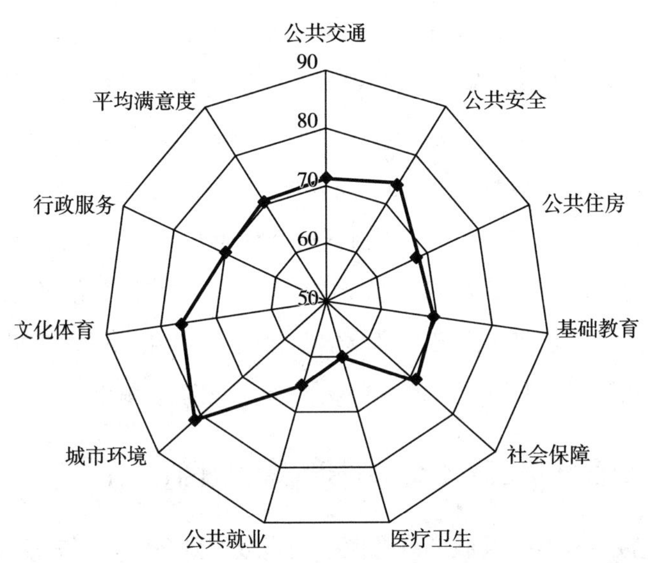

图4　巴彦浩特镇基本公共服务满意度各要素指数

（三）乌兰浩特市基本公共服务满意度评估分析

乌兰浩特市基本公共服务满意度平均指数为69.85，在12个盟市和2个计划单列市政府所在地城市中排第三位。从市内民众评价看，城市环境评价最高，满意度指数达到78.72，文化体育和公共交通排第二位和第三位，满意度指数分别为71.27和70.93，行政服务排名最后，满意度指数仅为65.34。从全区来看，基础教育和医疗卫生2项在14个城市中均排第二位，社会保障、城市环境和公共就业排第三位，文化体育、公共住房、公共交通和公共安全排第四位至第六位，仅有行政服务排名较为靠后（第八位）。10个基本公共服务要素中有5个（公共交通、公共安全、社会保障、城市环境和文化体育）满意度指数超过70，满意度情况整体较好（见表5和图5）。从满意度的内部结构看，乌兰浩特市民众对基本公共服务评价满意（“满意”和“非常满意”）的平均占比达到47.66%，在14个城市中排第四位，评价“一般”的平均占比达到40.39%，说明民众对于政府提供的基本公共服务基本认可。

表5　乌兰浩特市基本公共服务满意度各要素指数排名

项目	公共交通	公共安全	公共住房	基础教育	社会保障	医疗卫生	公共就业	城市环境	文化体育	行政服务	平均满意度
指数	70.93	70.64	67.63	69.49	70.72	66.67	67.06	78.72	71.27	65.34	69.85
排名	6	6	5	2	3	2	3	3	4	8	3

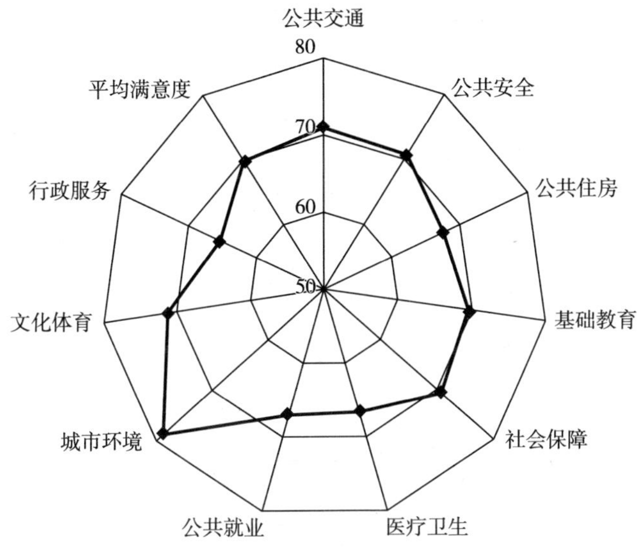

图5　乌兰浩特市基本公共服务满意度各要素指数

（四）乌海市基本公共服务满意度评估分析

乌海市基本公共服务满意度在14个城市中排第四位，其平均满意度指数为69.58。从市内民众评价看，公共交通评价最高，满意度指数达到73.95，文化体育和公共安全排第二位和第三位，满意度指数分别为73.49和73.33，医疗卫生排名最后，满意度指数仅为60.46。从全区来看，公共住房和行政服务2项满意度指数在14个城市中排第二位，公共交通、公共安全和文化体育3项排第三位，社会保障和公共就业2项排第四位，基础教育、医疗卫生和城市环境3项分别排第七位至第八位。10个基本公共服务要素中有6个（公共交通、公共安全、社会保障、城市环境、文化体育和行政服务）满意度指数超过70（见表6和图6）。从满意度内部结构看，乌海市民众对基本公共服务评价满意（“满意”和“非常满意”）的平均占比达到47.50%，在14个城市中排第五位，评价“一般”的平均占比达到40.06%，说明民众对于政府提供的基本公共服务基本认可。

表6　乌海市基本公共服务满意度各要素指数排名

项目	公共交通	公共安全	公共住房	基础教育	社会保障	医疗卫生	公共就业	城市环境	文化体育	行政服务	平均满意度
指数	73.95	73.33	69.07	65.05	70.13	60.46	67.02	72.12	73.49	71.13	69.58
排名	3	3	2	7	4	7	4	8	3	2	4

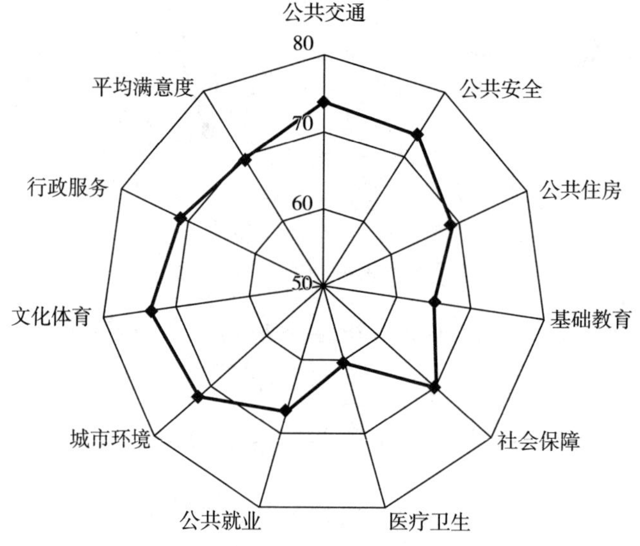

图6　乌海市基本公共服务满意度各要素指数

（五）临河区基本公共服务满意度评估分析

临河区基本公共服务满意度在14个城市中排名第五位，其平均满意度指数为68.43。从城区内民众评价看，城市环境评价最高，满意度指数达到75.68，公共安全和文化体育排第二位和第三位，满意度指数分别为70.79和

70.14，基础教育排名最后，满意度指数仅为65.14，公共住房和医疗卫生并列倒数第二位，满意度指数均为65.27。从全区来看，公共就业在14个城市中排第二位，医疗卫生排第三位，公共安全、社会保障、城市环境、行政服务、基础教育和文化体育分别排第四位至第六位，公共住房和公共交通排名较为靠后，分别排第九位和第十位。10个基本公共服务要素中有4个（公共安全、社会保障、城市环境和文化体育）满意度指数超过70（见表7和图7）。从满意度内部结构看，临河区民众对基本公共服务评价满意（“满意”和“非常满意”）的平均占比达到52.86%，在14个城市中仅次于东胜区，排第二位，其中医疗卫生和公共就业两项评价满意（“满意”和“非常满意”）的占比分别达到46.92%和49.66%，均在调查城市中排第一位。

表7　临河区基本公共服务满意度各要素指数排名

项目	公共交通	公共安全	公共住房	基础教育	社会保障	医疗卫生	公共就业	城市环境	文化体育	行政服务	平均满意度
指数	67.33	70.79	65.27	65.14	70.07	65.27	67.33	75.68	70.14	67.26	68.43
排名	10	4	9	6	5	3	2	5	6	5	5

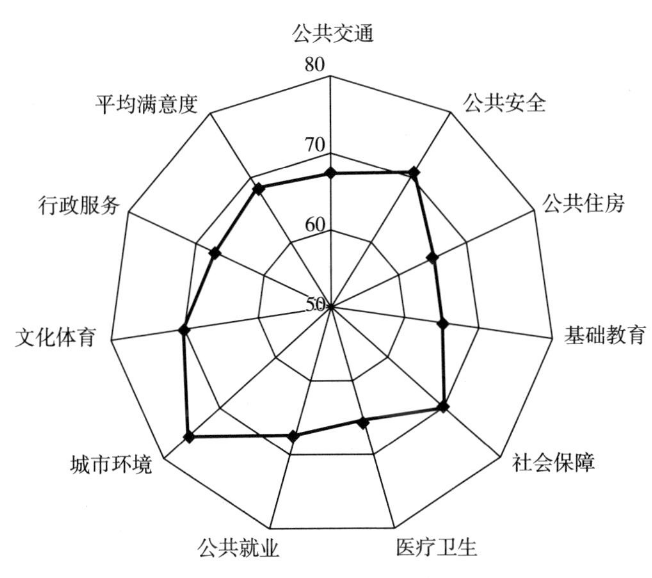

图7　临河区基本公共服务满意度各要素指数

（六）科尔沁区基本公共服务满意度评估分析

科尔沁区基本公共服务满意度在14个城市中排第六位，其平均满意度指数为67.43。从城区内民众评价看，公共交通评价最高，满意度指数达到73.63，城市环境和文化体育分别排第二位和第三位，满意度指数分别为72.09和69.66，医疗卫生排名最后，满意度指数仅为62.96。从全区来看，公共交通和医疗卫生2项在14个城市中均排第四位，基础教育排第五位，公共住房、社会保障、公共就业、文化体育、公共安全和城市环境分别排第六位至第九位，行政服务排名较为靠后，排第十一位。10个基本公共服务要素中有2个（公共交通和城市环境）满意度指数超过70（见表8和图8）。

表8　科尔沁区基本公共服务满意度各要素指数排名

项目	公共交通	公共安全	公共住房	基础教育	社会保障	医疗卫生	公共就业	城市环境	文化体育	行政服务	平均满意度
指数	73.63	68.82	65.88	65.74	68.60	62.96	63.23	72.09	69.66	63.64	67.43
排名	4	9	6	5	6	4	6	9	7	11	6

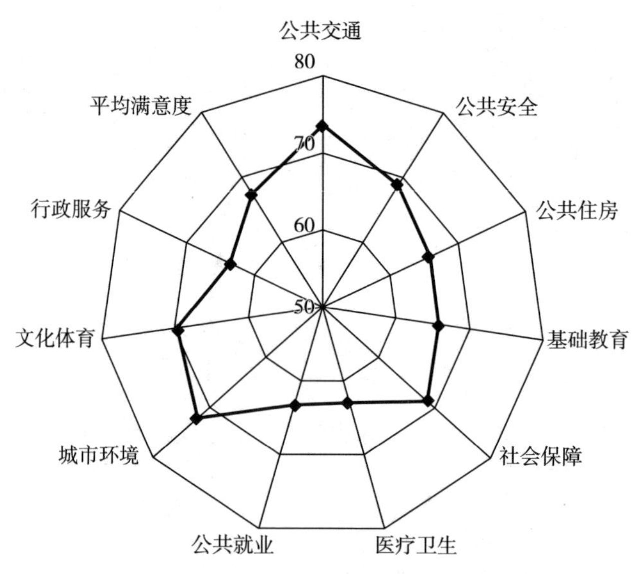

图8　科尔沁区基本公共服务满意度各要素指数

从满意度内部结构看，评价满意（“满意”和“非常满意”）的平均占比达到42.21%，在14个城市中排第六位，其中评价公共住房、医疗卫生和公共就业3项“非常满意”的占比分别达到21.62%、16.84%和17.51%，均在调查城市中排第一位，其整体“非常满意”的平均占比达到21.85%，在调查城市中排第二位。

（七）锡林浩特市基本公共服务满意度评估分析

锡林浩特市基本公共服务满意度在14个城市中排第七位，整体处于中等水平，其平均满意度指数为66.98。从市内民众评价看，城市环境评价最高，满意度指数达到72.63，公共交通和公共安全排第二位和第三位，满意度指数分别为69.77和69.31，医疗卫生排名最后，满意度指数仅为59.91。

表9　锡林浩特市基本公共服务满意度各要素指数排名

项目	公共交通	公共安全	公共住房	基础教育	社会保障	医疗卫生	公共就业	城市环境	文化体育	行政服务	平均满意度
指数	69.77	69.31	65.71	66.08	67.74	59.91	62.67	72.63	68.76	67.19	66.98
排名	8	7	8	4	7	9	7	7	9	6	7

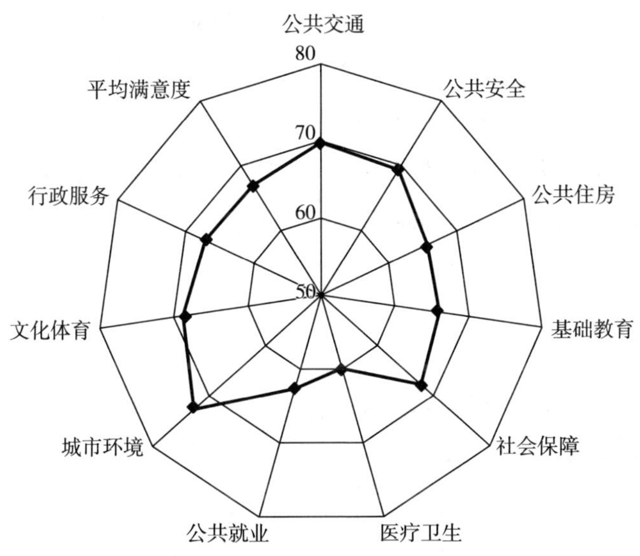

图9　锡林浩特市基本公共服务满意度各要素指数

从全区来看，基础教育在调查城市中排第四位，行政服务排第六位，其余各项排名分别在第七位至第九位。10 个基本公共服务要素中仅有 1 个（城市环境）满意度指数超过 70（见表 9 和图 9）。从满意度内部结构看，评价满意（“满意”和“非常满意”）的平均占比达到 40.96%，在 14 个城市中排第八位，评价“一般”的平均占比达到 43.23%，排第四位。民众对于基本公共服务的中性评价占比较高，在一定程度上拉低了该地区的整体满意情况。

（八）满洲里市基本公共服务满意度评估分析

满洲里市基本公共服务满意度在 14 个城市中排第八位，整体处于中等水平，其平均满意度指数为 66.64。从市内民众评价看，城市环境评价最高，满意度指数达到 75.55，公共安全和公共交通排第二位和第三位，满意度指数分别为 70.71 和 70.66，医疗卫生排名最后，满意度指数仅为 58.01。从全区来看，公共住房在调查城市中排第四位，公共安全、城市环境和公共交通分别排第五位、第六位和第七位，其余各项分别排第八位至第十一位。10 个基本公共服务要素中有 3 个（公共交通、公共安全和城市环境）满意度指数超过 70（见表 10 和图 10）。从满意度内部结构看，评价满意（“满意”和“非常满意”）的平均占比达到 37.88%，在 14 个城市中排第十位，评价“一般”的平均占比高达 49.48%，排第二位。一半的民众对基本公共服务进行了中性评价，说明当前该市基本公共服务的供给质量和水平与民众日益增长的多元且异质的公共需求间仍存在一定差距。此外，满洲里市公共就业的满意度（“满意”和“非常满意”）平均占比仅为 20.38%，在调查城市中排倒数第一位。

表 10　满洲里市基本公共服务满意度各要素指数排名

项目	公共交通	公共安全	公共住房	基础教育	社会保障	医疗卫生	公共就业	城市环境	文化体育	行政服务	平均满意度
指数	70.66	70.71	67.81	62.36	65.09	58.01	62.37	75.55	68.96	64.86	66.64
排名	7	5	4	9	10	11	8	6	8	10	8

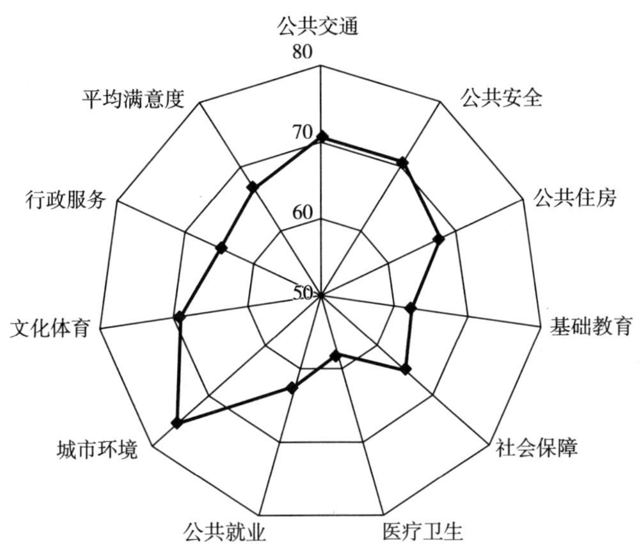

图 10　满洲里市基本公共服务满意度各要素指数

（九）海拉尔区基本公共服务满意度评估分析

海拉尔区基本公共服务满意度平均指数为 65.06，在 12 个盟市和 2 个计划单列市政府所在地城市中排第九位。从城区内民众评价看，城市环境评价最高，满意度指数达到 70.80，文化体育和公共安全排第二位和第三位，满意度指数分别为 68.44 和 68.05，医疗卫生排名最后，满意度指数仅为 60.93。从全区来看，仅有医疗卫生和行政服务排名靠前，分别排第六位和第七位，其余各项分别排在调查城市中的第十位至第十二位。10 个基本公共服务要素中仅有 1 个（城市环境）满意度指数超过 70（见表 11 和图 11）。从满意度内部结构看，评价满意（“满意”和“非常满意”）的平均占比达到 37.44%，在 14 个城市中排第十二位，评价“一般”的平均占比达到 44.32%，排第三位。此外，海拉尔区社会保障的满意度（“满意”和“非常满意”）平均占比仅为 29.54%，在调查城市中排倒数第一位。

表 11　海拉尔区基本公共服务满意度各要素指数排名

项目	公共交通	公共安全	公共住房	基础教育	社会保障	医疗卫生	公共就业	城市环境	文化体育	行政服务	平均满意度
指数	65.06	68.05	63.97	61.10	63.38	60.93	62.28	70.80	68.44	66.58	65.06
排名	12	10	10	11	11	6	10	12	10	7	9

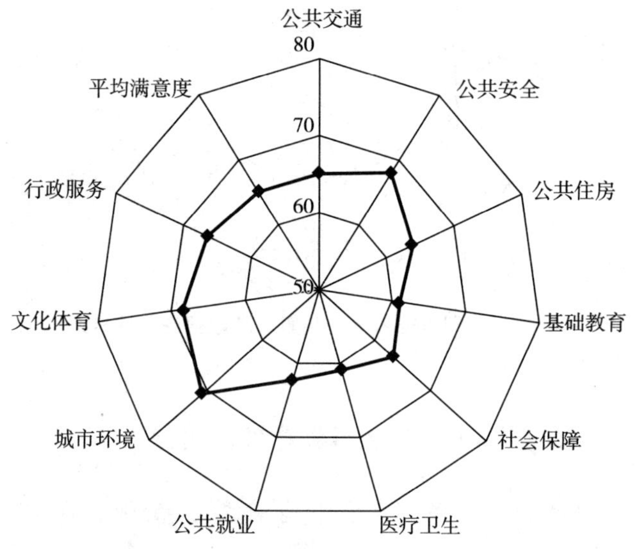

图 11　海拉尔区基本公共服务满意度各要素指数

（十）红山区基本公共服务满意度评估分析

红山区基本公共服务满意度平均指数为 65.05，在 12 个盟市和 2 个计划单列市政府所在地城市中排第十位。从城区内民众评价看，城市环境评价最高，满意度指数为 71.13，社会保障和公共交通排第二位和第三位，满意度指数分别为 67.40 和 67.07，公共住房和公共就业并列最后一名，满意度指数均为 61.27。从全区来看，医疗卫生在调查城市中排第五位，基础教育和社会保障排第八位，其余各项分别排第十位至第十三位。10 个基本公共服务要素中仅有 1 个（城市环境）满意度指数超过 70（见表 12 和图 12）。从满意度内部结构看，评价满意（“满意”和“非常满意”）的平均占比达到41.73%，在14个城市中排第七位，评价“一般”的平均占比达到34.81%，排第十位。此外，红山区民众对基本公共服务评价不满意（“不满意”和“非常不满意”）的平均占比高达23.46%，在各城市中排第三位，说明近1/4的民众对政府提供的基本公共服务持否定态度。

表12　红山区基本公共服务满意度各要素指数排名

项目	公共交通	公共安全	公共住房	基础教育	社会保障	医疗卫生	公共就业	城市环境	文化体育	行政服务	平均满意度
指数	67.07	66.64	61.27	63.55	67.40	62.79	61.27	71.13	66.98	62.36	65.05
排名	11	11	11	8	8	5	11	10	13	12	10

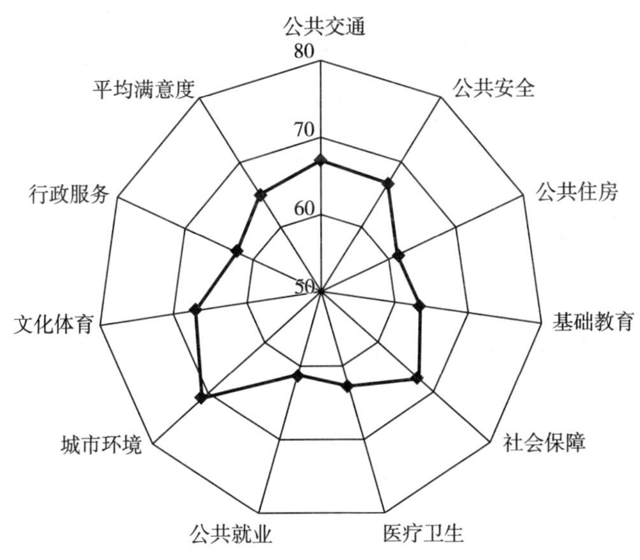

图12　红山区基本公共服务满意度各要素指数

（十一）二连浩特市基本公共服务满意度评估分析

二连浩特市基本公共服务满意度平均指数为64.59，在12个盟市和2个计划单列市政府所在地城市中排第十一位。从市内民众评价看，城市环境

表 13　二连浩特市基本公共服务满意度各要素指数排名

项目	公共交通	公共安全	公共住房	基础教育	社会保障	医疗卫生	公共就业	城市环境	文化体育	行政服务	平均满意度
指数	63.29	69.24	65.83	55.14	67.35	55.95	62.30	70.14	67.03	69.66	64.59
排名	13	8	7	13	9	14	9	11	12	4	11

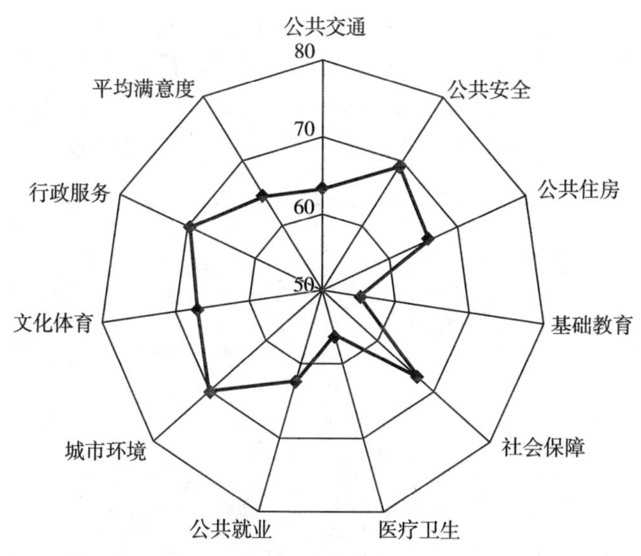

图 13　二连浩特市基本公共服务满意度各要素指数

评价最高，满意度指数达到 70.14，行政服务和公共安全分别排第二位和第三位，满意度指数分别为 69.66 和 69.24，基础教育排名最后，满意度指数仅为 55.14，医疗卫生排倒数第二位，满意度指数为 55.95。从全区来看，行政服务在调查城市中排第四位，公共住房、公共安全、社会保障和公共就业 4 项分别排第七位至第九位，城市环境、文化体育、公共交通和基础教育 4 项分别排第十一位至第十三位，医疗卫生排最后一位。10 个基本公共服务要素中仅有 1 个（城市环境）满意度指数超过 70（见表 13 和图 13）。从满意度内部结构看，评价满意（“满意”和“非常满意”）的平均占比达到 34.62%，在 14 个城市中排第十三位，评价“一般”的平均占比高达 51.66%，排第一位。民众对于政府提供的基本公共服务评价持中立态度的占比过高，从而拉低了整体满意度，说明政府基本公共服务的供给效果离民众预期仍存在很大差距，还有较大改善空间。此外，二连浩特市基础教育、医疗卫生和文化体育3项的满意度（“满意”和“非常满意”）平均占比分别仅为16.22%、14.86%和37.84%，在调查城市中均排倒数第一位。

（十二）包头市基本公共服务满意度评估分析

包头市基本公共服务满意度平均指数为63.96，在12个盟市和2个计划单列市政府所在地城市中排第十二位。从市内民众评价看，对公共交通评价最高，满意度指数达到74.11，城市环境和文化体育排第二位和第三位，

表14　包头市基本公共服务满意度各要素指数排名

项目	公共交通	公共安全	公共住房	基础教育	社会保障	医疗卫生	公共就业	城市环境	文化体育	行政服务	平均满意度
指数	74.11	65.71	60.18	62.14	63.04	58.30	58.57	69.73	68.04	59.73	63.96
排名	2	12	13	10	13	10	13	13	11	13	12

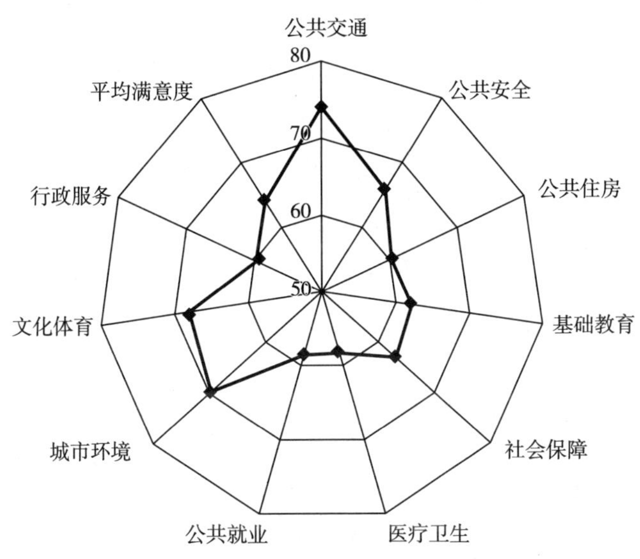

图14　包头市基本公共服务满意度各要素指数

满意度指数分别为69.73和68.04，医疗卫生排名最后，满意度指数仅为58.30，公共就业和行政服务满意度指数均未超过60，分别排倒数第二位和第三位。从全区看，仅有公共交通在调查城市中排名靠前，排在第二位，其余各项分别排第十位至第十三位。10个基本公共服务要素中仅有1个（公共交通）满意度指数超过70（见表14和图14）。从满意度内部结构看，评价满意（"满意"和"非常满意"）的平均占比达到37.68%，在14个城市中排第十一位，评价"一般"的平均占比高达42.28%，排第五位。此外，包头市行政服务的满意度（"满意"和"非常满意"）平均占比仅为25.45%，在调查城市中排倒数第一位。

（十三）集宁区基本公共服务满意度评估分析

集宁区基本公共服务满意度平均指数为63.79，在12个盟市和2个计划单列市政府所在地城市中排第十三位。从城区内民众评价看，城市环境评价最高，满意度指数达到78.01，公共交通和公共安全2项排第二位和第三位，满意度指数分别为67.93和65.68，基础教育排名最后，满意度指数仅为54.45，医疗卫生和公共就业满意度指数均未超过60，分别排倒数第二位和第三位。从全区来看，城市环境在全区排名最为靠前（第四位），公共交通和行政服务均排第九位，其余各项分别排第十二位至第十四位。10个基本公共服务要素中仅有1个（城市环境）满意度指数超过70（见表15和图15）。从满意度内部结构看，评价满意（"满意"和"非常满意"）的平均占比达到39.58%，在14个城市中排第九位，而评价不满意（"不满意"和"非常不满意"）的平均占比高达25.89%，排第二位。

表15　集宁区基本公共服务满意度各要素指数排名

项目	公共交通	公共安全	公共住房	基础教育	社会保障	医疗卫生	公共就业	城市环境	文化体育	行政服务	平均满意度
指数	67.93	65.68	60.34	54.45	63.33	57.89	59.66	78.01	65.47	65.09	63.79
排名	9	13	12	14	12	12	12	4	14	9	13

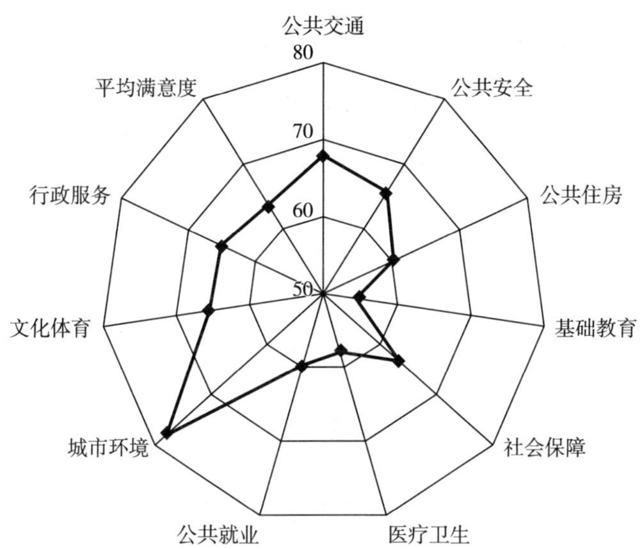

图 15　集宁区基本公共服务满意度各要素指数

（十四）呼和浩特市基本公共服务满意度评估分析

呼和浩特市作为自治区首府城市，其基本公共服务满意度平均指数为 60. 15，在 12 个盟市和 2 个计划单列市政府所在地城市中排名最后一位。从市内民众评价看，文化体育的评价最高，满意度指数达到 70. 92，城市环境和社会保障紧随其后，分别排在第二位和第三位，满意度指数分别为 66. 11 和 62. 70，公共交通和基础教育排在最后两位，满意度指数分别仅为 55. 27 和 55. 68。从全区看，呼和浩特市仅有文化体育一项进入全区前十，排第五位，公共交通、公共安全、公共住房、社会保障、公共就业、城市环境、行政服务七项在全区排名垫底。10 个基本公共服务要素中仅有 1 个（文化体育）满意度指数超过 70（见表 16 和图 16）。从满意度内部结构看，评价满意（“满意”和“非常满意”）的平均占比达到 33. 04%，居全区最后一位，评价不满意（“不满意”和“非常不满意”）的平均占比高达 28. 18%，居全区第一位。此外，呼和浩特市公共交通、公共安全、公共住房和城市环境的满意（“满意”和“非常满意”）平均占比分别仅为 27. 56%、35. 04%、22. 78% 和 46. 44%，均居全区最后一位。

表 16　呼和浩特市基本公共服务满意度各要素指数排名

项目	公共交通	公共安全	公共住房	基础教育	社会保障	医疗卫生	公共就业	城市环境	文化体育	行政服务	平均满意度
指数	55.27	61.07	56.19	55.68	62.70	56.94	57.59	66.11	70.92	59.02	60.15
排名	14	14	14	12	14	13	14	14	5	14	14

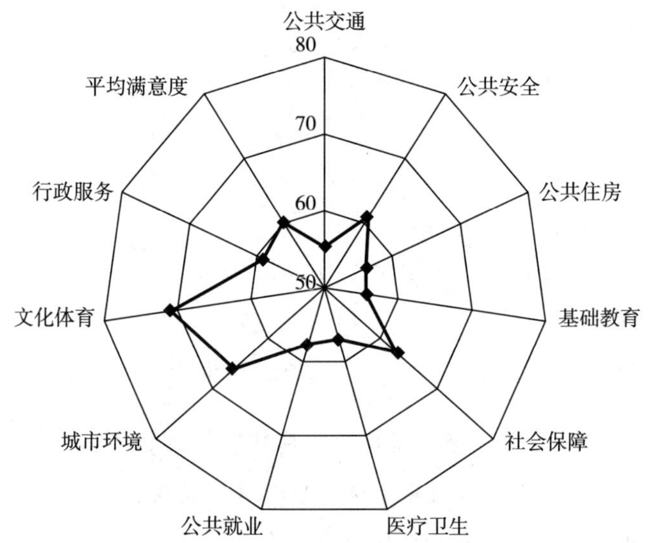

图 16　呼和浩特市基本公共服务满意度各要素指数

四　公共服务单项要素调查分析结果

10 项公共服务总体满意度结果如下：满意度指数最高的前三位分别是城市环境、文化体育和公共安全，最后三位分别是医疗卫生、基础教育和公共就业。10 项公共服务中，对关注度前三位的公共服务项目进行统计，最受关注的前三位分别是医疗卫生、基础教育和社会保障。民众最关注的问题恰恰是不满意的方面，医疗卫生的关注度最高但是满意度最低，虽然国家在医疗体制改革和医保等方面都做了巨大努力并收到一定成效，但是看病难看病贵、医疗资源分配不均的问题依然存在，是困扰公共服务整体水平提升的关键所在（见表17）。

表17　公共服务单项满意度指数与关注度排名

公共服务单项	满意度指数	满意度排名	关注度排名
城市环境	72.36	1	7
文化体育	70.56	2	10
公共安全	67.61	3	4
社会保障	66.49	4	3
公共交通	65.84	5	5
行政服务	64.27	6	9
公共住房	62.84	7	6
公共就业	62.03	8	8
基础教育	61.96	9	2
医疗卫生	60.26	10	1
平均值	65.42	—	—

改革开放以来，民众普遍对公共服务水平的变化持乐观态度，94.06%的受访者认为公共服务水平有提升（“明显提升”或“有所提升”），其中48.63%的受访者认为公共服务水平有明显提升。内蒙古自治区的社会建设快速发展，着力提升基本公共服务水平，逐步建立和完善覆盖城乡的基本公共服务体系，基本公共服务均等化取得明显进展，居民生活水平明显改善，获得感、幸福感逐渐提升。

（一）公共交通

公共交通满意度指数为65.84，在基本公共服务10项要素中排名第五。从全区来看，东胜区、包头市、乌海市的公共交通满意度指数较高，列被调查地区的前三位，指数分别为77.28、74.11、73.95。最后三位分别为海拉尔区、二连浩特市、呼和浩特市，指数分别为65.06、63.29、55.27（见表18）。

表 18　各地区公共交通满意度指数排名情况

地区	满意度指数	全区排名	地区	满意度指数	全区排名
东胜区	77.28	1	集宁区	67.93	9
包头市	74.11	2	临河区	67.33	10
乌海市	73.95	3	赤峰市	67.07	11
科尔沁区	73.63	4	海拉尔区	65.06	12
巴彦浩特镇	71.28	5	二连浩特市	63.29	13
乌兰浩特市	70.93	6	呼和浩特市	55.27	14
满洲里市	70.66	7	平均值	69.11	
锡林浩特市	69.77	8			

在道路畅通度方面，六成以上的受访者都认为外出时路面是有些拥堵的，其中30.55%的受访者认为道路“比较堵”，7.67%的受访者认为道路“非常堵”。公共交通的道路通行有待加强，其中道路拥堵情况最为严重的是自治区首府呼和浩特市，由于地铁建设与城市施工，交通拥挤区域和拥挤点的数量增加，进而加剧了原来交通拥挤区域的交通拥挤程度，在很大程度上影响了市民的出行。

在交通便利度方面，75.83%的受访者认为乘坐公共交通工具是比较方便的，其中有12.63%的受访者认为乘坐公共交通工具“很方便”，32.99%的受访者认为乘坐公共交通工具“比较方便”。在等车时间的问题上，22.8%的受访者在本城市打车时等车时间在“5分钟以内”，35.57%的受访者在本城市打车时等车时间在“10分钟以内”，近六成的受访者表示在10分钟之内都能等到车。公共交通出行的便利度较高，但是私家车出行便利度较低，在寻找停车位的问题上，开私家车出行的时候，42.91%的受访者认为寻找停车位不太方便（“很不方便”或“不太方便”）。

（二）公共安全

公共安全满意度指数为67.61，在基本公共服务10项要素中排名第三。从全区来看，东胜区、巴彦浩特镇、乌海市的公共安全满意度指数最高，列被调查地区的前三位，分别为81.95、74.38、73.33，最后三位分别为包头市、集宁区和呼和浩特市，满意度指数分别为 65.71、65.68、61.07（见表 19）。

表 19　各地区公共安全满意度指数排名情况

地区	满意度指数	全区排名	地区	满意度指数	全区排名
东胜区	81.95	1	二连浩特市	69.24	8
巴彦浩特镇	74.38	2	科尔沁区	68.82	9
乌海市	73.33	3	海拉尔区	68.05	10
临河区	70.79	4	赤峰市	66.64	11
满洲里市	70.71	5	包头市	65.71	12
乌兰浩特市	70.64	6	集宁区	65.68	13
锡林浩特市	69.31	7	呼和浩特市	61.07	14

在社会治安方面，60.47%的受访者对社会治安表示满意（“满意”或“非常满意”），25.37%的受访者持中立态度（“一般”），13.79%的受访者对社会治安表示不满意（“不满意”或“非常不满意”）。在财产安全的问题上，75.02%的受访者表示过去一年没有遭遇过财物被盗、抢劫或诈骗。较其他基本公共服务方面而言，社会治安的满意度相对较高。

在食品安全方面，26.68%的受访者对本地区的食品安全评价为“很放心”或“比较放心”，35.03%的受访者对本地区食品安全评价为“一般”，37.75%的受访者对食品安全评价为“很不放心”或“不太放心”，食品安全形势仍十分严峻。在如何提高食品安全水平的问题上，25.60%的受访者选择“加大政府部门监管力度”，23.87%的受访者认为应“对违法商贩加大处罚力度”，20.56%的受访者认为应“加强立法，完善相关法律”，13.73%的受访者选择“对监管单位实行问责制”，还有 10.34%和 5.91%的受访者认为应“普及消费知识，增强消费者分辨能力”和“进行道德宣传教育”。可以看到，落实“四个最严”监管要求，提升食品安全管理制度化、法制化水平是百姓认为提升食品安全水平的重要途径。

在信息安全的问题上，20.16%的受访者表示个人或熟人遇到过个人隐私泄露，44.47%的受访者表示偶尔遇到过个人隐私泄露问题，只有34.62%的受访者表示没有遇到过个人隐私泄露问题。随着互联网的飞速发展，信息化、网络化已是大势所趋，随之产生的信息安全问题逐渐成为公共安全问题中重要的一部分，由于个人信息泄露引发的经济、财产损失案件屡见不鲜，如何保障个人信息安全，需要政府和企业在技术、制度、理念、法律、监管等多个层面协同合作。

（三）公共住房

公共住房满意度指数为62.84，在基本公共服务10项要素中排名第七。从全区来看，东胜区、乌海市、巴彦浩特镇的公共住房满意度指数最高，列被调查地区的前三位，分别为71.83、69.07、68.26，最后三位分别为集宁区、包头市和呼和浩特市，满意度指数分别为60.34、60.18、56.19（见表20）。

表20　各地区公共住房满意度指数排名情况

地区	满意度指数	全区排名	地区	满意度指数	全区排名
东胜区	71.83	1	锡林浩特市	65.71	8
乌海市	69.07	2	临河区	65.27	9
巴彦浩特镇	68.26	3	海拉尔区	63.97	10
满洲里市	67.81	4	赤峰市	61.27	11
乌兰浩特市	67.63	5	集宁区	60.34	12
科尔沁区	65.88	6	包头市	60.18	13
二连浩特市	65.83	7	呼和浩特市	56.19	14

在对当前住房条件的评价问题上，40.94%的受访者表示“满意”或“非常满意”，43.04%的受访者对当前住房条件评价为“一般”，15.95%的受访者表示“不满意”或“非常不满意”，可以看到，问卷结果对住房条件的正向评价不超过半数，多数受访者期望住房条件能有所提升。

在房价调控方面，38.15%的受访者认为“房价依然快速上涨”，33.74%的受访者认为“房价涨得没那么快了”，16.90%的受访者表示所在城市“房价保持平稳”，仅有 2.78% 的受访者认为“房价稍微下降”或“房价下降很多”。问卷数据在一定程度上反映了现实情况，由于楼市去库存和棚改货币化安置等，2018 年内蒙古大多数城市的房价均呈上涨态势。

在保障性住房政策方面，42.23% 的受访者对保障性住房申请的公平程度表示“不清楚”，29.19% 的受访者表示所在城市申请保障性住房“很公平”或“公平”，10.66% 的受访者表示保障性住房申请“不公平，但可以接受”，17.65% 的受访者表示保障性住房申请“不公平”或“非常不公平”。受限于保障性住房的操作机制问题，在保障性住房的分配上仍会出现不公平的现象，因此还需要完善保障性住房的准入退出机制，加强保障性住房管理制度建设。

（四）基础教育

基础教育满意度指数为 61.96，在基本公共服务 10 项要素中排名第九。从全区来看，东胜区、乌兰浩特市、巴彦浩特镇的基础教育满意度指数最高，列被调查地区的前三位，分别为 73.87、69.49、69.43，最后三位分别为呼和浩特市、二连浩特市和集宁区，满意度指数分别为 55.68、55.14、54.45（见表 21）。

表 21　各地区基础教育满意度指数排名情况

地区	满意度指数	全区排名	地区	满意度指数	全区排名
东胜区	73.87	1	赤峰市	63.55	8
乌兰浩特市	69.49	2	满洲里市	62.36	9
巴彦浩特镇	69.43	3	包头市	62.14	10
锡林浩特市	66.08	4	海拉尔区	61.10	11
科尔沁区	65.74	5	呼和浩特市	55.68	12
临河区	65.14	6	二连浩特市	55.14	13
乌海市	65.05	7	集宁区	54.45	14

在基本公共服务 10 项要素中，基础教育满意度排名第九，表明自治区在基础教育方面提供的服务与民众的满意度期待值相比仍有较大差距。基础

教育的均衡发展，离不开教育资源的均衡配置。在入学方面，面对所在城市孩子上幼儿园/小学/初中是否需要找关系或变相缴费的问题，25.39%的受访者表示“全部需要”或“多数都需要”，36.59%的受访者表示“偶尔需要”，仅有11.07%的受访者表示“全部不需要”，26.27%的受访者表示“不清楚”。在择校方面，23.25%的受访者表示本人或认识的人在孩子上幼儿园/小学/初中时遇到择校等教育资源不公平的现象“非常多”或“比较多”，23.42%的受访者表示教育资源不公平的现象“一般”，26.34%的受访者认为教育资源不公平的现象“比较少”或“非常少”，还有26.41%的受访者表示“不清楚”。优质教育资源集中，基础教育资源分配不均衡的问题是基础教育满意度低的重要原因。

（五）社会保障

社会保障满意度指数为66.49，在基本公共服务10项要素中排名第四。从全区来看，东胜区、巴彦浩特镇、乌兰浩特市的社会保障满意度指数最高，列被调查地区的前三位，分别为74.04、71.35、70.72，最后三位分别为集宁区、包头市和呼和浩特市，满意度指数分别为63.33、63.04、62.70（见表22）。

表22　各地区社会保障满意度指数排名情况

地区	满意度指数	全区排名	地区	满意度指数	全区排名
东胜区	74.04	1	赤峰市	67.40	8
巴彦浩特镇	71.35	2	二连浩特市	67.35	9
乌兰浩特市	70.72	3	满洲里市	65.09	10
乌海市	70.13	4	海拉尔区	63.38	11
临河区	70.07	5	集宁区	63.33	12
科尔沁区	68.60	6	包头市	63.04	13
锡林浩特市	67.74	7	呼和浩特市	62.70	14

在弱势群体救助方面，面对所在城市的弱势群体（孤寡老人、低收入群体、流浪人群等）是否得到有效救助的问题，32.18%的受访者认为“比

较有效”或“非常有效”，38.70%的受访者认为“一般”，28.51%的受访者认为“没有效果”或“效果不明显”。

在养老服务方面，24.85%的受访者对于所在城市的养老服务（社区养老、养老院设置等）表示“满意”或“非常满意”，55.40%的受访者表示“一般”，17.72%的受访者对所在城市的养老服务表示“不满意”或“非常不满意”。多数受访者对城市养老服务持中立评价，城市养老服务还需提高服务质量与水平，以满足民众的高质量养老需求。

在养老、医疗保险方面，多数受访者认为养老保险和医疗保险缴费比例、医疗保险报销比例和所领取的养老保险金都处于“一般”水平（见表23和图17）。

表23　对所在城市养老、医疗保险内容评价

单位：%

	非常低	比较低	一般	比较高	非常高	不清楚
养老保险缴费比例	4.89	11.00	42.91	16.56	4.48	19.01
医疗保险缴费比例	2.92	12.02	45.69	15.95	4.68	17.45
所领取的养老保险金	5.43	17.31	44.26	7.88	2.51	21.11
医疗保险报销比例	5.43	15.00	45.69	11.47	2.78	18.33

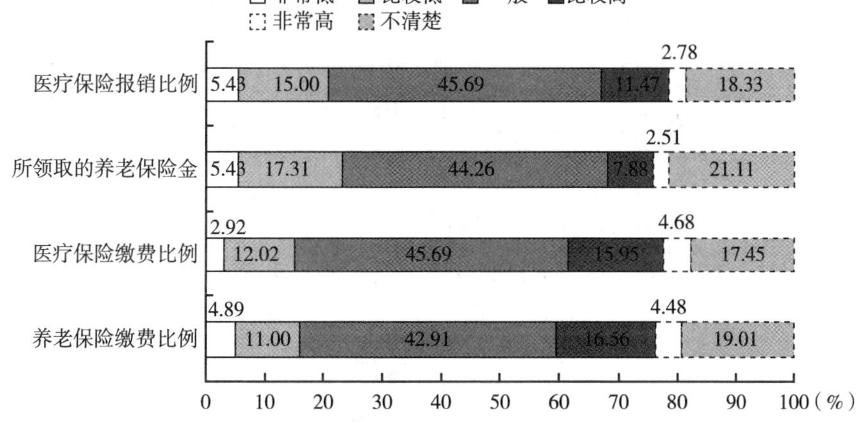

图17　对所在城市养老、医疗保险内容评价

（六）医疗卫生

医疗卫生满意度指数为60.26，在基本公共服务10项要素中排名第十。从全区来看，东胜区、乌兰浩特市、临河区的医疗卫生满意度指数最高，列被调查地区的前三位，分别为68.26、66.67、65.27，最后三位分别为集宁区、呼和浩特市和二连浩特市，满意度指数分别为57.89、56.94、55.95（见表24）。

表24　各地区医疗卫生满意度指数排名情况

地区	满意度指数	全区排名	地区	满意度指数	全区排名
东胜区	68.26	1	巴彦浩特镇	60.14	8
乌兰浩特市	66.67	2	锡林浩特市	59.91	9
临河区	65.27	3	包头市	58.30	10
科尔沁区	62.96	4	满洲里市	58.01	11
赤峰市	62.79	5	集宁区	57.89	12
海拉尔区	60.93	6	呼和浩特市	56.94	13
乌海市	60.46	7	二连浩特市	55.95	14

在接诊时间方面，面对“最近一次去所在城市公立医院看病，从排队挂号到医生接诊用了多长时间”的问题，25.32%的受访者选择了“30分钟以内”，25.39%的受访者选择“30分钟到1小时”，18.74%的受访者选择了“1～2小时”，18.60%的受访者选择了2小时以上，其中有3.94%的受访者选择了“4小时以上”。可以看到，表示最近去过医院的受访者中，有近半数的受访者等待接诊时间为1小时以上，公立医院的医疗资源紧张、“看病难”问题依旧存在。

在医疗费用方面，面对“所在城市公立医院看病时是否感觉有不必要的检查和费用”的问题，26.68%的受访者认为“有，非常严重”或“有，比较严重”，49.83%的受访者认为“一般”或“还可以接受”，只有13.87%的受访者认为“没有不必要的检查和费用”，“看病贵”依然是医疗服务中的突出问题。

在医疗便利度方面，面对“去离家最近的公立医院（包括社区医院）的便利程度”的问题，58.86%的受访者认为“非常方便”或“比较方便”，

19.69%的受访者表示“一般”，13.10%的受访者表示“非常不方便”或“比较不方便”。可以看到，公立医疗机构的分布是基本可以满足民众“就近就医”需求的，之所以还存在医疗资源紧张、看病难的问题，是因为缺乏优质医疗资源的下沉。

在公立医院的医生和设备方面，结果为中性评价（“一般”）的占比较高，平均超过40%，对公立医院医疗设备的正向评价（“比较好”或“非常好”）较高，占比为46.98%，其次为公立医院医生态度，正向评价占比为32.12%；在负向评价（“非常不好”或“比较不好”）方面，对公立医院医生医术的负向评价的占比较高，为20.98%。从问卷调查结果来看，对于所在城市的公立医院医生和设备情况，受访者多持中性评价，并且对硬件设施的评价较好（见表25和图18）。

表25 所在城市公立医院的医生和设备情况评价

单位：%

	非常不好	比较不好	一般	比较好	非常好	不清楚
公立医院医生医术	8.76	12.22	47.18	21.59	3.94	5.50
公立医院医生医德	4.68	11.34	47.79	24.58	5.16	5.70
公立医院医生态度	3.94	11.07	47.05	25.87	6.25	5.02
公立医院医疗设备	3.46	5.84	35.10	32.04	14.94	7.81

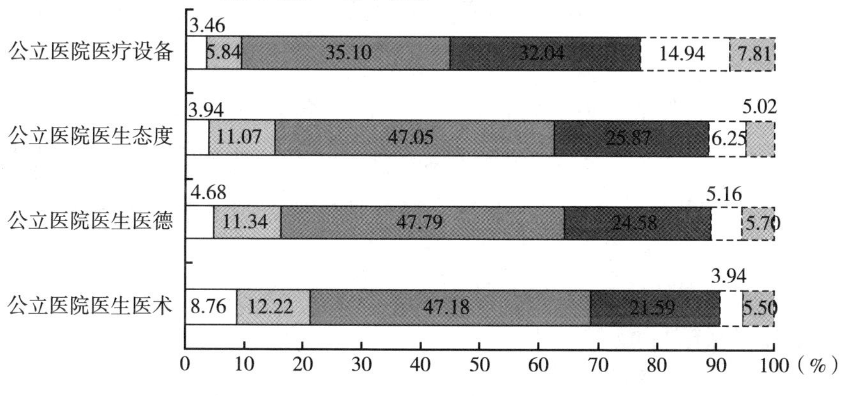

图18 所在城市公立医院的医生和设备情况评价

（七）公共就业

公共就业满意度指数为62.03，在基本公共服务10项要素中排名第八。从全区来看，东胜区、临河区、乌兰浩特市的公共就业满意度指数最高，列被调查地区的前三位，分别为69.53、67.33、67.06，最后三位分别为集宁区、包头市和呼和浩特市，满意度指数分别为59.66、58.57、57.59（见表26）。

表26　各地区公共就业满意度指数排名情况

地区	满意度指数	全区排名	地区	满意度指数	全区排名
东胜区	69.53	1	满洲里市	62.37	8
临河区	67.33	2	二连浩特市	62.30	9
乌兰浩特市	67.06	3	海拉尔区	62.28	10
乌海市	67.02	4	赤峰市	61.27	11
巴彦浩特镇	65.12	5	集宁区	59.66	12
科尔沁区	63.23	6	包头市	58.57	13
锡林浩特市	62.67	7	呼和浩特市	57.59	14

在就业服务的问题上，对于“所在城市是否为求职者提供相关就业服务”的问题，超过半数的受访者表示“不清楚”，32.79%的受访者选择“有”，15.14%的受访者选择“没有”。同样，对于“所在城市是否有就业服务机构”的问题，超过四成的受访者表示“不清楚”，仅有12.97%的受访者表示“有就业服务机构，服务全面、质量好”，41.68%的受访者表示“有就业机构，但服务内容不多，不知道都干啥”。对于“所在城市政府是否出台扶持创新创业政策，并有效落实”的问题，40.26%的受访者表示不清楚，仅有15.47%的受访者表示有效落实（“落实比较有效”或“落实非常有效”）。民众对于相关就业服务了解不足是就业服务满意度排名靠后的原因之一。

（八）城市环境

城市环境满意度指数为72.36，在基本公共服务10项要素中排名第一。

从全区来看，东胜区、巴彦浩特镇、乌兰浩特市的城市环境满意度指数最高，列被调查地区的前三位，分别为88.26、81.35、78.72，最后三位分别为二连浩特市、包头市和呼和浩特市，满意度指数分别为70.14、69.73、66.11（见表27）。

表27　各地区城市环境满意度指数排名情况

地区	满意度指数	全区排名	地区	满意度指数	全区排名
东胜区	88.26	1	乌海市	72.12	8
巴彦浩特镇	81.35	2	科尔沁区	72.09	9
乌兰浩特市	78.72	3	赤峰市	71.13	10
集宁区	78.01	4	海拉尔区	70.80	11
临河区	75.68	5	二连浩特市	70.14	12
满洲里市	75.55	6	包头市	69.73	13
锡林浩特市	72.63	7	呼和浩特市	66.11	14

在水环境（“所在城市河流湖泊水质”）、城市绿化和街道社区卫生三个方面，表示满意（“满意”或“非常满意”）的结果占比分别为33.90%、55.39%、49.08%，持中性评价（“一般”）的结果占比分别为41.48%、32.10%、38.70%。在城市环境方面，民众对于城市绿化的满意度较高，对水环境的满意度较低。生态环境是内蒙古发展必须守住的红线，必须牢牢树立绿色发展理念，守住生态文明红线，要探索以生态优先、绿色发展为导向的高质量发展新路子，加大生态系统保护力度，打好污染防治攻坚战，构筑我国北方重要生态安全屏障。

（九）文化体育

文化体育满意度指数为70.56，在基本公共服务10项要素中排名第二。从全区来看，东胜区、巴彦浩特镇、乌海市的文化体育满意度指数最高，列被调查地区的前三位，分别为77.11、76.17、73.49，最后三位分别为二连浩特市、赤峰市和集宁区，满意度指数分别为67.03、66.98、65.47（见表28）。

表 28　各地区文化体育满意度指数排名情况

地区	满意度指数	全区排名	地区	满意度指数	全区排名
东胜区	77.11	1	满洲里市	68.96	8
巴彦浩特镇	76.17	2	锡林浩特市	68.76	9
乌海市	73.49	3	海拉尔区	68.44	10
乌兰浩特市	71.27	4	包头市	68.04	11
呼和浩特市	70.92	5	二连浩特市	67.03	12
临河区	70.14	6	赤峰市	66.98	13
科尔沁区	69.66	7	集宁区	65.47	14

在文化体育设施建设方面，近 70% 的受访者选择了所在社区有文化体育场馆和设施，38.22% 的受访者认为周边的文化体育场馆和设施能满足（“基本能满足”或“全部能满足”）日常文化体育需要，31.43% 的受访者选择不能满足（“不太能满足”或“远不能满足”）日常文化体育需要。从问卷结果来看，当前的文化体育基础设施建设已经不能满足民众日益增长的日常文化体育需求。

（十）行政服务

行政服务满意度指数为 64.27，在基本公共服务 10 项要素中排名第六。从全区来看，东胜区、乌海市、巴彦浩特镇的行政服务满意度指数最高，列被调查地区的前三位，分别为 72.41、71.13、70.00，最后三位分别为赤峰市、包头市和呼和浩特市，满意度指数分别为 62.36、59.73、59.02。

表 29　各地区行政服务满意度指数排名情况

地区	满意度指数	全区排名	地区	满意度指数	全区排名
东胜区	72.41	1	乌兰浩特市	65.34	8
乌海市	71.13	2	集宁区	65.09	9
巴彦浩特镇	70.00	3	满洲里市	64.86	10
二连浩特市	69.66	4	科尔沁区	63.64	11
临河区	67.26	5	赤峰市	62.36	12
锡林浩特市	67.19	6	包头市	59.73	13
海拉尔区	66.58	7	呼和浩特市	59.02	14

在服务效率方面，25.66%的受访者在办理同一件事务时跑了一趟，占近期去过政府部门办事的受访者的35.72%，15.95%的受访者在办理同一件事务时跑了三趟，占比为22.20%。在政府部门办理相关业务时，超过半数的受访者表示办理时间为“30分钟内”，36.66%的受访者表示办理时间在“30分钟到2小时”，10.33%的受访者表示办理时间在“2小时以上”。可以看到，仅有1/3的受访者能一次办完，“办事难”“办事慢”的问题在一定程度上仍存在。随着“放管服”改革的推进，行政服务效率有所提升，但是仍有一些瓶颈需要突破，整体效应还需进一步提升。

五　主要调查结论

（一）公共服务获得民众基本认可，但仍有较大提升空间

从调查结果看，全区城市基本公共服务平均满意度指数为65.42，民众对政府所提供的各项公共服务基本认可。当被问及“改革开放以来，您觉得基本公共服务整体水平的变化趋势”问题时，48.63%的城市民众选择“明显提升”，45.43%的民众选择“有所提升”，二者合计占比达到94.06%。说明改革开放以来，内蒙古不断加大投入力度，补齐各项民生短板，提升基本公共服务供给水平，使民众的获得感、幸福感和满足感得到切实提升。但是当前公共服务供给水平与民众的期望还存在一定差距，民众评价不满意（“非常不满意”或“不满意”）的占比达到19.93%，即调查五个民众中就有一人选择不满意，评价“一般”的占比达到38.79%，不满意和中性评价（一般）占比达到58.72%，这也说明自治区基本公共服务的供给质量和水平尚未很好地满足民众多元且异质的需求，仍有较大改善空间。

（二）呼和浩特市公共服务供给成为负面典型

呼和浩特市作为内蒙古自治区政治、经济、文化中心，呼包银城市群核心城市，呼包鄂城市群中心城市，在基本公共服务供给方面应发挥典型引领

作用。但是调查结果却显示，呼和浩特市公共服务供给成为全区负面典型，其民众满意度指数为60.15，排在全区14个城市最后一位。在10项基本公共服务内容中，呼和浩特市多达7项在全区垫底，居全区最后一位，评价不满意（“不满意”和“非常不满意”）的平均占比居全区第一位。此外，根据民众评价结果，呼和浩特市成为全区“最堵城市”“食品安全最不放心城市”“房价增长最快城市”“基础教育乱收费最多城市”“行政服务态度最差城市”等。诚然，一些问题在城市规模快速扩张过程中不可避免，但也在一定程度上说明呼和浩特市在提升基本公共服务供给质量，建设智慧城市、宜居城市、幸福城市，提升城市软实力方面需要有所突破。

（三）民众关注度最高的医疗卫生和基础教育成为民生痛点

医疗卫生和基础教育是影响民众生活的重要因素。调查结果显示，当前民众最关心的基本公共服务是医疗卫生，其次就是基础教育。但恰恰是这两项的满意度指数最低，医疗卫生满意度指数为60.26，在10项基本公共服务要素中排最后一位，基础教育为61.96，排倒数第二位，两项的民众评价不满意（“不满意”和“非常不满意”）的平均占比均超过25%。进一步调查显示，全区平均26.68%的受访民众认为医院收取“不必要的费用”，平均超过60%的民众对医生“医术”“医德”“态度”评价“不好”或“一般”；平均25.39%的民众认为子女上学需要“找关系或变相缴费”，23.36%的民众认为“教育资源配置不公平”。可以看出，全区各地政府部门在更好地保障“学有所教”“病有所医”方面，与民众预期仍存在较大差距。

（四）食品安全和信息安全问题逐渐成为民众对公共安全领域关注的重要方面

公共安全满意度列满意度排名前三位，关注度位列第四。内蒙古在公共安全建设上卓有成效，社会治安满意度相对较高。食品安全形势仍十分严峻，落实“四个最严”监管要求，提升食品安全管理制度化、法制化水平是百姓认为提升食品安全水平的重要途径。伴随互联网的飞速发展，信息安全问题逐渐成为公共安全问题中重要的一部分，如何保障个人信息安全是公共安全应着力建设的重要方面。

六　提升基本公共服务满意度的政策建议

（一）构建网络环境下的基本公共服务供需平台，实现基本公共服务智能化和智慧化

完善新时代基本公共服务应坚持体制改革和技术融合的原则，在加快体制改革的同时，通过基本公共服务与新技术的融合，构建网络环境下的基本公共服务供需平台，居民能够更加便捷、智能、公平地获得基本公共服务。充分利用当前移动互联网、物联网、云计算、大数据精算以及政府流程再造等构建基本公共服务供需平台，强调数据互联和数据在线，使需求侧用户、供给侧供给者通过该平台建立起“服务众筹”“服务互评”“协同治理”的互动机制，实现分布式、点对点的数据治理和服务匹配，实现基于大数据和云计算的基本公共服务生产、供给、交换、消费的优化。通过平台及时反馈和回应人民群众的需求，吸引企业、社会组织、个人等社会力量参与服务的生产供给，完善基本公共服务信息收集和动态跟踪监测。

（二）发挥第三方科研机构的作用，提高基本公共服务的标准化、科学化和精细化水平

2018 年 10 月，国家相关部门印发《关于建立健全基本公共服务标准体系的指导意见》，明确提出完善各级各类基本公共服务标准，创新基本公共服务标准实施机制。应借此契机，推进与基本公共服务相关的财政、教育、民政、人社、卫生健康等部门开放数据，加快与科研院所、高校、智库企业等第三方科研机构共享、开发、利用数据，每一年度对各级地方政府公共服务能力进行客观评价，同时进行民众的满意度调查，从而把主观评价和客观

评价相结合，探索主观评价和客观评价相结合的科学评价方式方法，更好地提高基本公共服务的有效性。

（三）推动公共服务补短板、强弱项、提质量，满足人民群众对优质公共服务的更高期待

伴随经济社会的发展和人民生活水平的提升，基本公共服务的消费结构和需求层次发生转变，民众更加偏好于优质教育资源、优质医疗资源、优质生活环境等关乎个人长期发展的公共服务。一是需要补齐基本公共服务短板，推进义务教育均衡发展，提升基层医疗机构的能力和水平，加强社会福利服务体系建设，提升就业创业服务水平。二是增强非基本公共服务弱项，满足民众多层次、多样化需求，如全面二孩政策带来的学前教育需求，人口老龄化带来的康养产业需求、文旅休闲产业需求、信息安全需求等。三是提升公共服务质量和水平，提升教育服务内涵质量、发展优质医疗资源、提升养老服务质量、提高公共文化服务效能。充分发挥有效市场和有为政府的作用，采取 PPP 合作模式，吸引社会力量参与公共服务供给；加大金融支持力度，为社会领域公共服务项目融资提供支持。

（四）加强部门间联动协调，健全基本公共服务实施保障机制

多数基本公共服务项目不止涉及一个职能部门，不同职能部门间的协调成为打通基本公共服务“最后一公里”，提升基本公共服务水平、落实质量和水平的重要因素。部门间协调联动不仅包含横向政府间协同，还应包括纵向各级政府间协同、政府与社会力量协同、不同政策领域之间的协同。应形成公共服务管理协调领导小组，健全部门间协同机制，保障基本公共服务落实成效。线上线下结合，依托“互联网＋公共服务”推进各部门间的信息互通共享和业务协同，促进部门间相互衔接，以便利化、智能化的方式实现基本公共服务的高效供给。

内蒙古农村牧区基本公共服务调查报告

张　敏*

内蒙古农村牧区面积100万平方公里，共有1469万农牧业户籍人口①，农村牧区的基本公共服务范围覆盖到全区84.53%的土地面积并涉及总人口数58.64%的广大农牧民，农牧民生活的村/嘎查的公共服务水平，不仅在维系社会公正、体现社会公益性上发挥重要作用，而且是政府为维护经济社会的稳定和发展，建立各族人民幸福生活风景线的重要保障。本文以内蒙古社会科学院的“内蒙古农村牧区嘎查村现状抽样调查”数据为基础，尽可能全面呈现现阶段内蒙古农村牧区基本公共服务全貌，为评估农牧区基本公共服务发展程度提供必要参考依据。

一　问卷调查基本情况及样本特征

“内蒙古农村牧区嘎查村现状抽样调查”项目共选取自治区10个盟市14个县（区）70个乡镇（苏木）的100个村（嘎查）作为调查对象，是一项涵盖嘎查/村/社区自然环境、社会环境、基础设施、人口环境、健康保障、受教育环境、集体经济、环境治理等内容的综合性社会调查。此项调查分社区调查问卷和家庭调查问卷两种形式，其中，社区调查问卷设计了106项问题，目的在于了解样本家庭所处的环境，即控制变量的调查，涵盖了嘎查/村/社区的自然环境、社会环境、基础设施、人口环境、健康保障、受教

* 张敏，内蒙古自治区社会科学院公共管理研究所副研究员。

① 内蒙古统计局社会公众服务平台，http：//www. nmgtj. gov. cn/acmrdatashownmgpub/tablequery. htm？ cn = C0101。

育环境、集体经济、环境治理等内容；家庭问卷设计问题共计 113 项，主要内容涵盖了解样本家庭生活的家庭亲缘关系网络、家庭生产生活基本条件、生产经营基本状况、家庭生活支出情况、基层社会治理和基本公共服务 6 个方面的内容。

（一）社区样本特征

本次共发放社区问卷 104 份，回收 104 份，其中无效问卷 0 份，问卷有效率为 100%。其中呼和浩特市 4 份、包头市 6 份、赤峰市 10 份、锡林郭勒盟 14 份、通辽市 20 份、兴安盟 10 份、巴彦淖尔市 10 份、乌兰察布市 14 份、鄂尔多斯市 6 份、呼伦贝尔市 10 份。

本次调查的嘎查/村样本户籍人口规模的均值为 1172 人，其中人口规模 500 人以下的嘎查村占 24.49%；501～1000 人的嘎查/村占 24.49%；1001～2000 人的嘎查/村比重最大，达到 42.86%；2001～3000 人的嘎查/村占比为 6.12%；3001 人以上的仅有 2.04%（见图 6）。从区域分布来看，首先牧区嘎查/村户籍人口规模最小，均值为 795 人，被调查的嘎查/村户籍人口最少的是锡林郭勒盟正蓝旗赛音呼都嘎苏木贺日斯台嘎查，只有 56 户共计 195 人，锡林郭勒盟共调查了 14 个嘎查，不足 500 人的嘎查占到被调查总数的 78%；其次为城市郊区嘎查/村，均值为 1210 人；最后为半农半牧区嘎查/村，均值为 1293 人；农区嘎查/村户籍人口规模最大，均值为 1419 人（见图 2）。户籍人口最多的是巴彦淖尔五原县隆兴昌镇荣光村，共 721 户，户籍人口达到 3123 人，巴彦淖尔市共调查了 10 个村庄，平均户籍人口达到 2000 人。

从年龄分布的数据分析，农村牧区常住人口的老龄化问题突出。此次受访者平均年龄为 50.15 岁，50% 的受访者年龄集中在 40～60 岁，0～14 岁的低龄人口、15～64 岁的劳动适龄人口和 65 岁及以上老年人口比重分别为 10.48%、81.03% 和 8.12%。按照国际通行标准，如果一个国家或地区中，14 岁及以下少年儿童人口在总人口中的比例小于 30%，60 岁以上的老年人口或 65 岁及以上的老年人口在总人口中的比例超过 10% 或 7%，即可看作

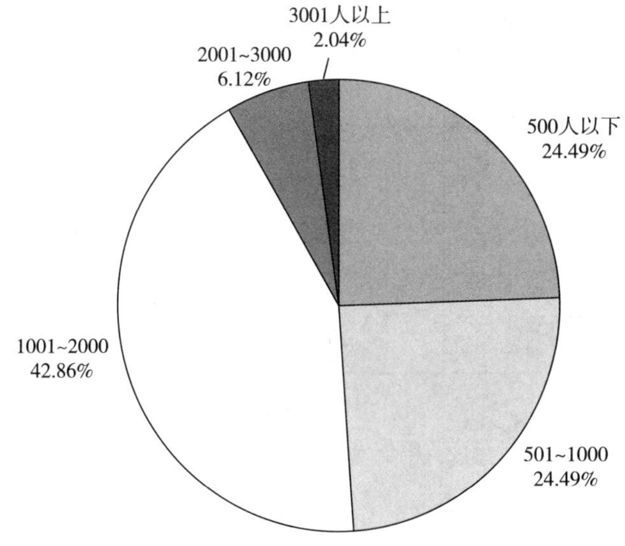

图 1　嘎查/村户籍人口规模构成

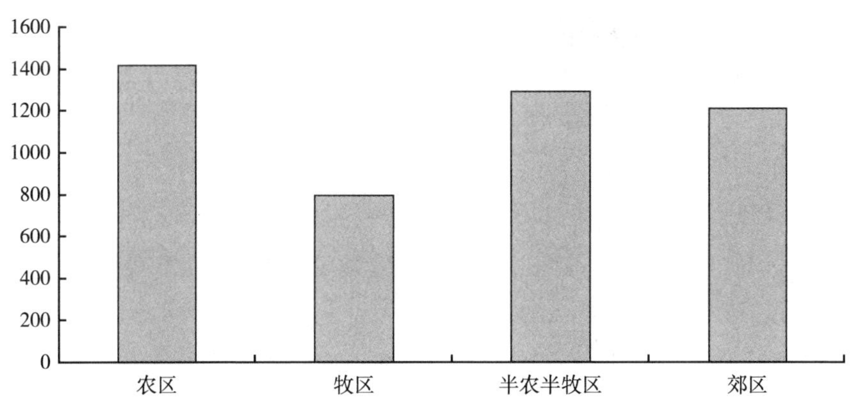

图 2　嘎查/村分区域人口规模

人口达到老龄化标准（见图 3）。样本嘎查/村 65 岁及以上老年人比例（18.39%）还要高出样本家庭 10.27 个百分点。可以认为，内蒙古农村牧区社会人口结构呈现老年状态，已经进入老龄化社会。

被调查对象包括汉族 452 户，蒙古族 540 户，其他少数民族仅有 19 户。

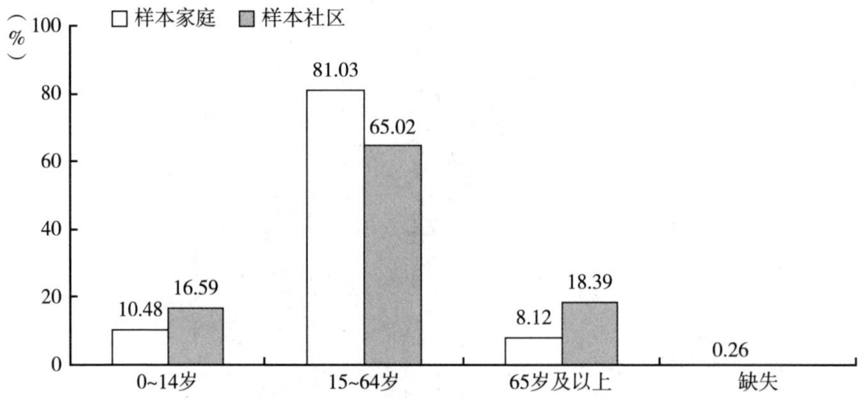

图3　嘎查/村人口年龄结构情况

从民族构成来看，汉族人口比重最大，占被调查总人数的53.45%，其次是蒙古族，占比为45.1%，三少民族（达斡尔族、鄂伦春族、鄂温克族）人口比重为1.06%，满族和回族人口比重分别为0.35%和0.05%。

不同区域类型民族集聚的特征十分明显。从图4描述的本次调查嘎查/村的民族人口分布情况来看，以畜牧业经营为主的嘎查中蒙古族人口占大多数，被调查的40个嘎查中，完全没有汉族人口的牧业嘎查共有8个，汉族人口少于50人的牧业嘎查有31个，汉族人口在牧业嘎查的人口总量占比为

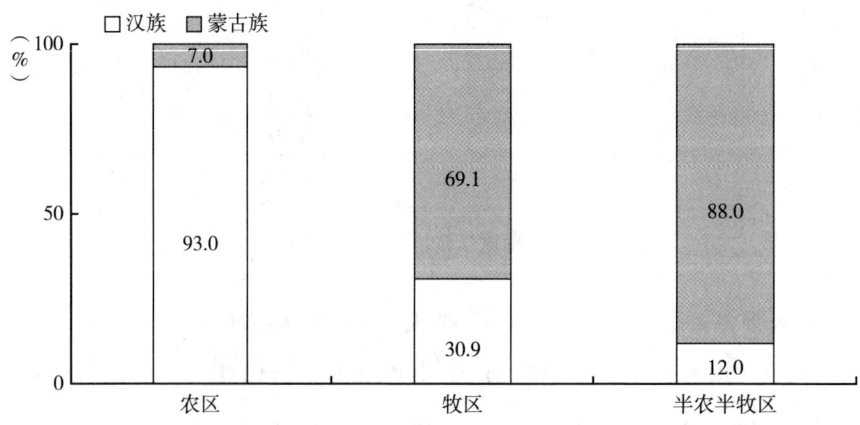

图4　嘎查/村分区域分民族人口分布

30.9%，在半农半牧业嘎查的占比为12.0%，而农业村中汉族人口占比达到93.0%。所以，分区域的典型分析不仅仅是经济类型上的差异，一定程度上也能反映出民族文化特点。

（二）家庭样本特征

家庭问卷共发放1012份，回收1012份，其中有效问卷1000份，问卷有效率为98.8%。其中，呼和浩特市39份、包头市67份、赤峰市96份、锡林郭勒盟141份、通辽市200份、兴安盟98份、巴彦淖尔市95份、乌兰察布市103份、鄂尔多斯市58份、呼伦贝尔市103份。如表1所示，家庭问卷实际受访者共1011名，其中户主本人占总受访者的86.4%，受访者是户主配偶的问卷占到10.7%，涉及家庭成员共计3448名，包括户主、配偶、子女、儿媳/女婿、兄弟姐妹、孙子女/外孙子女、外孙媳/女婿、岳父母/公婆、（外）祖父母。

表1　受访家庭成员社会关系构成

受访者与户主的社会关系	频次（户）	百分比（%）
本人	873	86.4
配偶	108	10.7
子女	13	1.3
儿媳/女婿	3	0.3
父母	8	0.8
岳父母/公婆	1	0.1
兄弟姐妹	5	0.5
合计	1011	100.0

本问卷以统计的常住人口数作为家庭规模的指标，如图5所示，以家庭为单位的常住人口数量略低于户籍人口数，受访家庭平均家庭规模为3.16人，略高于第六次人口普查的乡村家庭户平均规模（2.97人）。其中，2人和3人的小型化家庭成为农村牧区的家庭主体，占到受访家庭总数的六成以上，所占比重分别为33.7%和27.4%，其次是4人和5人，

分别占到19.9%和10.9%。6人以上家庭和1人独居家庭仅占到受访家庭的8%。

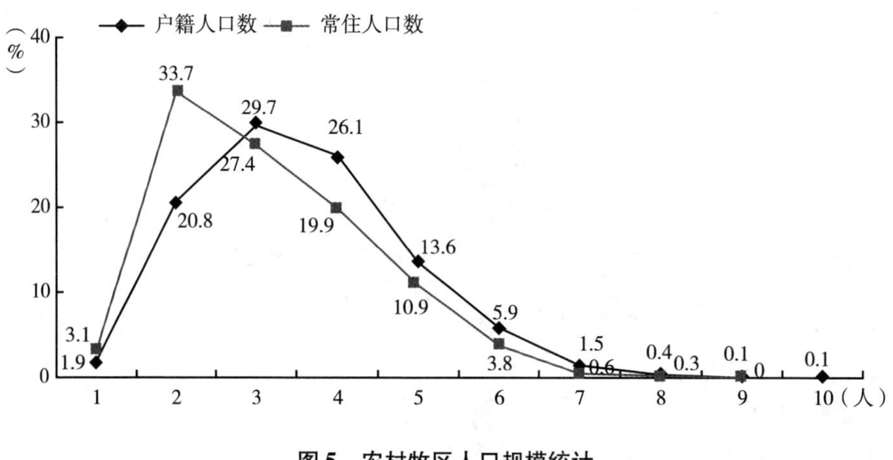

图5　农村牧区人口规模统计

二　内蒙古农村牧区基本公共服务现状

教育、医疗、养老、社保、文化和就业虽然是公共服务领域内各自独立的要素，但其发展水平影响到一代人甚至几代人的生活质量。本次调查从教育、医疗、养老、社保、文化和就业6个方面还原了一个真实的农牧区民生现状。

（一）义务教育

1. 受教育程度在不同年龄、性别、民族、盟市和区域分布上存在一定规律

本次调查发现，受教育程度与年龄和性别密切相关，农村牧区男性受访者的平均学历高于女性，且年龄越小，高学历的比重越大。受教育程度与民族有一定的相关度，汉族受访者平均受教育程度高于蒙古族和其他少数民族。从区域角度来看，东部盟市受访者的整体受教育程度高于西部盟市，其中通辽市受访者平均学历最高，鄂尔多斯市最低。全区呈现出农区受访者受

教育程度高于半农半牧区、半农半牧区高于牧区的情况。

2. 农村牧区受访者的受教育水平总体上呈现逐步提高的趋势

各年龄段中，18～35岁受访者的文盲/半文盲和小学学历比重最低，具有初中、中专、专科学历的受访者在这一年龄段中比重最大；被调查嘎查/村中，2001～2005年间只有3名大学毕业生返乡，2005～2010年间有29名大学毕业生返乡，2010～2015年间共有114名大学毕业生返乡工作。总体来看，农村牧区高学历人才越来越多，当地民众受教育程度越来越高。

3. 学校数量少、布局不合理，教师数量少

在这次走访的100个嘎查/村中，受访的牧区只有5所幼儿园、1所小学。牧区受访家庭中小学生上学距离最近的1公里、最远的235公里，平均96公里。从调查结果来看，大部分的受访者认为是农村牧区教师数量少、教师学历偏低、整体水平不高等因素影响了教学质量。

4. 农村牧区收入低，教育负担重

所有受访家庭的平均教育支出占到总支出的21.5%，有38.8%的家庭教育支出比重超过了平均水平。263个家庭有义务教育适龄儿童，其中31个家庭有2名义务教育适龄儿童。由于学校布局调整，有很多孩子从小学就开始在学校寄宿，这自然会产生住宿费、伙食费、路费等费用，增加了家庭负担。调查数据显示，小学年平均就读费用为4000元；初中就读费用为7500元；房租平均为5000元（陪读家庭，占11.8%）。而2014年内蒙古农村牧区人均可支配收入只有11357元。① 这导致农村牧区借贷现象非常普遍，超半数家庭有借款，63.1%的有义务教育适龄儿童的家庭有借款。借款用途除了生产生活必需项外，为子女上学借款的比重最大。

（二）医疗卫生

1. 健康状况在不同性别、年龄、地区和收入分布上存在一定规律

受访男性健康水平好于女性（其中，男性健康比例为94.84%，女性则

① 《内蒙古统计年鉴2015》。

为93.87%）。随着年龄的增加，农村牧区民众的身体健康水平呈不断下降的趋势，且距离医疗机构较近的地区，民众的健康状况较好，如城郊地区分别比农区、牧区和半农半牧地区高出1.44%、2.11%和3.63%。健康与收入呈正相关，受访家庭收入越高，健康水平越好。高收入群体比中高收入、中低收入和低收入群体分别高出2.8%、10.92%和14.65%。

2. 嘎查/村卫生室建设取得一定成效

在随机抽选的行政村和自然村中，有69.6%的嘎查/村有卫生室，另有4.3%的嘎查/村正在筹建卫生室。从乡村医生资质上看，绝大多数乡村医生具有从医资质。调查的103名乡村医生中只有2名没有医生资质，仅占到2%，可以看出，乡村医生基本上实现了从医资质的全覆盖。从乡村医生业务培训上看，有66.7%的培训次数达到政策要求的每年免费培训不低于2次。从床位数上看，卫生室平均床位为3.9张，嘎查/村卫生室床位数2～4张较为普遍，基本上可以满足需求。

3. 受基层医疗卫生服务水平影响，农牧民就医向上流动特点明显

基层卫生室作为距离农牧民最近的医疗卫生服务点，其服务水平的高低直接影响农牧民的认可与利用程度。调查结果显示，近6个月去卫生室看病和买药的家庭占比较低，且使用频次少。在接受住院治疗时，目前没有选择在嘎查/村卫生室住院接受治疗，而是更加倾向于盟市、旗县级大型综合医院，选择到盟市或旗县级综合医院诊疗的农牧民占比高达71.32%。

4. 农牧民日常药费支出不高，但慢性病及住院治疗费用给农牧民家庭造成明显负担

成员较为健康且无慢性病药物和住院支出的家庭，其日常药费支出较低，仅占户均家庭消费支出的4.96%，在家庭消费结构中仅高于居住支出，排在消费支出的倒数第二位。但调查结果显示，近四成农牧民家庭有成员患有慢性疾病，由于病程长且病情迁延不愈，导致家庭购买慢性病药物支出较高，达到日常药物支出的3.12倍。慢性病药费占全部家庭消费支出的有效百分比为15.7%；占平均家庭可支配收入的有效百分比为20.84%。此外，住院费用仍是家庭的最大负担。住院费用占平均家庭消费的有效百分比达到

34.95%，成为所有家庭消费支出项中的最高项，占农牧民平均家庭可支配收入的比重达到46.37%，接近平均家庭可支配收入的一半。

5. 农村牧区低收入群体医疗卫生保障需得到重视

农村牧区低收入群体健康水平低于其他收入群体，其医疗卫生服务支出占家庭消费支出的比重高于其他收入群体。调查结果显示，低收入群体医疗卫生支出占家庭消费支出的比例比中低收入、中高收入、高收入群体分别高出2.8%、8.55%和13.7%，低收入群体用于医疗服务支出的费用是高收入群体的3.04倍。建议增加此类人群的医疗卫生服务专项救助。

（三）农村养老

1. 农村牧区老龄化问题严峻

本次调查显示，受访地区60岁及以上老年人口占总人口的比重达到15.11%，65岁及以上老年人口占总人口的比重则达到8.13%。分区域类型看，城郊地区人口老龄化程度最深，达到23.78%，其后依次为农区、半农半牧区和牧区，人口老龄化程度分别为19.26%、13.86%和11.03%。由于农村牧区社会保障体系尚未健全，人口流动及家庭结构变迁等，农村牧区养老问题变得越来越紧迫。

2. 农村牧区人口年龄结构进入老龄化、高龄化并存的常态

调查结果显示，80岁及以上高龄老人占老年人总数的7.44%。女性高龄老人明显高于男性，符合女性寿命比男性高的客观情况。高龄老人婚姻状况不如低、中龄老人乐观，丧偶比例达到82.05%。受访高龄老人生活不能自理的比例明显高于60岁及以上老年人。分区域类型看，半农半牧区高龄老人比例最高，达到11.04%，牧区9.68%，农区比例最小，为3.96%。

3. 医疗是农村牧区老年人最关心的项目，慢性病对老人群体的困扰最重

受访60岁及以上老年人健康状况良好，生活自理能力较强。分区域类型看老年人健康水平，城郊地区老年人健康状况好于其他区域。慢性病是导致老年群体功能损伤的最主要因素。调查结果显示，50%的老年群体患有慢性病，老年人对医疗服务的需求比较高。

4. 家庭养老仍然是农村牧区养老的主要方式，社会养老服务相对滞后

35.12%的受访家庭中至少有1位老年人共同居住。98.61%的受访老年人选择在家养老，包括在子女家养老、与老伴同住养老、独居养老和子女外出型空巢养老，仅1.39%的受访老年人选择机构养老。但受访家庭平均家庭规模为3.16人，2～3人的小型家庭成为家庭主流，随着家庭规模小型化的变化，家庭类型多样化，构建社会化养老服务是必然趋势，但从农村牧区机构养老整体发展水平看，以福利性的机构养老服务供给为主，民办、民非养老机构发展滞后，机构养老社会化程度较低。受各种条件的制约，与城市相比，农村牧区的养老设施建设相对滞后。

5. 养老保险的作用有限，农村牧区老年人对土地保障的依赖程度较高

在人口老龄化、生育率下降、家庭规模小型化、传统家庭养老功能逐渐弱化的现实背景下，77.50%的受访家庭参加了养老保险，受访家庭个人缴费集中在100～500元档次。受访家庭年均养老金为2252.45元。集体经济组织在农村牧区社会养老保险中存在先天不足，基本不具备供给社会养老保险的能力。目前，土地（草牧场）收入是老年人的主要生活来源，农村牧区养老提高承包土地（草牧场）的效用非常关键。建议尝试“以地养老”，积极促进农村牧区土地（草牧场）流转，以转包、入股、入合作社等形式实现“以地养老”，增加老年人的土地（草牧场）收入。

（四）社会保障

1. 农村牧区养老保险覆盖和待遇水平有待提升

随着自治区农村牧区老龄化程度的不断加深，选择参加农村新型养老保险，进而降低家庭养老负担应成为多数人的选择。但是调查结果显示，当前农村牧区养老保险的参保率较低。以户为单位，包括家庭成员都参加和部分参加的参保率为69.82%；以人为单位，参保率仅为61.56%。大多数农牧民投保标准低，近八成人选择的是缴纳100元的最低标准。同时，农牧民领到的养老金普遍偏低，每人每月领取的养老金低于100元的比例就达到67.0%，而每月能领到300元以上养老金的比例仅为6.3%。

2. 低保对象的确定存在一定的不公正现象

作为政府对符合低保条件的农村牧区困难群众生活救助的新型社会保障制度——农村低保制度是国家从制度上改善和保障民生的重大举措，是构建和谐社会的关键环节。但通过调查发现，当前农村牧区低保名额分配上大多数是在村民不知情的情况下，由少数村干部自行决定的。调查结果显示，低保名额分配近六成是由村支部书记、村主任和上级部门决定的，这极易导致名额分配的公平性欠佳。由于确定过程民众参与程度低，导致“关系保、人情保”的现象依然存在。在调查的 161 户低保家庭中，就有 10 户年平均工资性收入高达 40200 元的高收入群体还享受着低保。

3. 自身条件的“弱质性”制约了低保家庭的进一步发展

多数享受低保待遇的家庭，其家庭成员健康、年龄结构、劳动力数量和户均土地资源占有量都存在一定的“弱质性”问题。在家庭成员健康水平上，低保家庭成员健康比例比非低保家庭低了 12. 48 个百分点，成员不健康比例是非低保家庭的 4. 32 倍，残疾成员比例又是非低保家庭的 4. 07 倍。在年龄结构上，低保家庭老龄化程度更深，比非低保家庭平均年龄高出 6. 75 岁，60 岁及以上老年人的比例低保家庭是非低保家庭的 2. 07 倍。在劳动力数量上，低保家庭劳动力略显不足，家中没有劳动力的比例低保家庭是非低保家庭的 2. 83 倍。在户均土地资源占有上，低保家庭比非低保家庭户均耕地面积少，户均旱地和水浇地面积分别比非低保家庭少了 9. 79 亩和 15. 02 亩。

4. 专项社会救助的开展有待加强

当前，农村牧区专项社会救助工作开展不足，普遍存在救助范围小、救助水平低的问题。本次调查发现，没有受访农牧民家庭获得过法律救助；51 户获得过住房救助的家庭仅占需要维修和危房家庭总数的 20. 48%；获得教育救助的不足需要救助总数的 1/10。同时，由于不了解相关救助政策，调查的 1000 户农牧民家庭中仅有 1. 1% 的农牧民获得过特困补助。此外，农村救灾款象征意义大于实际意义，实际发放到农牧民手中的救灾款平均金额仅为 258. 33 元，1/3 的家庭所获救灾款金额不足百元。

（五）公共文化

1. 农牧民文化生活呈现多样化态势，不同民族、不同区域对文化活动有所侧重

农民家庭在闲暇时间一般选择看电视、听广播、读书看报、上网、串门聊天、打麻将、打纸牌、跳广场舞、宗教活动以及其他娱乐形式等休闲活动。从文化需求排序由高到低来看，依次为"广场健身活动""庙会、那达慕等民间活动""科普讲座""放电影""组建秧歌队、锣鼓队""文体比赛""送地方戏""戏曲、歌舞等文艺演出""节庆时当地开展的欢庆活动"。调查显示，不同民族、不同区域对文化需求有显著差异。

2. 农牧户家庭文化消费总体水平不高

15.92%的受访家庭有文化消费支出，大多数受访家庭在文化消费支出上依然是空白。受访家庭年平均文化消费支出只占受访家庭年平均生活消费总支出的1.37%，比重偏低，受到其他生活消费支出（衣、食、住、行、医）的挤压。

3. 公共文化设施硬件建设有所改善，农牧民参与公共文化建设的热情比较高

不同年龄段的群体对公共文化建设参与率不尽相同。青年受访家庭公共文化建设参与意愿最高，老年受访家庭不愿意参与公共文化建设的比例最高。社会组织参与公共文化建设的能力也有限，发展程度较低。但农牧民参与公共文化服务建设的热情很高，可以鼓励农牧民自办文化，通过政府引导、部门支持、社会参与，在农村牧区大力发展文化大院、文化户，充分激发群众的积极性和创造性，把文化大院、文化户建设好、发展好。

（六）就业情况

1. 农村牧区劳动力特征：平均每个家庭拥有2.28个劳动力，男女比重相当，劳动力受教育年限与经济呈正相关

在当前嘎查/村家庭中，劳动力个数集中在2个的家庭占绝大部分，占到了63.7%，而具有0个、1个、3个和4个及以上劳动力的家庭则分别占3.3%、13.6%、10.9%和8.5%，平均每个家庭拥有劳动力个数为2.28个，

略高于同年内蒙古农村牧区户均劳动力人数。目前，嘎查/村男性劳动力与女性劳动力所占比重大致相当。在受教育程度上，当前嘎查/村低学历的劳动力占比较高，高学历（大专以上）的劳动力占比明显偏低，经济水平较好的嘎查/村中高学历的劳动力占比较高。

2. 内蒙古农村牧区劳动力从事职业仍以农牧业为主，以非农就业为辅

在农牧业内部，尽管以农业经营为主家庭和以畜牧业经营为主家庭在劳动力户均数量上大致相当，但在经营规模和收入水平上却存在明显差异，以畜牧业经营为主的家庭不论是在生产规模、户均牧业纯收入上还是在劳均纯收入上均高于以农业经营为主的家庭；在非农就业的职业选择上，嘎查/村劳动力多倾向于外出务工，外出务工劳动力人数占非农就业劳动力总数的52.2%。农区、牧区、半农半牧地区户均劳动力数量大体相同，但职业分布状况却存在一定差异。尽管农区、牧区、半农半牧和城郊地区的劳动力均以农牧业为主要就业渠道，但他们的非农就业倾向却略有不同，表现为：相比于农区、城郊地区，牧区和半农半牧地区的劳动力更倾向于参加农牧业生产，而不愿外出务工。

3. 外出务工劳动力流向以自治区内流动为主，平均工资2001 ~3000元

从外出务工劳动力的区域流向来看，农村牧区劳动力在转移就业的区域选择上更倾向于到区内经济较为发达的地区就业；从农村牧区劳动力行业流向来看，目前嘎查/村劳动力在外出就业主要集中在第二、三产业中技术水平较低的部门；从外出务工劳动力的收入状况来看，当前嘎查/村外出务工劳动力与全国外出打工的农民工收入水平基本持平，劳动力外出务工的月收入主要集中在2001 ~3000元。

4. 家庭劳动力数量、家庭人均土地面积、家庭生产规模均可能会对劳动力从事农牧业及非农就业产生影响

从家庭劳动力数量的影响来看，具有劳动力数量越多的家庭，劳动力选择非农就业的概率越大，且有非农就业家庭的户均劳动力数量比只从事农牧业家庭的户均劳动力数量要多；从家庭人均土地面积来看，有非农就业的家庭人均土地面积与只从事农牧业的家庭相比相对较低，家庭非农就业规模与

家庭人均面积可能存在负相关；从家庭生产规模来看，生产规模较大的家庭中从事非农牧业劳动力的比例要低于生产规模较小的家庭，不论是在非农就业整体规模还是劳动力外出务工比重，专业大户与中小农牧户相比都相对较低。这说明，家庭生产规模大的家庭非农就业规模（尤其是外出务工）相对较小。

5. 嘎查/村劳动力在就业结构方面存在的问题是劳动力就业结构单一、城乡吸纳劳动力就业渠道狭窄、就业稳定性差

目前，内蒙古农村牧区只从事农牧业的劳动力占比过高，而农牧业家庭生产规模普遍较小，又致使这些劳动力被农牧业内部消化吸收较为困难，在农牧业外部，由于农村牧区劳动力文化水平和职业技能有限，其就业渠道和就业领域与城镇劳动力相比较为狭窄。由于农村牧区内部对劳动力的需求多是以季节性、临时性需求为主，导致农牧业内部劳动力雇佣形式较为不稳定，在农牧业以外，劳动力外出务工也主要是以打零工为主要形式，就业同样不稳定。

6. 面向农牧民的公共就业服务体系尚不完善

不论是在农牧民职业技能的提升上，还是在转移就业的组织引导上，都缺少必要的公共就业服务与之配合。在农牧民职业技能提升方面，目前嘎查/村存在科技服务人员配置比例过低、职业技能培训不足的问题；在转移就业的组织方面，也存在政府转移就业的组织力度不足，农村牧区劳动力外出途径较为单一的问题。

三 加强农村牧区基本公共服务建设的对策建议

建立健全基本公共服务体系的重点和难点在农村，推进基本公共服务均等化的关键也在农村。没有健全的农村基本公共服务体系，就不可能有比较完善的农村基本公共服务，不可能有城乡之间、区域之间的基本公共服务均等化，更不可能有发达的现代农业、农村和真正意义上的现代农民。只有将农村基本公共服务体系建设摆在基本公共服务体系建设的优先位置，并在财

政投入、技术投入、人才投入等方面采取倾斜政策，促进农村基本公共服务体系加速发展，才能改善农村居民的生产生活条件，满足农业、农村和农民发展的需求。

（一）尽快完成全区财政事权和支出责任划分改革，完善公共服务领域的投资机制

从历史上来看，1994 年我国分税制的改革，使得更多的财权集中到中央，而地方则保留了更多的事权，造成了目前这种财权与事权的绝对性不平衡，这也是导致目前我国公共服务供给非均等化的成因之一。基层财权与事权不匹配，却要担负着基层公共服务建设和推进的重要任务，使本来就极端贫弱的基本公共服务体系显得更加薄弱，均等化的目标更难真正落到实处。据国务院发展研究中心调查，我国的义务教育经费 78% 由乡镇财政负担，9% 左右由县级财政负担，省级财政负担 11%，中央财政负担不足 2%，一方面公共服务领域的财政投入明显不足，另一方面加剧了基层财力紧张的状况。从本次调研的情况来看，自治区各级政府都普遍存在财政负债问题，由于近年来基本公共设施和公益性项目投入力度较大，旗县政府成为债务压力最大的一级政府。从自治区财政厅了解到，截至 2013 年 6 月底，自治区本级、市本级、县本级、乡镇政府负有偿还责任的债务分别为 3.89 亿元、1139.76 亿元、2170.49 亿元、77.84 亿元，分别占 0.1%、33.6%、64% 和 2.3%①，如果不能从财政投资机制上予以积极化解，必将影响基层政府的整体运行和对最基本农牧民公共服务保障的供给能力。所以，按照国家最新出台的《关于推进中央与地方财政事权和支出责任划分改革的指导意见》，尽快完善全区财政事权和支出责任划分改革，建立起合理的财政支持体系和财政投入长效保障机制，才是解决基本公共服务供给后续问题的关键所在。

① 2015 年第二批内蒙古自治区政府一般债券信息披露文件，内蒙古自治区财政厅政务平台。

（二）制定公共服务均等化的“靶向”标准，提升公共财政投资效率

必须认识到，缩小基本公共服务供给的地区间、城乡间差距，最终是要解决农村牧区最需要的人群需求问题，所以对需求群体的划分标准更应该强调其有效性，即针对困难群体的需求解决供给问题。如人均标准应该以“常住人口”而非“户籍人口”为基数，且要以控制和缩小人均财政支出差距的相对进展作为当前衡量农牧区和城镇差距的标准。除《国家基本公共服务体系规划》对各项基本公共服务的范围和标准的界定外，自治区需要根据农牧民常住人口呈现出的特点制定出更为具体且有实操性的均等化标准体系，尤其是针对医疗卫生、养老等农牧民生活核心领域的问题，建立农牧民基本数据采集和监测体系，尽可能全面地掌握弱势群体情况和“最迫切、最需要、最直接”的公共服务问题。一方面，有“靶向”的均等化标准是财政转移支付测算的重要依据，是政府间财力分配和效果评估的客观指标。另一方面，在经济下行和地方政府债务的双重压力下，政府财政的投入效率需要受到重视并且有所举措来逐步提高，所以替代大规模高标准且覆盖面广的普惠性公共服务项目的是“靶向”性供给方式，以便能使政府财力更多地向农村牧区落后地区和困难群体倾斜，逐步缩小城乡之间、发达地区与欠发达地区之间、不同收入群体之间的公共服务差距，大力推进基本公共服务的均等化。

（三）创新多元的公共服务供给机制，提高基本公共服务质量

长期以来，政府是我国基本公共服务主要的供给主体，由此基本上形成了一种自上而下的基本公共服务供给模式，这种模式带有明显的行政强制性，难以有效地满足社会公众的需要，而且政府负担过重，造成严重的保障资源浪费。公众需求的多元化要求基本公共服务供给主体的多元化，政府部门、私人部门、社会组织等都可以成为基本公共服务的供给者，在基本公共服务的供给体制机制中逐步引入多元化的竞争机制。对于基本公共服务供给

机制的创新，可依据基本公共服务供给主体多元化的理念，充分发挥政府、私营部门、社会组织等多方力量，完善供给制度。根据所要提供的基本公共服务的类型安排合适的供给主体，通过对不同种类、不同地区的基本公共服务的分析，来对不同种类、不同地区的基本公共服务供给主体进行多元化的适度安排，其目的是满足多元化的基本公共服务的现实需求，以提高供给的效率，以促进供给的均衡，使多元化的供给主体充分发挥自身优势，实现资源的合理配置。建设基本公共服务多元化供给机制，合理安排各项供给制度，摒弃单一的供给制度，有效整合社会有效资源，这样才能更好地供给基本公共服务。

（四）分层次、分阶段地“尽力而为、量力而行”

推进基本公共服务均等化是一项长期任务，也是分层次、分阶段的动态过程，必须坚持保基本、广覆盖、可持续的基本原则，在政府财力相对有限的条件下，尽力而为又量力而行。所谓分层次是要认识到社会分层在公共服务领域的意义，对不同需求程度的群体要给予不同关注；分阶段就是要认识到公共服务的供给也是一个循序渐进的过程，不能一蹴而就，不同阶段要有不同的均等化标准和实现目标。现阶段，全区推进城乡基本公共服务均等化的重点优先确定在底线生存服务和基本发展服务两个方面。一是通过统筹城镇与农牧区的社会事业发展，缩小城镇居民与农牧民基本公共服务差距，稳步推进城镇与农村牧区基本公共服务供给体制的对接，尽快彻底解决城乡分割体制下的农村牧区流动人口的“国民待遇”问题。二是以社会保障和社会救助为突破口，着力解决弱势群体的基本民生问题，保障其基本生活，可以分阶段、分地区逐步解决城乡统筹、解决农村牧区公共服务薄弱的问题。从基本公共服务的供给上看，应该合理安排基本公共服务的供给顺序，重点解决农村牧区最需要、农牧民最迫切的基本公共服务的供给，之后再不断扩大公共财政覆盖农村、覆盖基层的基本公共服务的范围，逐步提高农村牧区的基本公共服务水平和质量。

图书在版编目(CIP)数据

内蒙古基本公共服务研究报告：1978－2020 / 刘少坤主编. -- 北京：社会科学文献出版社，2021.1
ISBN 978－7－5201－7848－8

Ⅰ.①内… Ⅱ.①刘… Ⅲ.①公共服务－研究报告－内蒙古－1978－2020 Ⅳ.①D669.3

中国版本图书馆 CIP 数据核字（2021）第 021214 号

内蒙古基本公共服务研究报告（1978～2020）

主　　编 / 刘少坤
副 主 编 / 包思勤　张　敏　双　宝

出 版 人 / 王利民
责任编辑 / 高振华

出　　版 / 社会科学文献出版社·城市和绿色发展分社（010）59367143
地址：北京市北三环中路甲 29 号院华龙大厦　邮编：100029
网址：www.ssap.com.cn
发　　行 / 市场营销中心（010）59367081　59367083
印　　装 / 天津千鹤文化传播有限公司

规　　格 / 开　本：787mm × 1092mm　1/16
印　张：16.25　字　数：245 千字
版　　次 / 2021 年 1 月第 1 版　2021 年 1 月第 1 次印刷
书　　号 / ISBN 978－7－5201－7848－8
定　　价 / 98.00 元